Andreas Gruschka · Hedwig Schomacher

In Praxisfeldern handeln

Arbeitsbuch für den Praxiseinstieg angehender Erzieher/innen

Cornelsen

Verlagsredaktion: Erich Schmidt-Dransfeld
Technische Umsetzung: Theo Spangenberg, Neunkirchen

1. Auflage ✔ Druck 4 3 2 1 Jahr 01 2000 99 98

Druck: Saladruck, Berlin

ISBN 3-464-49163-3

Bestellnummer 491633

gedruckt auf säurefreiem Papier, umweltschonend hergestellt aus chlorfrei gebleichten Faserstoffen

Inhaltsverzeichnis Seite

Hinweis zur Sprache der Texte

Dieses Buch enthält zum einen Autorentexte (die einleitenden Kapitel, die Bearbeitungspunkte usw.), die in einer buchüblichen Sprache verfasst sind. Zum anderen sind Praktikumsgeschichten von Schüler/innen abgedruckt (die durchnummerierten „Texte"), die bewusst weitestgehend in ihrer ursprünglichen Form belassen wurden: Sie haben einen verschiedenartigen Stil und weichen – wie es eine ungeschminkte Darstellung der Praxis erfordert – teils von der Schriftsprache ab. Dies schließt unterschiedliche Schreibweisen ein, die auch nicht immer voll den formalen Regeln entsprechen müssen. Vor diesem Hintergrund wurde darauf verzichtet Einheitlichkeit in die weiblichen und männlichen Berufsbezeichnungen zu bringen: Wo eindeutig eine einzelne Erzieherin oder ein einzelner Erzieher (Praktikant, Lehrer...) gemeint ist, wird die betreffende Form verwendet; wo allgemein von Erzieherinnen oder Erziehern, Praktikantinnen oder Praktikanten gesprochen wird, ist meist eine der üblichen Doppelformen gewählt, ohne dass den dabei auftretenden Unterschieden eine Bedeutung zu Grunde liegt.

Vorbemerkung: Aus anderer Praxis lernen

Vor drei Jahren legten die Autoren ein Arbeitsbuch für die Ausbildung in Erzieherberufen unter dem Titel „Aus der Praxis lernen“ vor. Es war vielleicht das erste Lehrbuch, welches vor allem Schüler und Schülerinnen geschrieben haben, denn die Materialien, anhand denen „aus der Praxis gelernt werden sollte“, stammten ausschließlich aus entsprechenden Berichten von angehenden Erziehern und Erzieherinnen.

Der große Erfolg dieses Lehrbuchs resultiert vielleicht auch daraus, dass die Texte von Schülern und Schülerinnen augenscheinlich viel lehrreicher sind als so manche Texte, die für die Praxis (statt aus einer Praxiserfahrung heraus) geschrieben wurden, lehrreicher auch als Texte, die man in der sozialpädagogischen Fachliteratur findet.

Dass die Autoren überhaupt auf die Idee verfielen, ein Lehrbuch mit Schülertexten zu veröffentlichen, war kein Zufall. Wir hatten nämlich über viele Jahre, oft irritiert und schmerzhaft lernen müssen, wie schwierig es ist, ein Curriculum, also Lerninhalte und Lernziele in einer bestimmten Reihenfolge, für Schüler/Schülerinnen zu entwerfen. Immer wieder stolperten wir über Widersprüche und Brüche, weil das, was wir uns für Schüler/Schülerinnen ausgedacht hatten, überhaupt nicht so, wie wir uns dies gedacht hatten, von Schülern und Schülerinnen aufgenommen und wahrgenommen worden ist. Augenscheinlich wird man/frau Erzieher/Erzieherin mit sehr viel Eigensinn und am Ende nur, indem man es selber tut.

Das war uns zwar als theoretische Einsicht schon lange klar, aber mit den praktischen Folgen aus dieser Einsicht haperte es doch gewaltig. Wir haben dann beschlossen, ganz anders vorzugehen, nämlich dem Bildungsgang von Schülern und Schülerinnen zu folgen, ihn zu begleiten, ihn aufzuklären und zu fördern.

Wie also werden Schüler und Schülerinnen Erzieher/Erzieherinnen? Wie eignen sich Schüler und Schülerinnen die praktische Herausforderung an, einen pädagogisch ausgewiesenen Umgang mit Kindern und Jugendlichen herzustellen? Diese Frage zu stellen, bedeutet natürlich auch zuzugestehen, dass auf diesem Wege viele Probleme auftreten. Schule und Unterricht haben die Funktion, genau an diesen Problemen anzusetzen und Hilfsangebote zu machen. Aber das geschieht nicht von Oben herab, sondern im Durchgang durch das Verstehen der Erfahrungen, die Schülerinnen und Schüler auf dem Wege zum Erzieher-/Erzieherinnenberuf gemacht haben.

Diese Grundidee haben wir gründlich, d. h. wissenschaftlich an vielen Orten weiterverfolgt. Am Ende stand eine „Bildungsgangstheorie“, also der Versuch einer Verallgemeinerung der vielfältig gemachten Erfahrungen über den Prozess, den Schülerinnen und Schüler durchlaufen, bis sie als kompetente Erzieherinnen und Erzieher in die Praxis eintreten.

In Arbeitsbuch „Aus der Praxis lernen“ haben wir bereits diese grundlegende Idee im Einzelnen ausgeführt.

Im Kapitel 1 „Der Entwicklungsprozess zur Erzieherin/zum Erzieher als persönlicher Lernprozess“ und in den abschließenden Kapiteln 3 „Theoretische Erläuterungen“ und 4 „Geschichten aus der Praxis Lesen lernen“ haben wir zu erklären versucht,

- warum wir mit den abgedruckten Geschichten arbeiten wollen,
- wie diese also exemplarisch für den Bildungsgang angehender Erzieher/Erzieherinnen stehen,
- warum wir gerade mit solchen kleinen Praxisepisoden arbeiten wollen und schließlich
- wie dies methodisch so geschehen soll, dass am Ende der Beschäftigung nicht nur Einsichten in die Logik der sozialpädagogischen Praxis gewonnen werden,
- sondern auch eine Methode angeeignet wird, mit der praktizierende Erzieher/Erzieherinnen sich etwa in Teamsitzungen oder in Gesprächen mit Eltern über die Bedingungen ihrer Praxis aufklären können.

In der kurzen Zeit, seitdem viele Lerngruppen mit der Methode „Aus der Praxis lernen“ arbeiten, haben wir vielfältige ermutigende Kritik erfahren. Zwei Kritikpunkte haben uns dazu motiviert, einen zweiten Band „nachzulegen“.

- Fast alle der 28 Texte des ersten Bandes hatten Praktikanten und Praktikantinnen aus dem Kindergartenpraktikum mitgebracht. Man kritisierte das als eine Einseitigkeit, und das zu Recht. Die Fachschule für Sozialpädagogik ist kein Seminar zur Vorbereitung auf den Kindergarten, fast alle Schülerinnen und Schüler absolvieren Praktika in mindestens einem ganz anderen Praxisort: in der offenen Jugendarbeit, in Horten, in Heimen, inzwischen zunehmend auch als Sozialpädagogen/Sozialpädagoginnen in Schulen (ganztägigen Grundschulen oder auch Hauptschulen). Dort haben sie es mit ganz anderen Partnern zu tun, mit völlig veränderten institutionellen Bedingungen (offene Jugendarbeit), mit anderen Methoden und nicht zuletzt mit anderen Klienten.
- Wir haben die Kritik aufgenommen und versucht, aus unserer Praxis der Begleitung von Schülern und Schülerinnen besonders interessante Geschichten auszuwählen, die nunmehr genau diese anderen Praxisbedingungen berücksichtigen.

- Viele der theoretischen Erläuterungen zum didaktischen Konzept einer Bildungsgangsförderung der Schüler und Schülerinnen waren mit einem etwas zu einfachen Blick auf die Kindergartenpädagogik geschrieben worden. Es ließ sich so gleichsam einfacher, eleganter erklären, wie Schüler/Schülerinnen ihre Entwicklungsaufgaben lösen. Im Kindergarten können die meisten Schülerinnen und Schüler schneller über das eigene Berufsrollenverständnis eine Klärung erreichen, können das Verhalten von Kindern direkter wahrnehmen, didaktische Arbeitsformen einstudieren und auch eine Perspektive für die spätere Professionalisierung gewinnen. Ungleich irritierender sind Erfahrungen etwa mit Heimkindern, ungleich unsicherer sind Professionalisierungsmöglichkeiten in der offenen Jugendarbeit, ungleich größer sind die Rollenprobleme mit „schwierigen Jugendlichen“ usf.

Was also mit Blick auf die Kindergartenpädagogik so ohne weiteres einleuchten mochte, warf doch gravierende Rückfragen auf, wenn man an andere Praxisfelder bzw. -stellen und die dort prägenden Erfahrungen dachte.

In einer Kindergartengruppe lässt sich eben einfacher ein Streit schlichten als in einer Heimgruppe.

Im Hort werden andere Handlungsweisen dominant als in einer Eltern-Kind-Gruppe.

Die Möglichkeit, kontinuierlich didaktisch zu planen, ist in der offenen Jugendarbeit ganz anders gegeben als in einer stabilen Kindergruppe.

Aus diesen beiden Erwägungen heraus sollen im Folgenden zum einen ganz andere Texte dokumentiert werden, aus denen gelernt werden kann, und es sollen zum anderen wenigstens mit wenigen Hinweisen die ungleich schwierigeren Bedingungen der Praxis reflektiert werden.

1 Der Entwicklungsprozess zum Erzieher/zur Erzieherin aus der Perspektive anderer Praxisstellen

Wir haben generell festgestellt, dass Schüler und Schülerinnen vier Entwicklungsaufgaben lösen müssen, wenn sie gut vorbereitet in die Praxis eintreten sollen. Sie müssen eine stabile Orientierung ihrer Berufsrolle erarbeiten, einen pädagogisch angemessenen Zugang zu Kindern finden (Fremdverstehen), ein professionell durchsichtiges didaktisches Handeln entwickeln (Konzept des pädagogischen Umgangs) und schließlich beim Übergang in die eigenverantwortliche Praxis ein Konzept erarbeiten, mit dem sie ihre Fähigkeiten weiterentwickeln und auf die absehbaren Schwierigkeiten reagieren können (Strategie der Professionalisierung). Eine kurze Zusammenfassung zu diesen Entwicklungsaufgaben befindet sich im Anhang des vorliegenden Buches.

(1) Geht man gezielt auf die Erfahrungen ein, die Schülerinnen und Schüler machen, wenn sie ihr Berufsrollenverständnis in anderen Praxisstellen als im Kindergarten entwickeln sollen, dann ist vor allen Dingen eine Schwierigkeit auffällig: Viele der angehenden Erzieherinnen und Erzieher denken bei der Wahl des Berufes nicht an die schwierigen Kinder in Heimen und Horten, sondern an die ungleich „pflegeleichteren" in den Einrichtungen der Elementarpädagogik. Im guten Sinne verfolgen sie mit der Wahl des Erzieher-/Erzieherinnenberufes die Absicht, einen glücklich glückenden, spielend spielerischen Umgang mit Kindern herzustellen. Manche drücken dies scheinbar naiv in der Aussage aus: Ich werde Erzieher/Erzieherin, weil ich mit Kindern spielend Spaß haben möchte! Wenn diese Schüler/Schülerinnen nun mit anderen Praxisstellen konfrontiert werden, mit aggressiven und durch vielfältige negative Erfahrung geprägten Heimkindern oder mit „wilden" Jugendlichen in der Jugendarbeit, dann werden sie zu Verhaltensweisen genötigt, die recht schnell das Berufsrollenverständnis erschüttern können. Dabei geht es keineswegs nur darum, dass man/frau häufig nicht weiß, was zu tun wäre oder dass man nicht so recht versteht, warum der Junge/das Mädchen sich so verhält, sondern gravierender noch darum, dass die Jugendlichen ganz anders als die Kinder in einem Kindergarten die Praktikanten / die Praktikantinnen nicht als erziehende Respektpersonen wahrnehmen. Der Status des Praktikanten/der Praktikantin und auch das Lebensalter vieler Praktikanten und Praktikantinnen führt dazu, dass man sich pädagogische Autorität allererst erwerben muss, nicht selten gegen das Verhalten der Klienten.

Wenn wir also etwa im ersten Band davon berichtet haben, wie Schüler und Schülerinnen das Grenzen-Setzen erfahren, und wenn wir dies an kleinen Episoden des Kindergartenalltags illustrierten, so wird nun deutlich, wie ganz anders geartet das pädagogische Problem des Grenzen-Setzens auf das eigene Berufsrollenverständnis zurückschlägt. Viele Klienten akzeptieren die Grenzsetzungen nicht. Es wird also viel schwieriger, im Durchgang durch entsprechende Erfahrungen ein stabiles, für das weitere Lernen fruchtbares und leitendes Berufsrollenverständnis zu entwickeln.

Deutlicher noch wird dies, wenn man einen weiteren Aspekt mit hinzunimmt, der in den Texten ebenfalls reflektiert wird: den der institutionellen Regeln. Die konkreten Arbeitsformen im Kindergarten sind zwar auch organisatorisch festgelegt, keineswegs kann jeder treiben, was er will. Aber die sozialen Regeln des Zusammenlebens in der Einrichtung sind doch ungleich freier, offener, als vernünftig einsehbarer, als viele derjenigen Regeln, mit denen das Zusammenleben in anderen sozialpädagogischen Einrichtungen organisiert wird: den Heimregeln, den institutionellen Regeln etwa von Schulen und Horten. So manche Praktikanten und Praktikantinnen erleben diese Regeln wie feindliche Rahmenbedingungen für die Arbeit mit den Klienten. Sie tendieren dazu, sich mit den Klienten zu identifizieren, sehen sie als Opfer der Institution usf. Aus dieser Perspektive ist es natürlich ungleich schwerer, ein Berufsrollenverständnis als angehender Erzieher/angehende Erzieherin zu entwickeln.

Aber man kann nicht nur Schönwetter-Pädagoge/Pädagogin sein, man muss lernen, Pädagoge/Pädagogin unter schwierigen Bedingungen zu sein. Fast alle unsere großen Sozialpädagogen sind solche unter ungemein schwierigen Arbeitsbedingungen gewesen. Bruno Bettelheim, Janus Korczak, Siegfried Bernfeld, August Aichhorn. Die in diesem Band abgedruckten Texte sollen also helfen, im Durchgang durch Erfahrungen mit den Rahmenbedingungen der Praxis von Horten und Heimen, von Schulen und offenen Einrichtungen ein tragfähiges Berufsrollenverständnis zu entwickeln.

(2) Ähnlich anspruchsvoller wird es mit dem pädagogischen Fremdverstehen der Klienten. Ungemein vieles, was Kinder im Alter von drei bis sechs Jahren tun, wie sie sprechen, was sie erleben und fühlen, ist professionellen Erziehern/Erzieherinnen noch dunkel. Aber auch wenn wir häufig nicht genau zu sagen wissen, was Kinder in bestimmten Situationen fühlen, wie sie denken, was sie zum Handeln bewegt, können wir mit ihnen einen pädagogisch guten Umgang herstellen.

Natürlich führt die Erfahrung dazu, dass wir die Kinder dann „kennen", mit denen wir arbeiten. Und schließlich können wir das Verhalten von Kindern relativ sicher prognostizieren, weil wir es selbst in großem Maße durch unsere erzieherischen Arrangements herbeiführen. All das zusammen führt dazu, dass der pädagogische Zugang zu Kindern, ihr pädagogisch ausgerichtetes Fremdverstehen für die meisten Praktikanten/Praktikantinneninnen nach einer gewissen Zeit der Beobachtung kein Problem mehr darstellt. Übrig bleiben dann die Kinder, die bedrängend sind, weil sie ganz anders zu sein scheinen als die anderen Kinder. Diese Ausnahmen nun können zuweilen in anderen sozialpädagogischen Einrichtungen zur Regel werden.

Das Verhalten von Kindern ist so bedrängend, aggressiv, fast autistisch, abweichend, unzugänglich etc., dass wir uns nicht mit den allgemeinen Theorien zufriedengeben können, die wir an anderer Stelle, eben wo es besser läuft, schnell zur Hand haben: Wir verweisen dort auf das soziale Umfeld, etwa darauf, dass dieser Junge keinen Vater hat, jenes Mädchen in einem sozialen Brennpunkt lebt, etc. pp.

Gerade weil wir als Pädagogen und Pädagoginnen darum bemüht sind, die Verhaltensprobleme unserer Klienten zu lösen, weil wir also unsere Wahrnehmung der Kinder und Jugendlichen praktisch auslegen, müssen wir sie ungleich besser verstehen und zugleich stehen wir vor der Situation, dass uns das Verhalten der Kinder ungleich fremder erscheint. Hier hilft allein ein genaueres Beobachten, das bessere Verstehen der situativen Bedingungen, unter denen Verhalten erprobt wird und deutlich gemacht wird. In der Textsammlung finden sich zu mehreren Oberthemen eine Reihe von Texten, an denen die Kompetenz der Fremdwahrnehmung geschult werden kann: zu der Schwierigkeit, sich ein Bild vom Kind zu machen, zum Umgang mit Aggressionen und insbesondere zur Geschlechterproblematik.

Dabei wird deutlich, wie schwer es ist, zwischen zwei Elementen des Fremdverstehens zu unterscheiden und sich entsprechend sicher zu verhalten: im Verstehen und im Erklären.

Die eine Frage bezieht sich ja darauf, wie ich mir erklären kann, warum ein Kind sich verhält, wie es das tut. Hier ist analytische Distanz und ein möglichst sensibles Verständnis gefordert. In der Regel hilft dabei, möglichst viele Erklärungen, „Lesarten" zu entwickeln. Die andere Frage bezieht sich auf das Verstehen im Sinne der Identifikation mit den Klienten und dem Akzeptieren der zum Problem gewordenen Verhaltensweisen. Hier haben viele Praktikantinnen und Praktikanten (häufig zu Recht) Schwierigkeiten. Ihnen ist das Verhalten ihrer Klienten nicht nur fremd, in dem Sinne, dass sie es sich nicht erklären können, sondern auch fremd in dem Sinne, dass sie es ablehnen wollen. Entsprechend möchten sie es verändern. Um es aber verändern zu können, muss es eben genau verstanden und erklärt werden. Bin ich dazu als Erzieher/Erzieherin nicht in der Lage, gerate ich ins Predigen. Verstehe ich also etwa nicht, warum sich Jungs so aggressiv gegenüber Mädchen verhalten, kann ich nur mit moralischem Zeigefinger auf ihr Verhalten reagieren! In dem Sinne bleibt das Fremde fremd und doch muss ich es mir verständlich machen. Dazu dienen die Texte der Sammlung.

(3) Auch wenn es von den sozialpädagogischen Einrichtungen immer häufiger heißt, dass in ihnen mit den traditionellen Planungsschemata immer seltener gearbeitet wird, bleibt doch das Problem der geregelten Planung ein zentrales für die Formulierung eines Konzeptes pädagogischen Handelns. Bei der Entwicklung eines pädagogischen Konzeptes sind Normen, Überzeugungen, Leitideen, exemplarische Praktiken etc. maßgebend. Aber indem jemand sagen kann, was er warum tun will, ist er noch nicht zureichend als Pädagoge ausgewiesen. Er muss zusätzlich belegen können, wie er das, was ihm besonders wichtig ist und was dabei auf die besondere Situation der Klienten eingeht, systematisch betreiben, bearbeiten, erfolgreich ins Werk setzen will. Hierbei gilt immer noch, dass dies durch das Vorlegen eines Plans am glaubwürdigsten zu belegen ist. Dabei wird Plan häufig verstanden als eine vorab entwickelte Blaupause, ein Modell also der Praxis, das dann nach Möglichkeit genauso auch in der Praxis hergestellt und dargestellt werden kann.

Soziale Prozesse lassen sich freilich nur selten entsprechend technisch vorher entwerfen und vorausplanen. Die Verhaltensänderung von aggressiven Kindern ist zwar etwas, was planvoll betrieben werden kann, was aber nicht geplant werden kann wie der Bau eines U-Boots.

Das Problem der geregelten Planung wird vielleicht in seiner Tragweite deutlich, wenn man die Planungsmethoden im Kindergarten vergleicht mit den Planungsmöglichkeiten an anderen sozialpädagogischen Orten. Es gibt viele Themen, um die herum, etwa in der Tradition der didaktischen Einheiten oder didaktischen Projekte im Kindergarten, hervorragend materialreich geplant werden kann. Ich kann also eine große gelbe Mappe entwerfen, indem ich situationsorientiert den Umgang mit Krankheit und Tod zum Projektthema mache. In der offenen Jugendarbeit gibt es ebenfalls eine Reihe von Situationen, die entsprechend materialbezogen geplant werden können und müssen, so wenn es um größere Aktivitäten wie Feste, Exkursionen, Werkarbeiten geht. Aber selbst hier (und erst recht in anderen sozialpädagogischen Einrichtungen) stehen wir vor pädagogischen Herausforderungen, die eine entsprechende Planung oft nicht als sinnvoll erscheinen lassen. Nur begrenzt lassen sich etwa soziale Prozesse dabei mitplanen, kann es sinnvoll sein, alles vorab festzulegen, müssen die Ziele und Mittel offen gestaltet werden. Hier ist planvolles Vorgehen im Gegensatz zum Plan gefordert.

Das wird insbesondere bei den vielen Verhaltensänderungen deutlich, mit denen es Heimpädagogen und Pädagoginnen zu tun haben. Hier kann ich nicht darauf vertrauen, dass mein Umgang mit den schwierigen Klienten schon von sich aus die Probleme lösen wird, aber es wäre genauso töricht, eine didaktische Einheit zur Kommunikation mit schweigsamen Heimkindern ins Werk zu setzen.

Es kommt also bei der Entwicklung eines Konzepts pädagogisch-praktischen Handelns darauf an, Strategien zu entwickeln, wie an den Aufgaben und Problemen systematisch gearbeitet wird, die im Rahmen des eigenen Konzepts besonders auf- und anfällig sind. Es geht also darum, an möglichst lehrreichen Beispielen deutlich zu machen, was nicht geht und was auf der anderen Seite gut funktionieren könnte: Wenn man nicht nach Versuch und Irrtum vorgehen will, gleichsam bloß ausprobiert, was im eigenen Handlungsrepertoire steckt, wenn man vielmehr gezielt eingreifen will, dann muss man hierfür entsprechende Methoden entwickeln. Wahrscheinlich wird es häufig darauf ankommen, etwas begründet zu tun, und anschließend genau darüber nachzudenken, was man mit der jeweiligen Aktion erreicht hat, was sinnvollerweise als nächste Aktivität folgen könnte. Es wird darauf ankommen zu wissen, wie man sich in schwierigen Situationen Rat von KollegInnen holen kann. Auf diese Weise entsteht mit der Zeit ein zunehmend reicher werdendes Handlungsrepertoire, ein reflektiertes Vorgehen und damit die Ersetzung des Zufalls durch planvolles Vorgehen.

(4) Schließlich wird auch die vierte Entwicklungsaufgabe in anderer Weise bedeutsam, wenn man auf das Heim, den Hort, die Jugendarbeit und nicht primär auf das Tätigkeitsfeld Kindergarten blickt. Hier ist Professionalisierung vor allem bezogen auf die Erwartung, in einer bestimmten Kindergruppe als Miterzieher positiv aufgenommen zu werden. Jede Kindergruppe verfügt über ein stabiles Team von Erziehern/Erzieherinnen, und innerhalb des Teams geht es entsprechend darum, die eigenen pädagogischen Fähigkeiten zu erweitern. Damit dies klappt, müssen die Erzieher/Erzieherinnen einer Gruppe wirklich ein Team von Erziehern/Erzieherinnen sein.

Ganz anders stellt sich die Situation unter den schwierigeren, institutionell oft nicht so eindeutigen Bedingungen der Arbeit in Horten und Heimen sowie in der offenen Jugendarbeit dar. Statt einer gleichzeitig von mehreren Erziehern/Erzieherinnen wahrgenommenen Verantwortung für eine Gruppe führen Erzieher/Erzieherinnen in der Heimpädagogik Schichtdienst durch. In der offenen Jugendarbeit arbeiten viele Erzieher/Erzieherinnen mit ihren individuellen Schwerpunkten nebeneinander zu unterschiedlichen Zeiten mit unterschiedlichen Klienten. Wer als Sozialpädagoge/Sozialpädagogin im schulischen Bereich arbeitet, steht gegebenenfalls in einem Rollenkonflikt, zuweilen sogar im Konkurrenzverhältnis zu den Lehrern und Lehrerinnen. Was also im Kindergarten vorausgesetzt werden kann, ist in vielen anderen Tätigkeitsbereichen allererst durch beharrliche alltägliche Arbeit herzustellen. Damit wird die Erarbeitung einer Strategie der Professionalisierung für Schülerinnen und Schüler umso drängender, die sich auf entsprechende Handlungsfelder hin orientieren. Wer dabei vorhersieht oder befürchtet, dass ihm eine entsprechende Teambildung nicht gelingen könnte, für den stellt sich schon beim Übergang ins Berufspraktikum die pathetische Frage nach dem „Überleben im Beruf". Es geht ja nicht nur darum, im Rahmen der vierten Entwicklungsaufgabe eigene Kompetenzen zu erweitern, sondern zugleich auch darum, die Handlungsweisen der anderen Erzieher mit zu beeinflussen und gegebenenfalls die institutionellen Voraussetzungen so zu verändern, dass eine bessere pädagogische Arbeit möglich wird. All das taucht zwar auch im Kindergartenbereich auf, freilich in ungleich weniger bedrängender Form.

Auf diese Weise geraten wiederum schwierige Arbeitsbedingungen des sozialpädagogischen Feldes in das Blickfeld der angehenden Erzieherinnen und Erzieher. Die Veränderungen der Institution, der eigenen Kompetenzen, stellen dabei noch nicht alle entscheidenden objektiven Merkmale der Aufgabe dar. Die Beispiele dieses Bandes dokumentieren eindringlich, dass es nicht zuletzt auch um die subjektive Deutung der Arbeitsschwierigkeiten geht.

Klagen gehört zum „Geschäft", auch zu dem der Pädagogen/Pädagoginnen. Lehrer und Lehrerinnen klagen über ihre Schüler/Schülerinnen, Professoren/Professorinnen über ihre Studenten und Studentinnen, Erzieher und Erzieherinnen entsprechend über ihre Klienten. Verhaltensauffälligkeiten, Entwicklungsrückstände, soziale Konflikte werden vor diesem Hintergrund eher als Behinderung der Arbeit interpretiert, denn als die Voraussetzung, der Grund für die Arbeit. Wären die Studenten/Studentinnen, Schüler/Schülerinnen und Kinder so, wie sich Pädagogen und Pädagoginnen sie denken, wäre die Arbeit der Pädagogen/Pädagoginnen fast überflüssig. Erzieherinnen und Erzieher in der sozialpädagogischen Praxis, vor allem in der problemhaltigen Praxis, sind dort als Erzieher oder Erzieherin angestellt, weil von ihnen erwartet wird, an diesen Problemen zu arbeiten.

Was also auf der einen Seite als Behinderung der Arbeit erscheint, ist auf der anderen Seite ihr eigentlicher Ausgangspunkt, die Grundlegung für sozialpädagogisches Engagement.

Die Klagen bedeuten also produktiv übersetzt Handlungsherausforderungen an die Erzieher und Erzieherinnen. So sehr das aggressive Verhalten von Klienten frustrieren und zermürben kann, so sehr also Erzieherinnen und Erzieher Kräfte mobilisieren müssen, sich möglichst nicht negativ von solchen Verhaltensweisen beeindrucken zu lassen, so sehr lassen sich diese Probleme nur lösen durch pädagogisches Engagement. Ein guter Lehrer/eine gute Lehrerin wird man, weil man lernschwache Schüler und Schülerinnen fördern kann, die starken entwickeln sich auch weitgehend ohne den Lehrer/die Lehrerin. Ein guter Sozialpädagoge/eine gute Sozialpädagogin wird man, weil man erfolgreich dazu beiträgt, dass die Probleme von Klienten geringer werden, dass auch in schwierigen Fällen die Fähigkeit zu Selbstständigkeit, sozialem Verhalten, Zuverlässigkeit wächst. Freilich entsteht der Mut und der lange Atem dafür nur dort, wo mit zunehmender Kompetenz auch immer wieder deutliche Erfolge produziert werden.

Deswegen kann es bei der Bearbeitung von Konfliktgeschichten aus diesem Bereich nicht nur darum gehen, zu ihnen eine andere Einstellung zu gewinnen, sondern sie auch anders zu bearbeiten.

2 Zur Auswahl der Geschichten

Die ausgewählten Geschichten sind in dem zweiten Jahr der Ausbildung zur Erzieherin/zum Erzieher bzw. während des Berufspraktikums entstanden. Keine der Geschichten wurde extra für dieses Buch geschrieben: Sie alle spiegeln den Versuch von Praktikanten/Praktikantinnen wider Begebenheiten in der Praxis durch das Aufschreiben einer besonders intensiven Bearbeitung zugänglich zu machen. Da die Schüler und Schülerinnen vor Beginn ihrer Praktika aus den Geschichten anderer Schüler und Schülerinnen gelernt hatten, fanden sie es sinnvoll, ihre Texte den nachfolgenden Praktikantinnen und Praktikanten zur Verfügung zu stellen. Einig waren sich alle an der Auswahl der Geschichten beteiligten Praktikantinnen/Praktikanten, dass es nicht hilfreich für die Initiierung eines Lernprozesses ist, nur die gelingenden Situationen des pädagogischen Handelns wiederzugeben. So werden Sie als Leser/innen Geschichten finden, bei denen Sie während des Lesens schon denken: Sehr gut, sehr souverän, usw. ..., aber Sie werden auch Geschichten lesen, bei denen Sie denken: Das hätte ich doch viel besser gemacht. Gerade wenn Sie spontan wissen, wie man es hätte besser machen können, empfehlen Ihnen die eigentlichen Autoren dieser Sammlung eine Analyse nach der zu dieser Methode konkret entwickelten Schrittfolge vorzunehmen. Eine Darstellung dazu finden Sie im Anhang, die im Wesentlichen aus Gruschka/Hesse/Michely/ Schomacher „Aus der Praxis lernen", Cornelsen Verlag, 1995, entnommen ist.

Bei der Auswahl der Geschichten ist uns aufgefallen, dass wir sehr viel mehr Texte mit Jungen als Hauptakteuren vorliegen hatten. Fast sind wir in die Versuchung gekommen, künstlich zu manipulieren: So wollten wir jeden Text nehmen, in dem ein Mädchen eine Rolle spielt. Wir haben uns besonnen und uns entschlossen, diese von uns festgestellte Tatsache hier offen zu legen. Wir – die Herausgeber und auch die Autorinnen der Geschichten, die wir noch einmal befragt haben – vermuten zwei Ursachen: In der Erzieher-/Erzieherinnenausbildung befinden sich fast nur junge Frauen. Diese scheinen ihre Aufmerksamkeit mit großem Schwerpunkt den Jungen in den Einrichtungen zu schenken. Die Jungen ihrerseits in den Einrichtungen scheinen durch aggressiveres Verhalten bedeutend mehr Energie der Praktikanten/Praktikantinnen auf sich zu ziehen.

Sollten diese Vermutungen stimmen, so könnte dieser Hinweis hier ein Anlass sein, das spontane Handeln genauer zu prüfen und bewusster geschlechtsbezogen zu handeln. Vielleicht ist es aber so, dass nur die uns vorliegende Auswahl von Geschichten diese höhere Konzentration auf Jungen zeigt: Wenn das so wäre würden wir uns freuen.

Vielleicht werden sich einige Leser und Leserinnen der Geschichten besonders über die ausführlichen Ausarbeitungen in Kapitel 5.3 wundern. Dazu sei eine kleine Anekdote erzählt: Die Ausbildungsstätte, an der diese Texte entstanden sind, „weigerte" sich den angehenden Erzieherinnen ein Ausarbeitungsschema für besondere Angebote zu geben, da die meisten Lehrer/Lehrerinnen davon ausgehen, dass dies nur dazu verführt, das Schema auszufüllen und die Planungskompetenz der Praktikantinnen dadurch nicht erweitert wird. Den Praktikantinnen aber war „zu Ohren gekommen", dass es eine heiße Quelle in der Schule gibt, bei der man dieses Schema erhalten kann: Dieses Schema, welches dem Gerücht zufolge fast garantiere, dass man eine vernünftige – auch in den Einrichtungen angesehene Ausarbeitung schreiben kann, organisierten sich die Praktikantinnen bei der heißen Quelle, der Sportlehrerin, die das Schema den Hilfe suchenden Schülerinnen erklärt hat. So wurden die Praxisbetreuerinnen mit „perfekten Ausarbeitungen" überrascht. Wir konnten hier nur Auszüge drucken, da die Ausarbeitungen sehr, sehr ausführlich sind. Im Berufspraktikum wurden die pfiffigen Praktikantinnen befragt, ob sie nun nach dem Ausarbeitungsschema planen. Lachend haben sie geantwortet: „Aber nein, wir planen nun irgendwie, jeder von uns anders. Trotzdem es war ganz wichtig für uns, dass wir mal so richtig nach dem Schema geplant haben, es hat uns auch die Sicherheit gegeben, etwas gelernt zu haben." So hilft das Ritual der Ausarbeitung vielleicht nicht gerade die Gegenwarts- und Zukunftsbedeutung des Angebots für die Kinder zu klären, sondern gibt den Praktikantinnen wohl eher das Gefühl eine gute Ausbildung zu absolvieren: Dadurch liefern auch Rituale einen Beitrag zu Qualität der Ausbildung.

Auch wenn unsere Anmerkungen deutlich werden lassen, dass wir nicht unbedingt Anhänger des Ausarbeitungsschemas sind, so hoffen wir doch, dass Sie als Praktikantin/Praktikant selbstbewusst von den Anregungen in Kapitel 5.3 profitieren und es Ihnen auch gelingt mit Ihren Lehrerinnen und Lehrern in ein Gespräch über sinnvolle Planungen für die Praxis zu kommen Sie werden feststellen, dass manche Praktikantinnen mehrfach als Autoren von Geschichten auftreten. Wir können es uns als eine reizvolle Aufgaben für Sie vorstellen, die Geschichten dieser Praktikantinnen zu untersuchen unter der Fragestellung, ob eine Entwicklung feststellbar oder evtl. eine typische Ausprägung einer Erzieherinnenidentität festzustellen ist.

Zum Schluss sei allen Autoren der hier vorliegenden Geschichten und auch deren Mitschülern/Mitschülerinnen gedankt, die bei der Auswahl wichtige Hilfestellungen gegeben haben.

3 Ich hatte doch gerade meine Berufsrolle gefunden!

3.1 ... und damit war die Basis gelegt Kindern und Jugendlichen im Hort, Heim, Jugendzentrum und Schule zu begegnen

In der Elementarpädagogik ist es Ihnen sicher leicht gefallen, Kontakt zu knüpfen oder die Kinder haben es Ihnen sehr erleichtert. Vermutlich haben Sie Ihren ersten Praxistag in der Elementarpädagogik schon fast vergessen, evtl. erinnern Sie sich aber auch noch daran, wie unterschiedlich die Berichte Ihrer Mitschüler und Mitschülerinnen zum Thema „Kontakt knüpfen" waren.

Die Adressaten in den im folgenden beschriebenen Praxisfeldern (Jugendzentrum und Tagesheim) erfordern offensichtlich eine andere Art des Kontaktknüpfens.

Eigene Vorüberlegungen zum Thema

Halten Sie für sich fest, wie Sie gewöhnlich mit Kindern und Jugendlichen im Alter von etwa acht bis 18 Jahren Kontakt aufnehmen. Überlegen Sie auch, welche Bedeutung es für Sie hat, ob es sich um Mädchen oder Jungen handelt. Überprüfen Sie, ob einige Situationen bei Ihnen Angst auslösen und welches die Ursachen für diese Angst sein könnten. Halten Sie Ihre Vorüberlegungen zu dem Thema schriftlich fest.

Nach der Bearbeitung der beiden Fallbeispiele vergleichen Sie Ihre Strategien mit denen der Praktikantinnen und stellen Sie Überlegungen an, ob die Strategien der Praktikantinnen für Sie hilfreich sein könnten.

Text 1 – Jennifer: »Das ist ganz schön schwer, meine Hand tut schon weh vom Drücken.«

Bearbeitungspunkte

1. Verfolgen Sie genau, wie die Praktikantin Kontakt zu den Jugendlichen aufnimmt. Beachten Sie dabei sowohl ihre verbalen als auch ihre nonverbalen Signale.
2. Arbeiten Sie heraus, welche Handlungsweisen der Praktikantin den Zugang zu den Jugendlichen ermöglicht hat.
3. Die Praktikantin befindet sich im zweiten Jahr der Erzieher/Erzieherinnenausbildung. Stellen Sie heraus, welche Aspekte der Berufsrolle die Praktikantin schon recht selbstbewusst bewältigt.

»Die Jugendeinrichtung „Birne" befindet sich im Südbezirk der Stadt, einem sogenannten Brennpunkt. Der Südbezirk ist durch einige markante Straßenzüge gekennzeichnet. Kennzeichnend sind dabei:

- Starker Individual- und Güterverkehr,
- Extreme Verschmutzung,
- Schlechter Zustand der Häuser,
- Hoher Ausländeranteil der Bevölkerung.

Aus den Erfahrungen der Gemeinde sind hohe Kinderzahl, enge Wohnungen, Ein-Eltern-Familien, soziale Schwierigkeiten, Arbeitslosigkeit und Trennungskonflikte an der Tagesordnung. In den bisherigen Erfahrungen der Arbeit drückt sich dies durch verschiedenste Erfahrungen aus:

Schon Kinder im Kindergartenalter sind in der Einrichtung anzutreffen.

Eine bestimmte Gruppe von Kindern ist auch außerhalb der Öffnungszeiten anzutreffen. Jugendliche kommen in einem zunehmenden Maße mit Gesetzen in Konflikt. Dies drückt sich in der Einrichtung durch eine auffallend hohe Anzahl an Anfragen nach Ableistung von Arbeitsstunden aus. Der Süden ist geprägt durch seinen hohen Ausländeranteil. In verschiedenen Erfahrungen spiegelt sich dies wieder:

Die Einrichtung wird stark von einer ausländischen Klientel besucht. Im Moment sind es Türken und Griechen, die den Hauptteil der Besucher ausmachen. Aufgrund religiöser und sozialer Gründe die innerhalb dieser Religions- und Nationalitätsgruppen liegen, ist der Anteil an Besucherinnen sehr gering. Konflikte zwischen Nationalitäten spiegeln sich auch in einem hohen Gewaltpotential der Einrichtung wieder.

Der Südbezirk wird durch Sozialeinrichtungen nicht ausreichend bedient.

Entwicklungszustand/Berücksichtigungen der Jugendlichen:

Viele der Jugendlichen stehen kurz vor dem Berufspraktikum der Schule und haben teilweise keine Vorstellungen, was sie wollen und was sie können.

Die Jugendlichen, die sich auch bei nicht laufendem Programm in der Jugendeinrichtung einfinden, wollen beschäftigt werden und suchen eine Weg der „Kommunikation" mit anderen (Freunden, Heimleiter, Praktikanten). Sie helfen wo sie können und wollen auch aktiv miteinbezogen werden (besonders die Jungen).

Im Gegensatz zum Hort oder Heim ist die Struktur der Gruppe nicht konstant betreffend der Anzahl der Jugendlichen. Sie kommen oder kommen nicht.

Die meisten Jugendlichen kennen sich untereinander durch die „Birne" und die Schule.

Die Umbauarbeiten finden im Untergeschoss des Gebäudes statt. Neben dem Eingansbereich im Erdgeschoss liegt das Büro.

Ferit 16, Daniel ca. 15 – 16

Ich kam aus dem Keller, in dem wir momentan überwiegend arbeiten und ging ins Büro. Beim Hochkommen fielen mir zwei männliche Jugendliche auf, die auf der Außentreppe saßen und rauchten.

Als ich abermals nach ca. 10 Minuten vom Keller aus hinaufging, saß der eine immer noch da. Der andere stand daneben. Ich ging raus und fragte ob sie zu den Teamern gehören, da ich ja noch nicht jeden kannte. Einer war ein Türke ca. 14 Jahre alt, und ein Deutscher ca. 15. Der türkische Junge sagte: „Nein wir wollten nur mal gucken ob die ‚Birne' schon wieder auf ist." Ich sagte: „Nein wir sind noch am arbeiten, aber die Tür ist offen, ihr könnt ja mal reinkommen.", und ging hinein. Die beiden kamen hinter mir her, der türkische Junge fragte: „Können wir oben Kicker spielen?" (Daran stellte ich fest, dass sich beide auskannten, also hier nicht fremd waren). Ich sagte: „Ja, aber ich muss erst den Kickerball aus dem Büro holen", schloss dieses auf, holte den Kickerball und gab ihm diesen.

Dabei fragte mich der türkische Junge: „Bist du neu hier?"

„Ich mache Praktikum hier, ich heiße Jennifer und ihr?"

Die beiden nannten mir ihre Namen: Daniel sagte noch: „Du kannst auch ‚Danny' sagen, das sagen alle."

Ich sagte, dass ich auch mal einen Danny gekannt habe, der aber schon älter ist. Die beiden gingen dann nach oben, wo sich der Kicker befindet.

Da zur Zeit niemand in der oberen Etage anwesend war, ging ich auch hoch.

Die beiden spielten schon am Kicker, der im Flur steht. Ich ging in die Küche, die eine Durchreiche in den Flur hat, ca. 3 – 4 m vom Kicker entfernt, und nahm mir einen Kaffee.

Nachdem ich 5 – 10 Minuten von der Küche aus beim Kickern zusah, fragte ich die beiden, ob sie nicht Lust hätten mit runter zu gehen, dort wär ´ne Menge zu tun, und verändert hat sich auch schon eine Menge.

„Ja, kömma machen", sagte Ferit nach leichtem Schulterzucken zu Danny. Dann nahm ich die beiden mit runter. Im zukünftigen Tischtennisraum arbeitete Heiner, auch ein Praktikant mit 3 weiteren Jugendlichen: Gigi, Giovanni und Tamino. Als ich die Tür aufmachte, um den beiden den Raum zu zeigen, begrüßten sich Gigi und Ferit gleich mit einem Handschlag und mit wie geht´s und so.

Ich sagte, dass ich wieder rüber gehe, in den Raum, in dem ich vorher gearbeitet hatte und frage die beiden: „Wollt ihr mitkommen?"

Wir gingen dann rüber, wo sich die Tanzfläche, Theke, Sitzraum, Flur zu den Toiletten und weiteren Räumen (zukünftiger Mädchen- und Computerraum, Werkraum und der Durchgang zum Billardraum) befinden.

Ich ging rüber in den Billardraum, wo ich mit dem Silikonspritzen der Zwischenräume beschäftigt war (wir hatten neues Parkett bekommen). Die beiden sahen sich um und kamen dann zu mir und beobachteten mich bei meiner Arbeit.

Ich sagte: „Das ist ganz schön schwer, meine Hand tut schon weh vom drücken" und schüttelte sie (damit die Jungen motiviert werden).

Ferit sagte: „Soll ich mal machen!" Ich gab ihm die Silikonspritze und erklärte ihm kurz die Handhabung, und dass es wichtig sei, die Ritzen ganz zu füllen und danach mit einem Schwamm, der in Spülmittel getaucht wird drüber zu gehen, um eine gerade Ebene zu bekommen. Er fing gleich damit an. Zu Daniel sagte ich, wenn du willst, kannst du anschließend mit dem Schwamm drüber gehen, ihr könnt euch ja abwechseln, nach einer Zeit tut einem nämlich die Hand ganz schön weh.

„Wenn ihr Lust dazu habt, kann ich nämlich schon mal im Mädchenraum weiter arbeiten." Ich sah, dass die beiden eifrig an die Arbeit gingen, und ging in den Mädchenraum.

Zwischendurch kam ich noch mal kurz, und fragte, ob sie zurecht kommen und sagte den beiden, dass sie sich von oben auch etwas zu trinken runterholen könnten, wenn sie Durst hätten.

Etwas später kamen die beiden zu mir in den Mädchenraum in dem ich arbeitete und sagten, dass sie fertig seien, und dass es gar nicht so schwer war. Ich sagte: „Das ist gut, dann haben wir das auch schon mal und können dann morgen mit der Wandverkleidung, wenn alles getrocknet ist, beginnen. Ihr könnt ja mal gucken, wie weit die anderen sind", sagte ich und wenn ihr Lust habt, kommt morgen wieder, wir können eure Hilfe gut brauchen, dann geht es wenigstens voran."

Die beiden kamen zwar nicht am nächsten, aber am übernächsten Tag kam Ferit wieder, und fragte mich dann auch direkt, ob er was machen könnte.

Nach der Arbeit gehen die Jugendlichen meist noch nach oben, um Kicker zu spielen, oder Musik zu hören. Dabei stellte ich fest, dass Ferit ein perfekter Break-Dancer ist, und damit auch die anderen begeistert. Sie bewundern ihn deswegen. Für sein Alter ist Ferit eigentlich recht klein und wird hin und wieder damit geneckt. Er selbst tritt mit seiner zwar zurückhaltenden, jedoch „coolen" Art eigentliche ziemlich selbstsicher auf.

In einem Gespräch mit ihm, erzählte er mir, dass er noch acht Geschwister hat, seine Mutter hat gerade (vor ein paar Tagen) Zwillinge bekommen, und dass sein Vater ziemlich streng wäre (er raucht nämlich und ich frage ihn, ob er Zuhause auch rauchen dürfte). In der weiteren Zeit während meines Praktikums, sah ich ihn noch zwei bis drei Mal. Jedes Mal kam er zu mir, begrüßte mich und redete mit mir ein wenig.

Ich denke, es ist mir gelungen, den Kontakt zu den Jugendlichen herzustellen und weiter aufzubauen.

Ich denke jedoch, dass die 8 Wochen keinesfalls ausreichen, um intensiveren Kontakt und ein enges Vertrauensverhältnis zu den Jugendlichen aufzubauen, auch weil viele der Jugendlichen nicht regelmäßig kommen.«

Text 2 – Monique: »... ich fühle mich von seinen Zurückweisungen und Provokationen getroffen.«

Bearbeitungspunkte

1. Arbeiten Sie heraus, mit welchen Strategien sich der Jugendliche und die Praktikantin die Annäherung wechselseitig ermöglichen.
2. Die Praktikantin verdeutlicht, dass sie das Verhalten des Jungen teilweise verletzend findet. Versuchen Sie, ausgehend von Ihrem Wissen zur Identitätsentwicklung von Jugendlichen, der Praktikantin das Verhalten des Jugendlichen verständlicher zu machen.
3. Die Praktikantin gibt an, wie sie in Zukunft mit dem Jugendlichen umgehen möchte. Werden Sie beratend tätig, indem Sie mit der Praktikantin gemeinsam überlegen, wie sie den Kontakt mit dem Jungen pädagogisch gestalten könnte. Entwickeln Sie das Konzept so, dass Sie es auch in einer Teamsitzung begründend darstellen könnten.

»Sascha ist 14 Jahre alt. Er hat noch drei jüngere Geschwister und lebt mit ihnen bei Vater und Mutter. Tagsüber besucht er die Tagesgruppe (um einer Heimunterbringung entgegenzuwirken), weil seine Aggressivität und auch Diebstähle für seine Eltern allein nicht zu bewältigen sind.

Am ersten Tag meines Praktikums war er der Erste, der aus der Schule kam, und ich ging auf ihn zu, um ihn kennenzulernen. Er hatte eine CD mit den „Backstreet-Boys" mitgebracht, die er einlegte. Ich setzte mich zu ihm ins Wohnzimmer, erklärte ihm, wer ich bin und was ich in der Tagesgruppe mache, dann unterhielten wir uns über die Gruppe (B-B). Ich fragte ihn, ob er auch so tanzen könnte wie sie, er sagte erst nein. Insgesamt wirkte er etwas zurückhaltend und freundlich auf mich. Nach einer Weile stockte unser Gespräch, ich ging dann ins Büro. Kurz darauf kam er ins Büro und sagte, ich solle mal kommen. Obwohl er es in einem etwas „befehlenden" Ton sagte, ging ich mit ihm wieder ins Wohnzimmer. Dort tanzte er mir dann etwas vor. Zuerst sah ich ihm nur zu, dann bat ich ihn, es mir zu zeigen, und wir tanzten zusammen. Als andere Kinder von der Schule kamen, hörte er abrupt auf und sagte auch, er würde jetzt nicht mehr weitertanzen. Im weiteren Verlauf des Tages sprach ich ihn noch einige Male an, er reagierte jedoch immer abweisend.

Zuerst dachte ich, ich hätte etwas falsch gemacht, ihn irgendwie zurückgestellt oder zurückgewiesen, und er wäre deshalb sauer. Ich fragte ihn auch danach, als wir kurz alleine waren, er sagte aber nein, ich hätte ihm nichts getan. Im Laufe der Woche stellte ich fest, dass er immer, wenn ich alleine mit ihm war, sehr freundlich war und auf mich zukam, sobald sich jedoch andere Kinder in der Nähe aufhielten, er abweisend und sogar provozierend reagierte. Z. B. hatte er eine Papierzigarette angezündet und kam damit zu mir, mit den Worten „Ich darf hier nicht rauchen, aber ich tue es trotzdem! Sag es doch der Monika." Ich antwortete darauf, dass ich nicht wüsste, ob das für Papierzigaretten gilt, und er solle es doch selbst sagen, wenn nicht würde sie es sowieso gleich sehen.

Am Montag waren der Zivi und ich mit den Kindern allein in der Turnhalle. Ich hatte den Kindern am Anfang gesagt, dass sie erst frei spielen könnten, die letzte halbe Stunde würden wir zusammen Volleyball spielen. Kurz bevor wir anfangen wollten, rief ich die Kinder zusammen, um sich auf die Bank zu setzen. Alle kamen, nur Sascha fehlte. Der hielt sich im Geräteraum auf, wo er auf einer Bank lag. Ich ging zu ihm, und bat ihn, nun auch zu kommen. Er sagte nein. Ich fragte ihn, ob er keine Lust hätte, Volleyball zu spielen, er sagte doch, aber er käme nicht. Ich fragte, warum nicht, er sagte „keine Lust", ich sollte ihn doch von der Bank runter und rausziehen. Ich sagte, „O.K., wenn's dir Spaß macht" und wollte seine Hände nehmen, die er mir entgegenstreckte. Er zog sie aber wieder weg und ich sagte „Komm, ich hab' jetzt keine Lust mehr auf die Spielchen. Entweder kommst du jetzt, dann kannst du mitspielen, oder du bleibst eben die ganze Zeit hier. Wenn wir angefangen haben, brauchst du nicht mehr zu kommen." Ich ging weg zu den Anderen und wir fingen mit Mannschaftenbilden an. Der Zivi ging nochmal zu Sascha und kam dann mit ihm dazu.

Ich kann mir vorstellen, dass dieses gegensätzliche Verhalten von Sascha damit zu tun hat, dass er gerne zu der Gruppe der Größeren (H., 16 Jahre, S., 16 Jahre, A., 15 Jahre) gehören möchte, und mit seiner Provokation deren Anerkennung sucht. Vielleicht empfindet er sein eigenes, freundliches Verhalten mir gegenüber auch als zu albern oder auch als Verhalten mit „sexuellen Anteilen" (es könnte z. B. jemand sagen „Sascha ist verliebt in Monique" o.ä.), wobei Sexualität in der Gruppe ein starkes Thema ist, wobei sein Verhalten dann eine Wertung bekommt, wenn es von Dritten betrachtet und somit beurteilt wird.

Anfangs hatte ich etwas Schwierigkeiten, damit umzugehen, ich fühlte mich von seinen Zurückweisungen und Provokationen getroffen. Inzwischen (nach einem Gespräch mit meinem Freund über dieses Thema) gehe ich locker damit um und versuche, Sascha auf mich zugehen zu lassen, und lasse ihn ansonsten einfach in Ruhe. Wenn er auf mich zukommt, reagiere ich offen und freue mich auch darüber, damit gebe ich ihm die Möglichkeit eine Beziehung zu mir in dem Maße herzustellen, das er selbst für richtig hält, ohne ihn zu bedrängen.«

Übergreifende Fragestellungen

Durch die Fragen an die Geschichten sollen besonders die folgenden Aspekte vertiefend behandelt werden:

- Die Erweiterung der kommunikativen Kompetenz bei der Kontaktaufnahme zu Kindern/Jugendlichen in einer anderen Altersstruktur unter Berücksichtigung des anderen Geschlechts.
- Die Entwicklung der Fähigkeit, auf die Signale der Adressaten sensibel zu reagieren und sie ihrer jeweiligen Situation entsprechend wahrzunehmen.
- Die Fähigkeit, eine Infragestellung der eigenen Sicherheiten in der Erzieher/Erzieherinnenrolle zuzulassen.

1. Vergleichen Sie die unterschiedlichen Wege der Praktikanten, mit den Adressaten Kontakt aufzunehmen. Verdeutlichen Sie, inwiefern die Adressaten eine aktive Rolle übernehmen und die Art der Kontaktaufnahme ganz wesentlich mitprägen.
   Vergleichen Sie die Geschichten der Praktikanten und die Ergebnisse in der Lerngruppe mit Ihren eigenen Erfahrungen (vgl. Fragestellung Seite 12), und halten Sie fest, wie Sie Ihre eigene Art der Kontaktaufnahme in Zukunft facettenreicher, d.h. auch erfolgreicher gestalten könnten.
2. Untersuchen Sie, inwiefern in dem Handeln der Praktikanten unterschiedliche Rollenkonzepte für die Erzieher- bzw. Erzieherinnenrolle deutlich werden.
   Versuchen Sie evtl. eine bildliche Darstellung der unterschiedlichen Rollen.
   Überprüfen Sie für sich selbst, wie Sie sich in der Erzieher- bzw. Erzieherinnenrolle sehen. Versuchen Sie auch hier eine bildliche Darstellung.
3. Stellen Sie heraus, welches Bild vom Adressaten die Praktikanten jeweils entwerfen und welche Ziele sie mit ihrem Handeln verfolgen.
   Halten Sie selbst Ihre eigenen Ziele im Umgang mit Adressaten fest.

3.2 … ich lasse mich doch nicht beschimpfen oder: Die Adressaten sollen mich in der Erzieher-/Erzieherinnenrolle akzeptieren!

Während der erste „Auftritt" als Praktikantin/Praktikant im Hort, Jugendzentrum und Heim schon häufig etwas von einer Mutprobe hat, so kann man hier – wenn man es „etwas geschickt anstellt" – noch relativ erfolgreich handeln. Bedeutsam schwieriger wird die Situation, wenn Sie dem Adressaten in Ihrer Erzieher/Erzieherinnenrolle gegenübertreten müssen, z.B. Regeln durchsetzen wollen usw.

Schon die Kinder in der Elementarpädagogik haben Sie sicher oft auf eine harte Probe gestellt. Gewöhnlich sind sie jedoch verbal und körperlich nicht so „gut ausgestattet". Besonders die verbalen Attacken stürzen viele Praktikantinnen und Praktikanten in eine große Hilflosigkeit.

Eigene Vorüberlegungen zum Thema:

Versuchen Sie sich zu erinnern, welche Gefühle es bei Ihnen ausgelöst hat, wenn Ihnen in Jugendgruppen oder Jugendzentren etwa Gleichaltrige in der Rolle des Erziehers/der Erzieherin gegenüber traten. Notieren Sie, welche Gefühle eine solche Situation bei Ihnen auslösen würde und wie Sie evtl. darauf reagieren würden. Reflektieren Sie, welche Strategien Sie anwenden, um jemandem zu verdeutlichen, dass Sie ihn in der Rolle des „Leiters" nicht akzeptieren.

Text 3 – Alexandra: »Ich finde das nicht gut, dass du mit diesen Wörtern um dich schmeißt.«

Bearbeitungspunkte

1. Erarbeiten Sie, inwiefern die Praktikantin sehr bewusst die Erzieher/Erzieherinnenrolle übernimmt. Verdeutlichen Sie, mit welchen Interventionen die Praktikantin versucht in den Streit einzugreifen. Stellen Sie sowohl ihre verbalen als auch ihre nonverbalen Interventionen heraus.
2. Die Praktikantin geht in der Reflexion sehr kritisch mit ihrem Handeln um. Vielleicht fällt es Ihnen aus der Distanz recht leicht „ gute Ratschläge zu geben". Um aber ein wenig die Situation nachempfinden zu können, schlage ich Ihnen vor, dass Sie die Szene in einem Rollenspiel nachspielen und alternative Handlungsmöglichkeiten auch real erproben.
3. Bei der Intervention in Konfliktsituationen gibt es sogenannte typische Redewendungen, die häufig von Erziehern/Erzieherinnen, Eltern, Lehrern/Lehrerinnen usw. gebraucht werden. Verdeutlichen Sie die Merkmale dieser Redewendungen und versuchen Sie sich vorzustellen, wie diese auf Sie in der Rolle des Adressaten wirken würden. Untersuchen Sie, welche dieser typischen Redewendungen die Praktikantin benutzt und entwickeln Sie einen alternativen Gesprächsverlauf.

»Es ist 15.30 Uhr und die Hortkinder müssen nach draußen, weil Teamsitzung ist. Ich räume noch kurz die Gruppe auf und gehe dann nach draußen. Aus unserer Gruppe sind noch 8 Kinder da und noch einige Kindergartenkinder. 2 Erzieherinnen aus den Kiga-Gruppen sind auch draußen.

Moritz (9,5), Jörg (8,5), Marco (8), Steffen (6,3) und Adem (8,5) sitzen in der Hocke (es liegt noch Schnee) und haben ihre Köpfe über einen geöffneten Koffer gehalten, der Jörg gehört.

Als ich raus komme und mich umgucke, sehe ich die fünf dort hocken und denke mir, dass da was im Busch ist. Sie reden laut und sind dabei am gestikulieren. Ich gehe nicht zu den Erzieherinnen, die etwa sechs Meter von mir weg stehen, sondern bleibe in der Nähe der Jungen stehen. Vivien (9,8) gesellt sich zu mir und wir kommen ins Gespräch, dabei halte ich die 5 Jungen im Auge. Es dauert auch nicht lange und Jörg und Moritz fangen an sich zu streiten. Erst schubsen sie sich hin und her, dann packen sie sich gegenseitig am Kragen und dann schlagen und treten sie sich gegenseitig, wobei sie sich auch beschimpfen. Ich rufe: „He, ihr zwei, hört auf euch zu schlagen." Sie reagieren nicht darauf und machen weiter. Ich versuche es noch einmal: „Hört sofort auf euch zu schlagen, was soll denn das?" Da sie wieder nicht reagieren, gehe ich auf die beiden zu. Etwa einen Meter vor ihnen sage ich: „Könnt ihr zwei mal aufhören?" Beide gehen auseinander, aber beschimpfen sich weiter, sie wollen wieder aufeinander losgehen und ich stelle mich zwischen sie. Sie beschimpfen sich weiter. Moritz will auf Jörg zugehen und ich halte ihn an der linken Schulter zurück. Ich sage: „Jetzt ist aber Schluss." Er weicht von mir und geht zu seiner Mütze, die Jörg in den Dreck geschmissen hat. Dabei mault er und beschimpft mich mit blöde Kuh, Schlampe und Fixerin. Ich gehe hinter ihm her und sage: „Kannst du mir mal sagen, was das soll? Ich lasse mich doch von dir nicht beschimpfen! Ich finde das nicht gut, dass du mit diesen Wörtern um dich schmeißt." Moritz hebt seine Mütze auf, ich frage noch, ob ihm etwas weh tut, was er verneint. Ich wende mich ab und gehe auf Jörg zu. Marco kommt auf Moritz zu und spricht mit ihm. Die beiden verschwinden in eine Nische neben dem Haus. Ich frage Jörg: „Was war denn los?" Jörg erzählt mir, während er den Koffer zusammenpackt und ihn auf die Spielkiste legt, dass Moritz etwas aus dem Koffer haben wollte, er es ihm aber nicht geben wollte, weil der Koffer seinem Vater gehören würde und er würde stinksauer werden, wenn etwas aus dem Koffer fehlen oder kaputt gehen würde. Ich gehe wieder zurück zu Vivien. Die Kinder fangen eine Schneeballschlacht an und nach einer Weile gesellen sich Marco und Moritz dazu und machen mit. Die Schneeballschlacht verläuft friedlich. Als ein paar Kindergartenkinder Moritz aus nächster Nähe mit Schneebällen bewerfen, lacht er nur.

Nach einer Weile holt Jörg wieder seinen Koffer hervor und die gleichen Jungen hängen wieder mit ihren Köpfen über diesen Koffer. Es dauert auch nicht lange und Jörg und Moritz streiten sich wieder. Jörg geht zu Boden und hält sich sein Ohr. Er weint und schreit Moritz an. Ich sage: „Könnt ihr mir mal sagen, was mit euch los ist, müsst ihr euch immer schlagen?" Moritz geht weg, ich gehe zu Jörg und frage ihn, ob er Schmerzen hat. Er sagt: „Ja, mir tut das Ohr weh." Ich gucke mir das Ohr an und fühle daran. Es ist ganz kalt. Ich sage zu ihm: „Dein Ohr ist ja ganz kalt. Wenn du möchtest, dann kannst du rein gehen und dich aufwärmen"(eigentlich dürfen die Kinder nicht rein). Jörg packt seinen Koffer zusammen und geht nach innen. Nacheinander werden die Kinder abgeholt.

Während dieser Situation haben die anwesenden Erzieherinnen nicht eingegriffen.

Reflexion

Dieses Erlebnis machte mir sehr zu schaffen. Ich bin mit mir selber unzufrieden, weil ich meine Reaktionen kritisiere.

Während dieser Situation fühlte ich mich hilflos. Ich wusste nicht so recht, ob ich in das Geschehen eingreifen sollte und wenn ja, wie.

Da ich den Eindruck hatte, dass die beiden immer härter zuschlugen, habe ich mich dazu entschieden, verbal einzugreifen. Meine Worte wurden aber nicht erhört, was mich sehr wurmte.

Diese Lösungsmöglichkeit wäre auch für mich sehr einfach gewesen, denn dann brauchte ich mir keine neuen Handlungsmöglichkeiten zu überlegen und wäre „schnell aus dem Schneider" gewesen.

Also ging ich auf die beiden zu und die Situation ergab sich, dass ich mich zwischen sie stellte, als sie beide auseinandergingen. Als Moritz wieder auf Jörg zugehen wollte, hielt ich ihn davon ab, indem ich ihm meine linke Hand gegen seine Schulter drückte.

Im nachhinein denke ich, wäre es vielleicht besser gewesen, wenn ich mich einfach zu ihm gestellt hätte und gesagt hätte: „STOP!" Zur Unterstützung hätte ich vielleicht die Hände nach vorne strecken können.

Die andere Lösungsmöglichkeit wäre gewesen, wenn ich nicht in das Geschehen eingegriffen hätte. Aber hätte ich das Ergebnis verantworten können? Was wäre gewesen, wenn sie sich blutig geschlagen hätten oder einer wäre unglücklich gefallen?

Also sah ich es als meine „Pflicht" an, einzugreifen.

Moritz war also der Meinung, dass ich mich nicht hätte einmischen sollen, sonst hätte er mich vielleicht nicht so beschimpft. Vielleicht aber auch, weil er den Eindruck hatte, dass ich ihn für den Schuldigen hielt, was aber nicht so war, denn zu einem Streit gehören immer zwei. Aber durch mein Verhalten ihm gegenüber, musste er zu diesem Eindruck gekommen sein.

Moritz könnte sich auch durch meine Wortwahl provoziert gefühlt haben. Ich finde, sie klingt sehr vorwurfsvoll.

Was würde ich beim nächsten Mal anders machen?

Das ist sehr schwierig. Ich gehöre zu den ruhigeren Menschen, die das Herumschreien nicht mögen. In diesem Kita ist das aber gang und gäbe. Dies verschlimmert die Lage, weil die Kinder an diverse Tonarten und Wortwahlen gewöhnt sind und wie meine Anleiterin zu sagen pflegt, es auch nicht anders von zu Hause kennen.

Ich finde es sehr schade, dass man ihnen nicht die Möglichkeit gibt, auch mal was anderes kennenzulernen.

Die andere Schwierigkeit ist, dass die Kinder ihre innere Wut in körperlicher Aggressivität ausleben, weil ihnen keine anderen Möglichkeiten gezeigt werden. Dies wäre ein Punkte, an dem man ansetzen sollte, z. B. durch Aggressionsspiele.

Moritz ist eher ein Einzelgänger, da er sehr wenig Kontakt zu anderen sucht. Ich denke, dass das mit seinem gestörten Vertrauen zu tun hat.

Moritz ist auch eher ein zurückhaltender, ruhiger und anspruchsloser Junge, der seine Ruhe haben will. Er gehört nicht zu der Sorte Jungen, die durch Lautstärke und „Rumhampeln" im Vordergrund stehen möchten. Auffällig finde ich seine Ausdauer, lange ruhig zu sitzen. Er hat „gelernt" seine Wünsche und Bedürfnisse zurückzustellen.

Die Frage ist nur, was passiert mit ihnen? An welcher anderen Stelle werden diese Bedürfnisse befriedigt, vor allem, wenn er aus dem Hort ist und nur noch sein zu Hause hat?«

Text 4 – Katharina: »Hätte ich es einfach geschehen lassen, hätte ich mein Gesicht verloren.«

Bearbeitungspunkte

1. Arbeiten Sie heraus, welche Strategie die Praktikantin verfolgt, um den Kindern zu verdeutlichen, dass sie verantwortlich für die Entscheidungen in der Gruppe ist.
2. Verdeutlichen Sie die unterschiedlichen Interessen und fertigen Sie ein Bild von der Konfliktstruktur.
3. Am Ende der Geschichte bestraft die Praktikantin quasi die Gruppe, weil die Kinder den Anweisungen nicht gefolgt sind. Diskutieren Sie in Ihrer Lerngruppe, ausgehend von dieser Situation, die Möglichkeit, durch Bestrafungen zu verdeutlichen, dass man in der Gruppe die Erzieherinnenrolle übernommen hat.
4. Überprüfen Sie noch einmal genau, welche Versuche die Praktikantin unternimmt, um in der Rolle der Erzieherin Anerkennung zu finden, bevor Sie zum Mittel der Bestrafung greift.
   Sammeln Sie alternative Möglichkeiten, um die Situation zu gestalten. Spielen Sie diese Möglichkeiten in einem Rollenspiel durch.

»In der 5. Woche meines Praktikums fielen meine Anleiterin und die 2. Kraft für drei Tage wegen Krankheit aus. Ich hatte also mehr oder weniger die Verantwortung für die Kinder. In etwa stündlichem Wechsel waren mal die Leiterin und die Erzieherinnen aus den Kindergartengruppen anwesend. Die Erzieherinnen hielten sich zurück und gaben mir zu verstehen, dass ich das „Sagen" habe. Nun konnte ich mich bei auftretenden Problemen also nicht zurückziehen, sondern musste mich den Problemen stellen.

Die nun folgende Situation ergab sich am 2. Tag. 9 Kinder saßen beim Mittagessen, darunter auch vier Kinder die „berühmt" dafür sind ununterbrochen zu reden und andere mitzureißen.

Während die Kinder sich etwas zu essen auf den Teller legten, wurde ich von einigen Kindern gebeten, eine Hörspielkassette einzulegen. Ich fragte: „Was wollt ihr denn hören?" Alle riefen durcheinander und dabei wurden sie immer lauter, um die anderen zu übertönen. Mit gehobener Stimme sagte ich: „Bei dem Lärm verstehe ich kein Wort." Die Kinder wurden ruhiger und einer nach dem anderen sagte, was er hören wollte. Ich sagte: „Wer will alles Draculainsel hören?" Die Kinder, die sie hören wollten riefen: „Ich!" und die Kinder, die was anderes hören wollten riefen: „Nein, ich will den Automarder (usw.) hören". Leicht genervt sagte ich: „ Wisst ihr was, ich suche eine aus." Die Kinder fragten gespannt: „Was denn?" Ich sagte: „Lasst euch überraschen," Ich legte eine Kassette ein und wünschte „Guten Appetit", dann wissen die Kinder Bescheid, dass sie anfangen können zu essen. Ich setzte mich neben die Erzieherin an den Tisch.

Die Kinder hörten gespannt hin, um herauszufinden, was das für ein Hörspiel ist (mittlerweile kennen sie alle auswendig). Sie diskutierten untereinander, was das für eine Geschichte sein könnte und einige Kinder nutzten die Gelegenheit, um über andere Dinge zu sprechen, dabei wurde es wieder lauter. Mit gehobener Stimme sagte ich: „Könnt ihr bitte ruhig sein." Einige Kinder verstummten. Mirco (8), Max (10), Jochen (11) und Nina (9) redeten weiter. Ich sagte: „Das gilt auch für euch Mirco, Max, Jochen und Nina." Mirco und Nina, die nebeneinander sassen lachten sich gegenseitig an. Für 10 Sekunden war Ruhe. Dann fingen Frank (11) und Felix (10) an zu erzählen, worüber die Geschichte handelt. Andere Kinder meinten mit fachsimpeln zu müssen und schon war wieder Unruhe da. Leicht genervt sagte ich: „Ihr wisst doch ganz genau, dass ihr während des Essens still sein sollt. Dann haltet euch auch daran." Jochen und Max interessierten meine Worte nicht. Sie redeten einfach weiter. Ich sagte sehr bestimmend: „Jochen. Max. Ruhe!" Für einige Sekunden war Ruhe. Als sie wieder erzählten und dabei lauter wurden, sagte ich mit gehobener Stimme: „Leute ihr macht mich noch wahnsinnig. Ich glaube, ihr wollt mich ärgern. Da ja sowieso keiner zur Kassette hinhört, kann ich sie ja auch ausmachen." Mit diesen Worten stand ich auf und schaltete die Kassette ab. Einige Kinder, die gerne Hörspiele hören, fauchten die anderen Kinder an und machten sie für mein Handeln verantwortlich, dabei hatten sie auch geredet. Ich sagte: „Also, es gibt zwei Möglichkeiten. Entweder ist hier jetzt Ruhe oder ich setze euch alle auseinander." Erstaunt blickten mich einige Kinder an. Jochen brummte noch etwas vor sich hin und ab da war Ruhe. Die Leiterin kam in die Gruppe und flüsterte uns zu:„Ach, die sind aber lieb" Dabei konnte ich mir ein Grinsen nicht verkneifen.

Reflexion

In der Regel ist es während des Mittagessens immer unruhig. Meine Anleiterin und die 2. Kraft versuchen dann durch unterschiedliche Methoden Ruhe zu bekommen. Ich habe zwar, wenn ich gerade alleine war mit den Kindern, auch versucht, dass sie aufhören zu erzählen, aber bisher ohne Erfolg. Für mich war der Ausfall der Anleiterin und der 2. Kraft eine Probe und auch die Kinder haben mich auf die Probe gestellt. Mich kennen die Kinder noch nicht so gut und dadurch haben sie mich ständig „getestet", wo bei mir die Grenze ist. Über mein Verhalten während dieser Situation habe ich mich gewundert, da ich kein Freund von Herumschreien oder Strafen bin, aber in dieser Situation sah ich keine andere Möglichkeit. Ich wollte ihnen zeigen, dass ich nicht alles mit mir machen lasse und das es Grenzen gibt, die man nicht überschreiten soll. Hätte ich es einfach geschehen lassen, hätte ich mein „Gesicht" verloren. Die Kinder hätten dann keine Achtung vor mir gehabt und somit hätte ich mich selbst in Frage gestellt.

Hinzu kam sicherlich auch die Anwesenheit einer anderen Erzieherin, die mit den Gepflogenheiten des Hortes nicht bekannt ist und die sich dadurch nicht einmischte. So war ich gezwungen zu handeln.

Ich habe mir schon Gedanken dazu gemacht, ob und wie ich es hätte anders machen können, z.B. hätte ich ihnen sagen können, was das für eine Kassette ist, aber ich glaube, dass dies auch in irgendeiner anderen Situation hätte passieren können, frei nach dem Motto „Wenn der Kater nicht im Haus ist, tanzen die Mäuse auf dem Tisch". Dies war auch eine von vielen Situationen, die im Laufe des Tages passierten. Hinzu kam, dass die Kinder an diesem Tag nicht heraus konnten, weil das Wetter sehr schlecht war und ich durch die Überforderung der Situation auch sehr gereizt war und vielleicht das ein oder andere Mal überreagiert habe.

Für mich war es mehr oder weniger der Sprung ins kalte Wasser, der mir aber im nachhinein gut getan hat, weil ich dadurch auch den Mut bekam mal auf den Tisch zu hauen, wenn das Maß voll ist.«

Text 5 – Ruth: »Ich drehte mich kurz mit dem Rücken zu ihnen, atmete tief ein ...«

Bearbeitungspunkte

1. Verdeutlichen Sie, nach welchem Prinzip die Jugendlichen vorgehen, um zu verdeutlichen, dass sie die Praktikantin nicht ganz ernst nehmen.
2. Stellen Sie die Struktur der Szene durch eine kleine Skizze dar.
3. Offensichtlich setzt sich die Praktikantin doch durch. Diskutieren Sie in der Lerngruppe, wodurch ihr „Erfolg" zustande kommt.

»Die Situation ereignete sich in der Woche, als meine Leiterin krank wurde und ich alleine in dem Jugendzentrum war.

Ich hängte ein Plakat an der Eingangstüre auf, mit der Info, dass diese Woche nur ein Projekt stattfindet und das Jugendcafé geschlossen ist.

Als ich in der Projekthalle war, hörte und sah ich auch bald darauf vier junge Männer, die ich vorher noch nie gesehen hatte. Ich erkundigte mich bei den Jugendlichen in der Halle, ob sie ihre Namen wüssten. Ich erhielt nur Schulterzucken als Antwort. Als ich auf sie zuging, beachteten sie mich gar nicht und machten Anstalten Billard zu spielen. Ich ging an den Tisch und sagte: „Tut mir leid Jungs, ihr könnt heute hier nicht spielen, das Café ist offiziell geschlossen, hier findet ein Projekt statt."

Frage: „Wo ist Simone?" Ich merkte, dass ich nervös wurde.

Ich erklärte, dass sie krank sei und wiederholte nochmals: „Das Café ist geschlossen."

Sie wollten mit mir verhandeln und ein Jugendlicher sagte: „Wir wollen doch nur ein bisschen kickern und Billard spielen. Du brauchst nicht auf uns aufzupassen, wir sind alle über 18."

Ehe ich antworten konnte, stieß Peter, ein Teamer zu den jungen Männern und begrüßte sie lauthals. Danach begrüßte er mich. „Peter, das Jugendzentrum ist geschlossen." Peter: „Gilt nicht für mich." Ich drehte mich kurz mit dem Rücken zu ihnen, atmete tief ein und wandte mich an ihn und die anderen Jugendlichen und sagte: „Ich bin total sauer!" Peter ganz erstaunt: „Warum?" Meine Antwort: „Ich bin sauer, weil ihr nicht geht!" Peter: „Bevor du noch einen Anfall bekommst, gehen wir." Sie verließen daraufhin die Einrichtung.«

Text 6 – Alexander: »Jessica, guck doch mal, da kommt der Arsch.«

Bearbeitungspunkte

1. Es ist wohl nicht zu leugnen, dass die beiden Mädchen in dem Text provozieren möchten. Setzen Sie sich mit dem Verhalten des Praktikanten in der Weise auseinander, dass Sie zuerst verdeutlichen, welche seiner Interventionen Sie positiv finden.
2. Reflektieren Sie gemeinsam mit Ihrer Lerngruppe, ob es für das Verhalten der beiden Mädchen von Bedeutung war, dass es sich um einen männlichen Praktikanten handelt.
3. Verdeutlichen Sie, wie Sie in einer ähnlichen Situation evtl. gehandelt hätten.

»Die folgende Situation, die ich in dem Erlebnisbericht schildern werde geschah in der dritten Woche meines Praktikums.

Die ersten Kinder kamen um 12.30 Uhr aus der Schule und waren sehr aufgedreht, da sie einen stressigen Vormittag in der Schule hatten. Sie haben eine Klassenarbeit geschrieben. Mit den Kindern kamen auch Jessica (6 Jahre) und Nina (ebenfalls 6 Jahre alt) aus der Schule. In ihrer Klasse wurde die Arbeit geschrieben.

Jessica und Nina waren sehr aufgedreht und haben sehr laut in der Gruppe geschrien und rumgetobt. Ich sagte: „Wenn ihr schreien und toben wollt geht doch nach draußen", sie sagten, „Nee, wollen wir nicht, wir wollen hier schreien und toben."

So machten sie ihre Sache weiter, bis der Lärmpegel so hoch war, das ein anderes Kind aus dem Hausaufgabenraum gekommen ist und sagte: „Ich kann mich bei diesem Lärm nicht auf meine Hausaufgaben konzentrieren."

Daraufhin sagte ich nochmals zu den Mädchen: „Ihr seid zu laut, ihr stört die Kinder, welche im Hausaufgabenraum sind." Die beiden erwiderten: „Na gut du Arschloch wir gehen raus." Nachdem ich das Wort „Arschloch" gehört habe bin ich sofort zu den beiden gegangen und habe gesagt: „Wenn ich noch einmal so ein Wort höre, und das noch zu mir, dann ist der Mopp am toben." Jessica guckte ein wenig erschrocken und suchte sofort den Blickkontakt zu Nina.

Nina lachte laut und sagte immer wieder: „Alexander ist ein Arschloch, Alexander ist ein Arschloch." Als Jessica das Verhalten von Nina gesehen hat, fing sie sofort das Gleiche zu schreien an.

In diesem Augenblick wusste ich nicht so recht was ich machen sollte, und sagte: „Geht ein wenig an die frische Luft, dort könnt ihr euch abkühlen." Das taten sie auch. Nach einigen Minuten (ca. 15 bis 20) kamen sie wieder in die Gruppe. Sie waren nun nicht mehr so laut und unterhielten sich ganz normal miteinander. Als ich auf sie zukam, sagte Nina: „Jessica, guck doch mal, da kommt der Arsch."

Bevor Jessica etwas sagen konnte, schnappte ich mir Nina und setzte mich mit ihr in die Kuschelecke.

Jessica wollte auch in die Ecke, ich sagte in einem erhöhtem Ton: „Jetzt nicht Jessica, ich möchte dass du uns für einen Augenblick in Ruhe lässt." Jessica drehte sich um und setzte sich an einen Tisch.

Ich sagte zu Nina: „Was sollte das denn, meinst du, du kannst mich hier als Arschloch beschimpfen." Nina sagte: „Ich kann machen was ich will." Ich erwiderte: „Du kannst hier vieles machen, aber mich als Arschloch beschimpfen, das darfst du nicht, haben wir uns verstanden?" Völlig desinteressiert lachte Nina wieder und sagte: „Du Arschloch."

In dieser Situation wurde meine Stimme lauter und meine Mimik sehr ernst, ich sagte: „Jetzt reicht es Nina, irgendwann ist der Punkt erreicht, und du hast ihn gerade überschritten." Ich blickte ihr tief in die Augen und sah, dass das Lachen immer weniger wurde, bis sie ganz aufgehört hat zu lachen und ihre Mine ganz ernst wurde.

Ich sagte wieder mit einer sehr lauten Stimme: „Du kannst jetzt hier so lange sitzen, bis du dich bei mir entschuldigt hast, so ein Verhalten hätte ich von dir nicht erwartet, ich bin wirklich enttäuscht." Danach bin ich sofort aufgestanden und zu anderen Kindern gegangen, um mit ihnen zu spielen.

Nina blieb sitzen und ich konnte es an ihrem Gesicht erkennen, dass sie nachgedacht hat. Sie war sehr still und guckte nach unten. Während ich mit anderen Kindern spielte, ging Jessica zu Nina hin setzte sich zu ihr und sie fingen an sich zu unterhalten. Leider konnte ich nicht hören worüber sie sich unterhielten (da ich zu weit weg gesessen habe), ich konnte aber beobachten, dass sie während des Gespräches immer wieder zu mir geschaut haben.

Es verging eine Weile (ca. 10 Min.) in der sie miteinander gesprochen hatten. Nach ca. 10 Min. kamen auf einmal Jessica und Nina zu mir und sagten „Hörmal Alexander, wir wollten uns entschuldigen". Ich erwiderte: „Entschuldigung angenommen, und ich möchte sowas nicht mehr hören, O.K." Sie fragten: „Na gut. Bist du noch sauer auf uns?" Ich erwiderte: „Nein, jetzt nicht mehr, ihr habt darüber gemeinsam gesprochen, was mich sehr erfreut, da ich mit Jessica noch nicht darüber gesprochen hatte. Lasst uns die Sache vergessen."

Ich konnte beobachten, dass ihre Gesichter wieder ein wenig strahlten. Sie fragten mich: „Willst du nicht mit uns nach draußen gehen und fangen spielen?" Ich erwiderte: „Wenn ich mit dem Spiel fertig werde, komme ich raus, ihr könnt schon nach draußen gehen." Nachdem ich das Spiel zu Ende gespielt hatte, ging ich raus und spielte mit Jessica und Nina.«

Text 7 – Barbara: »Ich sah die ersten Tränen blitzen und nahm sie spontan in den Arm.«

Bearbeitungspunkte

1. Die Praktikantin befindet sich in der offensichtlich immer wieder schwierigen Situation der Hausaufgabenbetreuung im Hort. Arbeiten Sie heraus, an welchen Kampflinien sie sich fast gleichzeitig durchsetzen muss.
2. Stellen Sie heraus, inwieweit es den Kindern gelingt, sich gegen die Praktikantin zu verbünden.
3. Die Kinder – in diesem Fall zwei Mädchen – reagieren im Vergleich zu dem Verhalten der Kinder/Jugendlichen in den anderen Geschichten relativ unüblich: sie zeigen keine direkten Aggressionen. Analysieren Sie ausgehend von Ihren Kenntnissen zu Durchsetzungsstrategien allgemein und zu geschlechtsbezogenem Verhalten, ob die beiden Mädchen hier „typisch weibliche" Strategien anwenden. Überprüfen Sie, inwiefern die Praktikantin die Strategien der Mädchen durchschaut.

»Ich hatte die Hausaufgabenbetreuung bis zum Mittagessen übernommen.

Die Kinder waren eher unruhig und hatten überhaupt keine Lust Hausaufgaben zu machen. Allen voran Stefan, der an einem Stück am „Quasseln" war. Ich erklärte ihm, dass er, wenn er nicht ruhig ist, seine Hausaufgaben wohl im Warteraum machen muss, damit sich die anderen Kinder wenigstens konzentrieren können. Daraufhin meinte Stefan, dass wäre ihm sowieso lieber, weil die anderen ja ihn stören. Er packte seine Sachen zusammen und ging in den Warteraum.

Nach dem Mittagessen dürfen die Kinder bis ca. 14 Uhr draußen spielen, bevor sie ihre Hausaufgaben fertig machen. Stefan war ebenfalls dabei.

In dieser Mittagszeit fragten mich Michaela und Sandy, ob sie im Warteraum spielen dürften. Ich erlaubte es ihnen unter der Voraussetzung, dass sie wieder in den Gruppenraum kommen, wenn Stefan seine Hausaufgaben weitermacht.

Kurz nach 14 Uhr ging ich in den Warteraum um zu gucken, ob Stefan mittlerweile seine Hausaufgaben weitermacht. Der stand vor seinen Hausaufgaben, Michaela lief durch den Raum und Sandy saß auf einem Stuhl und aß ihr übriggebliebenes Frühstück. Ich fragte die beiden zunächst, ob sie vergessen hätten, was wir ausgemacht haben. Die beiden guckten mich an wie Fragezeichen und wussten angeblich von nichts mehr. Daraufhin erklärte ich den beiden das Ganze nochmal und bat sie in den Gruppenraum zurückzugehen. Stefan meinte grinsend, dass die beiden ihn nicht stören. Ich sagte ihm, dass er doch genauso gut wie ich wisse, dass das nicht stimmt. Stefan grinste noch breiter, setzte sich dann, ohne ein weiteres Wort zu verlieren, an seine Hausaufgaben. Michaela und Sandy allerdings sind nicht in die Gruppe zurückgegangen, sondern hatten sich in die Garderobe gesetzt und zogen nun ziemlich lange Gesichter. Beide sahen so aus, als würden sie jeden Moment anfangen zu weinen. Im ersten Moment war ich etwas geschockt und dachte: „Was habe ich nur getan? Denken die beiden jetzt, ich habe sie aus dem Warteraum geschmissen, weil ich etwas gegen sie habe?" Ich versuchte den beiden nochmal zu erklären, warum sie nicht im Warteraum bleiben konnten. Nämlich weil Stefan dort seine

Hausaufgaben machen muss und sich nicht konzentrieren kann, wenn die beiden hinter ihm spielen. Ich versuchte den beiden zu vermitteln, dass jedes andere Kind den Raum hätte auch verlassen müssen und nicht nur die beiden.

Sandy sah das Ganze ziemlich schnell ein (nachdem sie auf meinem Schoß gesessen hatte und ich nochmals in Ruhe mit ihr redete) und ging in die Gruppe zurück.

Im Nachhinein glaube ich, dass Sandy sowieso nur mitgezogen hat, weil Michaela direkt beleidigt reagiert hat. Bei Michaela war das Ganze etwas schwieriger. Sie stellte auf total stur, wenn ich versuchte sie anzusprechen. Sie antwortete mir nicht, drehte sich weg und vermied es mich anzugucken. Nachdem sie aber bemerkte, dass ich trotzdem nicht locker ließ, obwohl sie mir die kalte Schulter zeigte, fasste sie wohl doch Vertrauen und guckte mich an.

Ich sah die ersten Tränen blitzen und nahm sie spontan in den Arm. Sie begann erst mal zu weinen und schluchzte, dass man ihr immer alles verbieten würde, nirgendwo dürfte sie hin, nicht hier und auch nicht zu Hause. Ich versuchte sie erst mal zu beruhigen und erklärte ihr nochmals, dass es bei der Sache nicht um sie persönlich ging.

Sandy war irgendwann nochmal dazu gekommen und fragte natürlich, was Michaela denn hätte. Michaela antwortete sofort, dass sie nichts hätte und guckte mich gleichzeitig abwartend und bittend an. Als ich dann auch nichts anderes antwortete, war sie sichtlich erleichtert. Ich fragte sie dann, ob wir drei nicht wieder zusammen in die Gruppe gehen sollen, um etwas zu spielen. Michaela antwortete, dass sie nur mitspiele, wenn sie sich ein Spiel aussuchen dürfte. Wir gingen in den Gruppenraum zurück, spielten ein Gesellschaftsspiel und für die beiden war die Welt wieder in Ordnung.

Ich glaube, ich würde in gleicher Situation nochmals so reagieren, weil ich glaube, dass die Kinder gemerkt haben, dass ich sie und ihr Problem ernst nehme und sie sich mir geöffnet haben, indem sie erzählten, was eigentlich los ist. Was mir wiederum zeigte, dass die Kinder eine Vertrauensbasis aufgebaut hatten.«

Übergreifende Fragestellungen

Durch die gemeinsamen Fragen an die Geschichten soll es Ihnen ermöglicht werden, ganz unterschiedliche Facetten der aktiven Übernahme der Erzieher/Erzieherinnenrolle und der Selbstpräsentation in der Begegnung mit dem Adressaten kennenzulernen. Sie selbst – hier in der Rolle des Außenstehenden – sollen ermuntert werden, die Verhaltensrituale der Adressaten in der Konfrontation mit jungen und unerfahrenen Erzieherinnen zu verstehen, um so evtl. besser mit ihnen umgehen zu können.

1. Arbeiten Sie die unterschiedlichen Wege der Kinder/Jugendlichen heraus, die Rolle der Praktikantin in Frage zu stellen und ihre Entscheidungskompetenz zu erschüttern.
2. Prüfen Sie, inwiefern Sie sich – ausgehend von Ihren eigenen schriftlichen Vorüberlegungen zum Thema –in dem Verhalten des Adressaten selbst wiedererkennen.
3. Teilweise spiegelt sich in dem Verhalten der Praktikanten ein Kampf um das Überleben in der Erzieher/innenrolle wider, gleichzeitig werden jedoch auch pädagogische Zielvorstellungen ausgehend von einem bestimmten Bild des Kindes/des Jugendlichen deutlich. Arbeiten Sie diese Ziele heraus und überprüfen Sie, ob die deutlich werdenden Zielvorstellungen auch Ihren eigenen Zielen in der Arbeit mit Kindern/Jugendlichen entsprechen.

Auswertung der Texte und Reflexionen im Hinblick auf die Entwicklungsaufgabe I: Entwicklung einer Vorstellung von der eigenen zukünftigen Berufsrolle

Arbeiten Sie heraus, inwiefern in den einzelnen Geschichten aus der Praxis die übergreifende Lösung dieser Entwicklungsaufgabe deutlich wird: „Ich kann Erzieher/Erzieherin werden, weil ich lernen kann, was ich lernen muss und lernen will."

Informieren Sie sich im Anhang dieses Buches über die Aspekte der Entwicklungsaufgabe I. Halten Sie für sich selbst fest, an welchen Aspekten Sie selbst verstärkt arbeiten wollen.

4 Es ist schwer sich ein Bild zu machen

4.1 ... und manchmal verändern sie ihr Verhalten stündlich!

Schon in der Elementarpädagogik sind Ihnen Kinder begegnet, die Ihnen rätselhaft erschienen. Häufig waren es die Kinder, die eine besondere Faszination auf Sie ausübten oder Ihnen Angst machten. Mit Hilfe der Praxisanleitung ist Ihnen zumeist ein Zugang zu den Kindern ermöglicht worden. Sie haben sehr wahrscheinlich die Erfahrung gemacht, dass die Kinder nach einer gewissen Zeit von Ihnen einzuschätzen waren oder dass Sie – war das Eis erst einmal gebrochen – einen sehr guten Zugang zu gerade diesen Kindern gefunden hatten. Eine grundlegende, oft schmerzhafte Erfahrung in der Arbeit mit heranwachsenden Kindern und Jugendlichen ist ihr oft wechselhaftes Verhalten, welches besonders Praktikanten und Praktikantinnen – die selbst noch ein festes Rollenkonzept suchen – zu schaffen macht. Ist auf der einen Seite die in der Elementarpädagogik gewonnene Sicherheit noch einmal erschüttert, so sind Sie in gewisser Hinsicht auch souveräner geworden: Sie haben sich ein größeres theoretisches Wissen angeeignet, um die Kinder besser zu verstehen. Gerade die Widersprüchlichkeit der Adressaten wird Sie herausfordern, die „Alltagstheorien" zu verlassen und genauer zu prüfen, welche Theorien Ihnen helfen könnten, das Erfahrene genauer zu analysieren. In den Texten 8 und 9 finden Sie Beispiele, in denen die Praktikantinnen versucht haben, ihre Erfahrungen zu reflektieren.

Eigene Vorüberlegungen zum Thema

Prüfen Sie, welche Verhaltensweisen bei Ihnen ein Adressat, dessen Verhalten Sie nicht verstehen, auslöst. Überlegen Sie, in welcher Weise Sie bisher versucht haben, sein/ihr Verhalten für Sie verständlicher werden zu lassen. Halten Sie für sich fest, in welcher Weise ein „professioneller" Erzieher/eine „professionelle" Erzieherin sein theoretische Wissen im alltäglichen Handeln einsetzen müsste. Überprüfen Sie die bisher von Ihnen erlebte Praxis bzgl. der Fragestellung, inwieweit intensive Fallbesprechungen zum Alltag gehörten, und wie widersprüchliche Meinungen zu Adressaten im Team ausgetragen wurden. halten Sie für sich fest, wie Sie sich ein ideales Team im Umgang mit „schwierigen" Adressaten vorstellen.

Text 8 – Renate: »Seit seinem persönlichen Misserfolg ist er auch für mich kaum noch zugänglich. Oliver stand schon immer mehr im Vordergrund als Susanne.«

Bearbeitungspunkte

1. Die Praktikantin setzt sich schwerpunktmäßig mit dem Kind Oliver auseinander, im Verlauf der Schilderung wird auch die Schwester Susanne immer bedeutsamer. Stellen Sie zuerst alle Verhaltensweisen Olivers heraus, die Ihnen pädagogisch bedeutsam erscheinen. Notieren Sie sich ausgehend von Ihren theoretischen Kenntnissen mögliche Erklärungsmodelle für das Verhalten von Oliver.
2. In der Reflexion bietet die Praktikantin mehrere Deutungsmuster des Verhaltens an. Vergleichen Sie Ihre eigenen Überlegungen mit denen der Praktikantin und setzen sie sich gegebenenfalls kritisch mit den Thesen der Praktikantin auseinander. Stellen Sie anschließend die Besonderheiten des Verhaltens von Susanne heraus und versuchen Sie, auch dieses Verhalten aus erziehungswissenschaftlicher Sicht zu deuten.
3. In dem Fall werden nicht nur die Geschwisterkinder thematisiert sondern auch Äußerungen der Mutter und des weiteren familiären Umfeldes. Versuchen Sie das Szenario zu zeichnen und zu entwickeln, wie das Team in der sozialpädagogischen Einrichtung angemessen mit beiden Kindern und der Mutter umgehen kann.

»Am ersten Tag meines Praktikums kam Oliver (10) mittags nach der Schule in den Hausaufgabenraum. Ich saß bereits mit Matthias (9) an einem Tisch und betreute seine Hausaufgaben. Oliver setzte sich laut schimpfend und fluchend an einen anderen Tisch. Er schmiss seine Sachen herum und beschimpfte Matthias: „Ach, da sitzt ja der behinderte Matthias!" Matthias stieg darauf ein und konterte mit Worten. So ging es eine ganze Weile, bis Oliver aufsprang und auf Matthias losging. Auf die Bitte, sich an den Tisch zu setzen und mit den Hausaufgaben zu beginnen, reagierte Oliver mit Geschrei. Er beschimpfte mich und schrie, ich solle meine Klappe halten. Dann machte er doch, zwar unruhig und zappelnd aber zügig seine Hausaufgaben, packte auffallend laut seine Sachen wieder ein und verließ schimpfend den Raum. Ich habe versucht mit Matthias, der durch diese Störung vollkommen die Konzentration verloren hatte, die Hausaufgaben fertig zu machen. Mein erster Eindruck von Oliver war: Er ist sehr anstrengend; mit ihm wird es nicht einfach.

In den darauffolgenden Tagen – ich fing an, mit den Kindern unser Projekt zu planen, darunter auch Oliver – hatte ich bei den Vorgesprächen einen völlig anderen Eindruck von ihm bekommen. Er beteiligte sich lebhaft, brachte sich in das Gespräch mit konstruktiven Ideen ein und war sehr motiviert. In den weiteren Aktionen bestätigte sich dieses positive Bild, unsere Beziehung war fröhlich und unbefangen. Er suchte meine Hilfe, wenn er sie brauchte und nahm auch Kritik an. In dieser Zeit sprach ich mit meiner Praxisleiterin Frau Fliege und der Leiterin Frau Müller über meinen positiven Eindruck und sie waren beide überrascht, da sie ein völlig anderes Bild von Oliver hatten.

Ca. drei Wochen später hatte die Leiterin mit ihm eine Auseinandersetzung, die im Laufe eines versuchten Gespräches mit Oliver wohl völlig eskalierte. Er wurde aggressiv, schrie und schimpfte, hielt sich die Ohren zu – er drehte durch und war nicht mehr zu erreichen.

Seit seinem persönlichen Misserfolg in unserem Projekt – die Kinder haben eine „Mini Playback Show" im Rahmen des Zirkusprojektes vorgeführt; Oliver hat über ein angeschaltetes Mikrophon gesungen und eine paar Mal den Text vergessen – ist er für mich auch kaum noch zugänglich. Er hört nicht mehr auf mich, will an Aktionen nicht mehr teilnehmen, will mich bei den Hausaufgaben „aus dem Raum werfen" (verbal) und beschimpft mich. Nachdem ein paar Tage vergangen waren, habe ich versucht, ihn ruhig und unter vier Augen auf sein Verhalten mir gegenüber anzusprechen. Ich habe ihn gefragt, warum er so zu mir ist und ob er sich immer noch über die Pannen bei dem Auftritt ärgert. Ich habe versucht zu erklären, dass dies nicht schlimm gewesen sei. Auch hier konnte ich nicht mehr an ihn herankommen. Er hielt sich die Ohren zu, stand auf und ging weg.

Oliver ist zehn Jahre und geht ins 4. Schuljahr in der naheliegenden Grundschule. In dem Hort kommt er in der Regel täglich seit Juli '95, wird aber häufig schon früher von seiner Mutter abgeholt. Er ist schlank und für sein Alter gut entwickelt, wohl im Vergleich zu Gleichaltrigen etwas kleiner. Er ist trendmäßig gekleidet, mit Jeans, Pulli und Turnschuhen ... Er spielt Fußball im Verein – sein Hobby. Weiter ist er Mitglied in einer Theatergruppe, die er 1 x wöchentlich besucht. Er ist ein sehr guter Schüler und schafft die Hausaufgaben in der Regel selbstständig. Oliver kann, wenn er „gut drauf" ist, viel und herzhaft lachen. Seine Sprache ist dem Alter angemessen, er versucht jedoch einen jugendlichen Jargon und er wirkt damit auch älter. Einerseits möchte er der „große Macker" sein. Dies bestärkt er durch Sprache, Mimik und Gestik. An Mädchen hat Oliver aber noch kein Interesse. Andererseits ist er oft noch der „kleine Junge", der Schutz und Hilfe sucht – dies eben bei Erwachsenen, z.B. bei den Hausaufgaben. Dann fallen seine Schultern nach vorne und seine Stimme wird dünn und leise.

Seine Freunde in der Einrichtung sind Sven und Tom – beide 11 Jahre und im 5. Schuljahr (Gymnasium). Mit anderen Kindern der Gruppe beschäftigt er sich kaum. Welche Freunde er außerhalb des Hortes hat, ist mir nicht bekannt. Oliver ist wohl in einem anderen Fußballverein als Sven und Tom. Soviel ich weiß, besuchen sich Sven und Oliver manchmal zu Hause. Oliver hat eigentlich nur Kontakt zu den Jungen. Er gibt sich auch als typischer Junge und will mit den Mädchen nichts zu tun haben. Ich habe erst später erfahren, dass seine jüngere Schwester auch in der Gruppe ist. Zu ihr hat er, dem äußeren Anschein nach, das gleiche distanzierte Verhältnis, wie zu allen anderen Mädchen. Darauf möchte ich später noch zurückkommen. Den jüngeren Tagesstättenkindern der altersgemischten Gruppe schenkt Oliver so gut wie keine Beachtung. Der Hort ist für ihn zuerst einmal ein Muss. Das negative Bild, welches die Mutter von der Einrichtung hat und dies auch Oliver wissen lässt, macht Oliver zu einem Außenseiter. Trotzdem lässt er sich gerne auf Aktionen ein, wie ich aus Gesprächen mit meiner Praxisanleiterin erfahren habe, und dann kann der Eindruck entstehen, dass er gerne kommt. Auch hierauf möchte ich später noch zurückkommen.

Oliver lebt mit seiner Mutter und seiner Schwester Susanne (8 Jahre) im Einzugsgebiet der Einrichtung. Die Eltern waren schon getrennt, als die Kinder im Juli '95 in die Einrichtung aufgenommen worden sind; Susanne in die Kindertagesstätte in einer anderen Gruppe, Oliver in die altersgemischte Gruppe. Die Mutter hat einen Freund, ob er mit in der Familie lebt, weiß ich nicht. Die Mutter hatte wohl schon einmal geäußert, dass ihr Freund sich mehr um die Kinder kümmern könnte. Der Vater hat ein geregeltes Besuchsrecht. Alle 3 Wochen holt er die Kinder vom Hort ab und sie verbringen das Wochenende bei ihm. Der Vater hat immer noch eine wichtige Bedeutung für die Kinder und sie sind gerne bei ihm. Die Mutter ist als Steuerberaterin voll berufstätig und macht, wenn sie die Kinder abholt, einen gestressten Eindruck, sie hat es immer eilig. Die Mutter ist streng und leistungsorientiert. Leistungen erwartet sie auch von ihren Kindern. Sie müssen im Hort ihre Hausaufgaben fertigmachen. Fernsehverbot ist häufig Strafe. Wie oben schon erwähnt, steht die Mutter der Einrichtung und dem Team negativ gegenüber. Sie sieht den Hort als unumgängliche Notwendigkeit, durch ihre Vollzeitbeschäftigung. Zu diesem Punkt möchte ich später noch zurückkommen.

Die Mutter gibt zu, dass Oliver schon immer mehr im Vordergrund stand als Susanne, aufgrund seines auffälligen und fordernden Verhaltens. Der Vater geht wohl auch mehr auf Oliver ein.

An dieser Stelle möchte ich kurz über Susanne berichten. Zu Beginn meines Praktikums war Susanne krank. Wie ich hörte, litt und leidet sie noch immer unter schwerem Durchfall. Sie hat extrem abgenommen und verweigert die Nahrung. Aufgenommene Nahrung erbricht sie wieder. Ein Krankenhausaufenthalt von einer Woche folgte, bei dem keine organischen Störungen festgestellt werden konnten. Die Mutter war in großer Sorge und hat auch die Woche bei Susanne im Krankenhaus verbracht. Ein Psychologe ist eingeschaltet. Laut Aussage der Mutter meint der Psychologe, dass der Grund für die Erkrankung der Vater ist, der sich mehr um Oliver kümmert. Da die Trennung schon Jahre zurückliegt und das Verhältnis der Eltern zueinander sich normalisiert hat, ist es schwer vorzustellen, dass dies der Grund für ihre Erkrankung ist. Auch, dass der Vater Oliver mehr Aufmerksamkeit zukommen lässt, ist keine neue Situation.

Zwischendurch war Susanne immer mal wieder für ein paar Tage in der Einrichtung. Susanne war bis dahin in der Einrichtung als liebes „pflegeleichtes" und fröhliches Kindergartenkind bekannt. Im Sommer '95 ist sie eingeschult worden. Die plötzliche Veränderung wurde ca. im Oktober '95 bemerkt. Susanne wurde mager, lethargisch, mit einer Tendenz zur Magersucht, obwohl sie dafür noch zu jung ist. Der Grund könnte die Einschulung sein. Susanne ist auch eine sehr gute Schülerin. Die Mutter meint, dass akuter Stress den Durchfall fördert.

Sicher ist, dass Susanne durch ihre Krankheit in der Familie in den Vordergrund gerückt ist. Nicht nur die Mutter, sondern auch die anderen Verwandten (Opas, Tanten) haben ein schlechtes Gewissen, dass sie Susanne bis zu ihrer Krankheit weniger Aufmerksamkeit geschenkt haben, als Oliver.

Aufgefallen ist mir, dass Oliver in der Zeit, in der Susanne im Krankenhaus war – eine sehr akute und besorgniserregende Situation – ruhig und umgänglich war. Sein Ausbruch fand nach Susannes Krankenhausentlassung statt.

Reflexion

Aufgrund seines immer schon fordernden Verhaltens ist Oliver im Laufe seines Lebens viel Aufmerksamkeit geschenkt worden. Dazu kommt, dass Jungen erwiesenermaßen mehr Zuwendung und Aufmerksamkeit bekommen als Mädchen. Ich nehme an, dass er in den ersten drei Phasen nach Erikson eine starke Persönlichkeit aufbauen konnte. Leider konnte ich nicht erfahren, wann sich die Trennung der Eltern vollzogen hat. Es ist anzunehmen, dass sich hierdurch Störungen in der Entwicklung ergeben konnten. Durch die Aufmerksamkeit auf sein Verhalten vom Säuglingsalter an, sind seine Bedürfnisse stets befriedigt worden. Er konnte Vertrauen gewinnen, ein Gefühl der Autonomie und freien Willen. Er ist durch diese Aufmerksamkeit in seinem Verhalten bestätigt worden. Für ihn ist es ein Erfolgserlebnis, im Vordergrund zu stehen. Ich will sogar soweit gehen, dass es unbewusst sogar von ihm erwartet wird. Weil es für die Eltern eine gewohnte Situation ist und er der Erwartungshaltung genügen will.

Ein wichtiger Aspekt ist auch der Leistungsdruck, den die Mutter ausübt – und hier entsteht ein Zwiespalt. Einerseits steht er unter dem Druck, sehr gute Leistungen, z. B. in der Schule, im Sport und auch in seinem Verhalten zu erbringen, andererseits steht er durch sein auffälliges Verhalten im Vordergrund, welches von der Mutter nicht gebilligt, aber eben schon von ihm erwartet wird. Ich habe das Gefühl, dass er überfordert ist, den hohen Anforderungen der Mutter zu genügen. Es entstehen Ängste und Unsicherheiten, die zu Schuldgefühlen gegenüber der Mutter führen können (siehe 3. Krise; Erikson). Er fällt zurück und aus dem „starken Kerl", mit der „großen Klappe" wird ein kleiner, scheuer Junge.

Ein weiterer Zwiespalt ist, dass er eigentlich ganz gerne in den Hort geht. Man kann es daran erkennen, dass er bei Aktionen voll bei der Sache ist und Initiative zeigt. Vor allem ist er hier nicht dem direkten Druck ausgesetzt, den die Mutter auf ihn ausübt. Der Druck in der Einrichtung ist nicht so groß wie zu Hause und in der Schule. Hier hat er dann die Möglichkeiten, aus diesem auszubrechen, häufig auch über die Stränge zu schlagen und Regeln zu verletzen. Der Gewissenskonflikt kann entstehen, da die Mutter den Hort bzw. der ganzen Einrichtung gegenüber negativ eingestellt ist. Diese Einstellung erwächst, nehme ich an, aus ihrem Schuldgefühl aufgrund der Vollzeitbeschäftigung zu wenig Zeit für ihre Kinde zu haben. Der Hort ist ein Muss und dies lässt sie Oliver wissen. Im Grunde erwartet die Mutter von Oliver, dass er ungern in den Hort geht und diese Erwartung kann er nicht voll erfüllen. Somit ist er hin- und hergerissen.

Wie sehr er den Leistungsanforderungen genügen möchte, wird schon durch sein Verhalten nach der Zirkusvorstellung deutlich. Er selbst hatte sich schon über die kleinen Fehler, die er gemacht hatte, geärgert. Es kam dann noch dazu, dass Sven ihn deswegen beschimpft hatte. Trotz meiner Beschwichtigungen und meiner Überzeugungsversuche, dass die kleinen Pannen nicht tragisch waren, hatte er wohl ein Gefühl der Unterlegenheit. Ich denke auch, dass die Meinung eines gleichaltrigen Freundes mehr zählte, als meine als Erwachsene. (Die Pannen passierten bei der Generalprobe, bei der eigentlichen Vorstellung wollten sie nicht mehr auftreten.) Ich bin auch sicher, dass er diese, für ihn so schreckliche Erfahren wieder rückgängig machten wollte, wenn es ginge. Er ist in dieser Situation machtlos und seine, für ihn einzige Möglichkeit, so denke ich, ist, mich zu einer Art „Sündenbock" zu machen, was sein Verhalten mir gegenüber nach seinem Misserfolg begründen könnte. Dieser Misserfolg ist aber in erster Linie eine Störung, die ein konkretes Gefühl der Fähigkeit verhindert hat (siehe 4. Krise; Erikson). Besonders problematisch ist dieses Geschehnis in der derzeitigen, familiären Situation und seiner Position.

Da ich mein Projekt schon sehr früh begonnen und über Olivers Probleme zu der Zeit noch nicht informiert war, habe ich ihn auf Grund seiner Ideen und Motivation bedenkenlos in die Vorstellung mit eingebaut. In den Proben hatte bis dahin auch alles reibungslos geklappt. Wie groß der Leistungsdruck bei der Vorstellung in Verbindung mit dem Lampenfieber war, habe ich nur nicht realisiert.

Nach diesen Erkenntnissen würde ich heute anders entscheiden. Ich würde ihm eine Rolle empfehlen, in der er nicht so krass im Rampenlicht stehen würde.

In Bezug auf seine kranke Schwester ist bei Oliver ein großer Zwiespalt entstanden. Oliver schwankt zwischen Mitleid für seine Schwester und Wut über den Verlust der Aufmerksamkeit. Er fühlt sich zurückgesetzt und leidet wohl auch unter dem noch größeren Stress, der für die Mutter zur Zeit akut ist, da sie in ihrer wenigen Zeit neben ihrer Berufstätigkeit noch Krankenhausbesuche und Arzttermine organisieren muss. Trotzdem wird an kleinen, kaum merklichen Verhaltensweisen deutlich, dass ihm die Krankheit seiner Schwester nähergeht, als er zeigen möchte. Er war z.B. in der Zeit des Krankenhausaufenthaltes seiner Schwester sehr diszipliniert, er hörte auf das, was man ihm sagte, beeilte sich, wenn die Mutter es von ihm verlangte oder wartete bei langen Gesprächen der Mutter mit anderen geduldig. Durch die offensichtliche Sorge der Mutter erkennt er den Ernst der Lage, wird sich vielleicht des Daseins seiner ruhigen Schwester erst jetzt richtig bewusst, vielleicht erzeugt diese Erkenntnis sogar wieder ein Schuldgefühl, diesmal seiner Schwester gegenüber. Einerseits bringt er Verständnis für seine Schwester auf, andererseits fällt er aber wieder zurück. Die bedrückte Stimmung zu Hause hat wohl zur Folge, dass er im Hort Druck ablassen muss.

Oliver befindet sich in der 4. Krise (Erikson). Die Veränderung der familiären Situation bedeutet für ihn eine Störung des Erfolgserlebnisses – eben im Vordergrund zu stehen. Dies kann ein Gefühl der Unterlegenheit und der Unzulänglichkeit erzeugen. Es ist ein Bruch in der alten Gewohnheit entstanden und es können Zweifel an der eigenen Identität entstehen. Durch diese Überforderung und die dadurch entstehende Angst, verliert Oliver auch schon in kleineren Konfliktsituation die Kontrolle über sich. Oft reicht nur ein kleiner Tropfen, der das Fass zum überlaufen bringt. Dann ist er nicht mehr zu erreichen.

Susannes Situation möchte ich hier auch kurz reflektieren.

Zur Zeit ihrer Geburt war ihr dominanter Bruder schon da. Sie hat auch als Mädchen somit viel zurückstecken müssen. Susanne hat bis zu ihrer Veränderung im Oktober '95 wenig Grenzen getestet. Sie konnte, meiner Meinung nach die ersten 3 Krisen nicht befriedigend durchlaufen. Ihre Art durchzukommen war ein braves angepasstes Kind zu sein. Sie hatte nicht die Kraft, Entschlusskraft zu entwickeln. Ihr einziges Erfolgserlebnis ist ein liebes Kind zu sein. Vielleicht hat Susanne durch ihre Erkrankung unbewusst eine Lösung gefunden, nun zu ihrem Recht zu kommen.

Text 9 – Alexandra: »Seine Eltern geben ihm auch das Gefühl, dass er nicht so viel Wert hat wie seine Geschwister.«

Bearbeitungspunkte

1. Stellen Sie die Ihnen wesentlich erscheinenden Informationen über den Jungen Moritz zusammen. Versuchen Sie eine eigene Deutung des Verhaltens von Moritz.
2. Die Praktikantin versucht das Verhalten von Moritz ausgehend von Ihren theoretischen Kenntnissen zu verstehen. Prüfen Sie die theoretischen Überlegungen der Praktikantin und geben Sie evtl. einen kritischen Kommentar.
3. Vergleichen Sie die Analysen mit den Analysen der Praktikantin aus dem Fallbeispiel 8 und stellen Sie fest, ob es im Analyseansatz Gemeinsamkeiten und Unterschiede gibt.
4. Beraten Sie die Praktikantin, ausgehend von Ihrer Analyse, wie ein zukünftiges Handlungskonzept im Umgang mit dem Jungen Moritz aussehen könnte.

»Moritz (10,4) besucht seit seinem 3. Lebensjahr die Kita. Als 2jähriger wurde er (spanische Abstammung) adoptiert, weil es hieß, dass seine Adoptiveltern keine Kinder bekommen können. Kurz nach seiner Adoption wurde seine jetzige Mutter schwanger und bekam Stefanie (7,3), die auch in der Hortgruppe ist. Vor etwa einem halben Jahr wurde das dritte Kind Sandra geboren.

Moritz' Mutter ist Lehrerin (z.Zt. Im Erziehungsurlaub), sein Vater ist Frührentner. Beide kommen schon mal mit alkoholisiertem Atem in die Einrichtung. Moritz weiß, dass er adoptiert wurde und bekommt dies auch von seinen Eltern zu spüren. Sein Vater ist zwar etwas verständnisvoller, aber kann sich wohl gegenüber seiner Frau nicht behaupten.

Seine Eltern stellen sehr hohe Anforderungen an ihn. Er darf selten nach draußen spielen, und wenn, dann muss er Stefanie immer mitnehmen. Außerdem ist seine Mutter stets darauf erpicht, dass Moritz niemals Langeweile hat. Er darf selten fernsehen oder einfach mal faul auf der Couch liegen. Sie verlangt von ihm das er etwas „sinnvolles" tut.

Seine Eltern geben ihm auch das Gefühl, dass er nicht soviel „Wert" hat, wie seine Geschwister. Er hat immer Schuld, wenn sich z. B. Moritz und Stefanie streiten. Stefanie darf einen Karatekurs besuchen und Moritz wird der Besuch eines Fußballvereins verweigert.

Szene 1

Ich bin mit den Kindern alleine im Gruppenraum. Zwischen Gruppenraum und Hausaufgabenraum gibt es eine Verbindungstür, die offen steht. Im Hausaufgabenraum herrscht Unruhe. Nacheinander kommen die Kinder zu mir, die sich über diese Unruhe beschweren oder um Hausaufgaben nachgucken zu lassen.

Nach einiger Zeit muss ich feststellen, dass die Kinder diese Unruhe nicht selbst beheben können und ich gehe in den Hausaufgabenraum und ermahne sie zur Ruhe.

Moritz sitzt wie immer bei Sabine am Hausaufgabentisch und lässt sich von dieser Unruhe nicht stören, obwohl er meistens der Anstifter für viele Streitereien ist.

Szene 2

Moritz sitzt nachdem er gegessen und die Hausaufgaben gemacht hat, den ganzen Nachmittag auf dem Sofa und liest Comics. Er hat seine Schirmmütze tief in die Stirn gezogen und lässt sich auch nicht stören, als Marco und Rico sich neben ihn setzen und versuchen mitzulesen.

Der Aufforderung, dass alle Kinder, die wollen nach draußen gehen können, kommt er nicht nach. Als fast keine Kinder mehr im Gruppenraum sind, steht er langsam auf und geht auch nach draußen.

Szene 3

In der Gruppe feiert Thorsten seinen Geburtstag. Obwohl die Mutter von Moritz und Stefanie Bescheid wusste, platzt sie in die Feier und will beide abholen. Moritz will aber nicht und bittet sie, dass er noch bleiben darf. Die Mutter verneint seine Frage.

Stefanie steht auf, geht zu ihrer Mutter, drückt sie und fragt mit einem „Hundeblick", ob sie nicht noch bleiben dürfen. Die Mutter willigt ein und geht wieder.

Begründung für die Entscheidung

Moritz (10,4) fiel mir besonders durch seine Auseinandersetzungen mit Jörg auf. Er verhielt sich mir gegenüber reserviert, als ob er mich erstmal kennenlernen wollte. Moritz hatte Scheu mich etwas zu fragen, z. B. bei Hausaufgaben.

Was mich auch irritiert, sind die wechselhaften Phasen: Er kann sehr aggressiv sein, er kann stundenlang auf dem Sofa sitzen und lesen und wenn man mit ihm spielt, ist er sehr ruhig und ausgeglichen und nicht so albern, laut und zappelig wie die anderen Kinder. Dies sind die Gründe dafür, warum ich mich mit Moritz etwas intensiver beschäftigen wollte. Aus den vorangegangenen Informationen komme ich zu folgenden Vermutungen:

Ich denke, dass Moritz in der oralen Phase wenig Zuneigung bekommen hat. Dadurch konnte er wenig Vertrauen zu sich selbst entwickeln und hat dadurch große Minderwertigkeitsgefühle und bezieht alles auf sich, er nimmt alle Schuld auf sich. Sein Ich konnte sich in der analen Phase nicht richtig entfalten. Er stand für kurze Zeit im Mittelpunkt, vielleicht hat er da Zuneigung und Bestärkung erfahren. Durch die Geburt der leiblichen Tochter hat sich die Seite gewechselt. Alles dreht sich um die leibliche 1. und jetzt auch 2. Tochter. Die Offenbarung gegenüber Moritz, dass er adoptiert ist, tut sein übriges dazu. Er fühlt sich minderwertig, als Mensch 2. Klasse.

Seine Aggressionsausbrüche können Angst- oder Frustrationsmechanismen sein, weil er angegriffen und beleidigt wird. Er drückt dies zwar auch verbal aus, aber gegenüber Jörg zeigt er es auch körperlich. Vielleicht auch, weil Moritz Jörg gerne hat und dadurch, dass Jörg ihn nicht vollwertig annimmt, er sich von ihm nicht ernstgenommen fühlt, reagiert er mit Aggression. Moritz hat vielleicht ein gestörtes Vertrauen zu Menschen. Im Säuglingsalter hat er, vielleicht durch fehlenden Kontakt zu einer bestimmten Person, kein stabiles Vertrauen aufbauen können. Vielleicht ist dies auch der Grund dafür, dass Moritz sich langsam an mich herangetastet hat. Er hat vielleicht Angst, Vertrauen zu jemandem aufzubauen, weil er nicht verletzt werden will.

Einerseits verlangen die Eltern (ich denke mal überwiegend die Mutter) große Autonomie und Selbständigkeit von ihm, aber oft gegen seinen Willen. Dies sind alles Dinge, die er vielleicht nicht möchte. Sein Wille wird ständig gebrochen und er sieht mit an, wie seine Schwester ihren Willen bekommt. Dies führt zu Schuldgefühlen, er fühlt sich minderwertig, er zweifelt an sich selbst, das Ich kann sich nicht positiv entwickeln. Er ist auf der ständigen Suche nach Anerkennung, die er von zu Hause nicht bekommt.

Dadurch, dass er zu Hause gewisse Dinge tun muss, bekommt er vielleicht da Gefühl vermittelt: „Nur wenn du das tust, bekommst du ein wenig Zuneigung."

Moritz hat ein stark ausgeprägtes Über-Ich, ein labiles Ich und ein gesundes Es. Er hat bestimmte Wünsche und Bedürfnisse, diese werden aber durch das Über-Ich (Elternhaus) ständig unterdrückt. Man verlangt von ihm, sich der Umwelt anzupassen.

Leider konnte ich nicht in Erfahrung bringen, inwieweit sein aggressives Verhalten von einem Vorbild geprägt wurde.

Ich denke, bei ihm ist das eher die Hilflosigkeit, dem verbalen Ausdruck gegenüber und die Reaktion auf eine Unbefriedigung seiner Wünsche.

Das Moritz stundenlang sich alleine beschäftigen kann, führe ich darauf zurück, dass er im Hort die Möglichkeit hat, seine Wünsche zu realisieren, nämlich einfach auf der Couch zu sitzen und zu lesen. Zu Hause duldet man diesen Wunsch vielleicht nicht.

Die Auseinandersetzung mit den Sozialisationsstrukturen in der Einrichtung

Moritz geht seit seinem 3. Lebensjahr in die Kindertagesstätte.

Wenn er später Schule hat, kommt er in die Einrichtung und nach der Schule bleibt er bis zum

Schluss, um 16.30 Uhr. Er kommt jeden Tag in die Einrichtung. Seine Schwester Stefanie (7,3) ist auch in der Hortgruppe. Die beiden verstehen sich, bis auf Geschwisterstreitigkeiten gut. Stefanie mischt sich nicht ein, wenn Moritz sich mit jemandem streitet oder hilft ihm auch nicht bei Prügeleien.

Moritz hat gerne seine Ruhe in der Einrichtung. An manchen Tagen sitzt er stundenlang auf dem Sofa und liest Comics oder Bücher. Er lässt sich auch schwer für Aktionen begeistern. Wenn er Lust dazu hat, kommt er auf einen zu und fragt, ob er dies oder das machen kann. Am liebsten ist er draußen oder in der Turnhalle. Wenn die Kinder in die Turnhalle gehen dürfen, um dort Ballspiele zu spielen, übernimmt er es gerne, von sich aus, aufzupassen, dass alles in rechte Bahnen läuft.

Moritz beteiligt sich selten an Gesellschaftsspielen und geht selten in die Bauecke. Wenn er von der Schule kommt, ist meistens sein erster Weg zum Sofa, um dort zu lesen. Nach den Hausaufgaben, wenn die Kinder noch nicht nach draußen gehen dürfen, auch. Seine Hausaufgaben erledigt er prompt und sehr gewissenhaft. Selten fragt er mal nach oder macht Fehler.

Sein „Erzfeind" in der Gruppe ist Jörg (8,5). Die beiden tragen körperliche Aggression untereinander aus. Trotzdem suchen sie immer wieder Kontakt zueinander, was mit einer Schlägerei endet.

Zu den anderen Kindern hat Moritz sehr oberflächlichen Kontakt. 5 Kinder gehen mit in seine Klasse. Marco (8) und Adem (8,5) sind seine Freunde.

Wenn man mit Moritz schimpft, stellt er sich stur und beschimpft einen mit Wörtern, die unter die Gürtellinie gehen.

Er mag es auch nicht, wenn man ihn anfasst, er versteift sich sofort.

Moritz ist auch nicht sehr gesprächig. Er erzählt kaum etwas von sich und hat auch Schwierigkeiten auf Erwachsene zuzugehen.«

Text 10 – Helga: »Moritz meinte nur zu mir: „Halt einfach dein Maul!"«

Bearbeitungspunkte

1. Der Junge Moritz aus der Geschichte Nr. 9 wird ein Jahr später von einer anderen Praktikantin beschrieben. Stellen Sie heraus, in welcher Weise die Praktikanten ähnliche Verhaltensweisen bei dem Jungen feststellen und analysieren.
2. Verdeutlichen Sie die Gemeinsamkeiten und die Unterschiede im Umgang mit dem Jungen.
3. Nehmen Sie die beiden Geschichten zum Anlass um die Bedeutung von unterschiedlichen Bezugspersonen in sozialpädagogischen Einrichtungen für die Adressaten zu diskutieren.

»Ich möchte über eine Situation schreiben, in der ich das Lernziel „Durchsetzen" intensiv geübt habe.

Es war mal wieder einer von den berüchtigten Montagen (die Kinder konnten am Wochenende ihren Bewegungsdrang nicht ausleben und waren somit im Hort einfach unausstehlich) und besonders mal wieder Moritz.

Es fing schon damit an, als er von der Schule kam und ich ihm mit einem fröhlichen „Guten Tag, Moritz" die Tür öffnete, meinte er nur zu mir: „Halt einfach dein Maul!"

Da ich durch Erfahrung bei ihm wusste, dass es sich hier noch nicht lohnte sich aufzuregen, hielt ich einfach meinen Mund.

Ich weiß von Moritz das er es nicht einfach hat, er ist 11 Jahre, besucht die 5. Klasse, ist ein guter Schüler, aber alle Lehrer verzweifeln an seiner Frechheit. Moritz wurde mit zwei Jahren von einer Familie adoptiert, die dachten keine eigenen Kinder zu bekommen. Das dies ein Trugschluss war stellte sich drei und fünf Jahre später mit der Geburt von zwei eigenen Mädchen heraus. Von da an hatte Moritz nichts mehr zu lachen zu Hause.

Durch dieses Wissen war ich immer bemüht ihm zu helfen, indem ich ihm oft zeigte das er wichtig für den Hort ist z.B. durfte er die Ytonsteine vom Nachbarhaus in den Kindergarten tragen, mit die Hausaufgaben der Jüngeren kontrollieren, den Hausaufgabenraum alleine umstellen und dekorieren. Mit solchen Extraaufgaben war er total glücklich, aber wehedem wir hatten nichts für ihn zu tun, wie auch an diesem Montag, da hieß es einfach Nerven behalten, zumal er schon sehr entnervt den Hor betrat. Nachdem ich ihm sein Mittagessen gab und ich ihm einen „Guten Appetit" wünschte, durfte ich mir nur ein lautes Röpsen anhören. An diesem Tag gab es eine Suppe mit Reis drin und um Aufmerksamkeit von den anderen Kindern zu bekommen fand er es ganz toll, für die Suppe nicht den Löffel zu benutzen sondern die Zunge. Das Gelächter war natürlich auf seiner Seite und um Nachahmung zu vermeiden musste ich etwas tun. Also sagte ich erst einmal: „Moritz, benutze den Löffel, ansonsten muss ich dich an einen anderen Tisch setzen, damit uns der Anblick erspart bleibt."

„Halt die Klappe, ich esse wie ich es möchte!", war die Antwort von Moritz und in dem Moment fand er sich toll.

Natürlich reagierte ich sofort indem ich sagte: „Wer hier gleich die Klappe hält werden wir ja sehen!" Moritz war aber einfach auf Streit aus, denn kurz danach sprang er auf und beschimpfte ein Kind, welches ahnungslos auf dem Bauteppich spielte aufs heftigste. Ich sprang auf, schnappte mir Moritz und setzte ihn mit Druck zurück auf einen Stuhl und sagte ziemlich energisch: „Treib es nicht noch weiter!" Die Ruhe hielt höchstens eine Minute und Moritz fand es toll den Reis aus der Suppe durch die Gegend zu spucken. Ich forderte ihn auf mit seinem Teller in die Küche zu gehen oder das Essen ganz sein zu lassen. Leider tat er beides nicht und so musste ich mich einfach durchsetzen, indem ich ihn mir schnappen wollte und in die Küche begleiten, aber auch diese Rechnung machte ich ohne Moritz. Er lief einfach nach draußen mit dem Satz, ich solle doch meinen Vater fi ... Ich lief hinterher und schrie nur er möchte sofort reinkommen, ansonsten könne er für den Rest der Woche drinnen bleiben. Warum sollte er darauf hören! Also legte ich seine Jacke mit vor die Tür und schloss diese einfach ab, denn hinterherrennen hätte sich nicht gelohnt und eine Reaktion von mir musste er bekommen. Da es an diesem Tag nicht so kalt war, blieb er eine Stunde alleine draußen, auch als er an der Scheibe klopfte war meine Antwort nur: „Du wolltest doch unbedingt nach draußen." Seine eigene Strafe war, das er länger an den Hausaufgaben sitzen musste. An diesem Tag hat meine Aktion gefruchtet, denn außer einigen Gemeinheiten, die er mir und meiner Kollegin an den Kopf warf, war er „friedlich".

Nachtrag: 2 Tage später brachte er ein Messer mit und bedrohte damit die anderen Kinder!

Reflexion

Diesen Tag habe ich am morgen danach mit meiner Kollegin reflektiert und ich hatte gemischte Gefühle.

Einerseits war ich froh das ich mich durchgesetzt hatte, dies in dem Moment auch Wirkung zeigte andererseits war ich sehr unzufrieden.

Dies offenbarte sich sehr intensiv in einem Rollenspiel, hier übernahm ich die Rolle von Moritz. In dieser Rolle fühlte ich soviel, wie Unzufriedenheit, Missverständnis („Ich bin eigentlich nicht so, aber sonst hört mich doch keiner"), ich fühlte mich ungerecht behandelt („Immer ich") und soviel Wut, die ich nur in Aggression äußern kann.

Diese vielen Emotionen durchzuleben empfand ich als sehr anstrengend. Es ist deshalb besonders schwer zu entscheiden, ob man gut oder schlecht gehandelt hat. Meine Kollegin gab mir aber die Bestätigung in dem Fall richtig gehandelt bzw. reagiert zu haben.

Auch wenn es Moritz nicht so einfach hat, muss er lernen sich an Regeln zu halten. Für die Zukunft kann man nur versuchen, ihm das Gefühl zu geben gebraucht zu werden und ihn durch viele vorsichtige Gespräche Sicherheit und „Ruhe" zu geben.«

Text 11 – Rita: »Eigentlich müsste Marcel nach der Schule erst mal raus ...«

Bearbeitungspunkte

1. Arbeiten Sie heraus, welche Motive die Praktikantin haben mag, sich besonders mit dem Kind Marcel auseinander zu setzen? Verdeutlichen Sie, inwiefern sich die Praktikantin in besonderer Weise bemüht, auf das Verhalten des Kindes Marcel einzugehen.
2. Stellen Sie begründend dar, welche Verhaltensweisen von Marcel Sie zum Anlass für eine vertiefende pädagogische Analyse nehmen würden. Formulieren Sie ausgehend von Ihren erziehungswissenschaftlichen Kenntnissen Thesen zu dem Verhalten von Marcel und entwickeln Sie ausgehend von Ihren Thesen ein längerfristiges Handlungskonzept.
3. Entwickeln Sie eine Begründung für einen Ansatz, der das soziale Umfeld des Kindes einbezieht: Schule, Elternhaus, evtl. auch Umstellung der Arbeit in der Einrichtung.
4. Sie möchten, um dem Jungen Marcel helfen zu können, alle Ihnen zugänglichen Quellen nutzen und bitten die folgenden Lehrer/Lehrerinnen der Fachschule um Beratung: Deutsch/Kinder und Jugendliteratur: Sie schildern die Leseschwierigkeiten des Kindes Marcel und bitten um theoretische Erklärungen und methodische Hilfestellungen.

   Sie haben zusätzlich das Gefühl, dass Sie dem Kind helfen müssten, zu lernen mit seiner Unruhe und dem offensichtlichen Druck umzugehen. Sie wenden sich ratsuchend an den Sport- und an den Musiklehrer.
5. In den Geschichten Nr. 11 und Nr. 18 geht es letztlich um eine Auseinandersetzung mit dem Thema Hausaufgaben im Hort oder auch im Heim. Analysieren Sie diese Geschichten unter der Fragestellung: In welcher Weise strukturiert die Erledigung der Hausaufgaben die Freizeit der Kinder? Entwickeln Sie ausgehend von Ihren theoretischen Kenntnissen und ausgehend von Ihren persönlichen Erfahrungen eine Position in Ihrer Lerngruppe zu dem Thema Hausaufgabenhilfe und Rolle der Erzieherin/des Erziehers bei der Erledigung der Hausaufgaben.

»Der Hort ist für 20 Kinder gedacht. Sie werden von zwei Erzieherinnen betreut. Die Kinder haben die Möglichkeit beliebig, je nach Schulschluss, vor wie auch nach dem Mittagessen ihre Hausaufgaben zu erledigen.

Der Hort ist bis 16.00 Uhr geöffnet.
Marcel, 7 Jahre alt, Einzelkind, geht in den Hort. Schulende ist meistens um 10.45 Uhr. Er bleibt dann bis ca. 15.30 Uhr im Hort. Er wird immer von seinem Vater abgeholt, seine Mutter ist berufstätig.

Ich habe mir Marcel ausgesucht, da ich während meines Praktikums sehr oft in Situationen geraten bin, in denen er mich durch sein Verhalten zum Handeln aufforderte, was mir anfangs große Probleme bereitete.

1. Erlebnis (Marcel, Mittagessen)

Marcel hatte sich mal wieder beim Mittagessen neben mich gesetzt. Vor dem Essen hatte er eine Auseinandersetzung mit Timo gehabt. Er schaute irgendwie nachdenklich, beleidigt und bedrückt. Ich fragte ihn, was er denn hätte. Er guckte so traurig. Er antwortete mir nicht. Ich lenkte meine Aufmerksamkeit auf die anderen, um ihn in Ruhe zu lassen. Nach einiger Zeit sagte er zu mir: „Du wolltest doch wissen, warum ich traurig war?" Ich sagte: „Ja", doch er antwortete immer noch nicht. Er war auf jeden Fall nicht mehr beleidigt. Er fing an, Unsinn zu machen. Auf einmal schien die ganze Gruppe laut zu sein. In mir war eine unheimliche Hemmung, etwas zu sagen. Ich beobachtete die anderen Erzieherinnen, ob es ihnen auch zu laut ist und sie nur darauf warten, dass ich handele. Ich konnte nicht. Ich sprach immer wieder Jutta an, um zu hören, ob ich sie noch gut verstehen kann. Mir fehlte jegliches Feingefühl, die Situation abzuschätzen. Besonders Marcel sprang auf meinen Nerven herum. Ich fing an, ihn auf sein Verhalten hinzuweisen. Nach dem fünften Mal erwähnte ich den Nebenraum. Er antwortete: „Hilfe, du bist ja richtig hart." Und ich merkte, wie er mich hämisch auslachte, dass ich doch nicht durchgreifen kann. Hätte er ganz bewusst weiter genervt, hätte ich ihn auch direkt in den Nebenraum geschickt. Aber er hielt sich so geschickt unter der Grenze, dass ich nicht wagte durchzugreifen.

2. Erlebnis (Marcel/Mittagessen)

Wieder einmal hatte sich Marcel beim Mittagessen an meinen Tisch gesetzt. Nach einiger Zeit fing er wieder an, über nicht gerade passende Dinge zu reden, wie z. B.: das Essen sieht aus wie Scheiße o. Kotze usw. Ein Kind fand das auch ganz witzig und machte mit. Die anderen sagten gar nichts. Ich sagte Marcel, dass ich das nicht gerade sehr lecker finde, wenn er beim Essen so etwas von sich lässt, und dass ich das nicht möchte. Marcel provozierte immer weiter. Bei der ca. dritten Ermahnung sagte ich ihm, dass ich ihn an einen anderen Tisch setze, wenn er nicht aufhört. Natürlich machte er weiter. Ich zuckte schon, traute mich dann aber doch nicht. Marcel sagte: „Bitte nicht", dann lachte er mich wieder an und meinte: „Das klappt immer." Ich zögerte noch ein paar Sekunden, in denen er weiter machte, und schaffte es endlich aufzustehen, um ihn wegzusetzen. Auf einmal merkte er, dass es ernst gemeint war. Er schaute mich ganz entgeistert an. Er hatte bestimmt nicht damit gerechnet, dass ich mich traue, ihm etwas zu sagen. Ich nahm den Stuhl und er stand auf. Ich stellte den Stuhl vor den anderen Tisch und Marcel setzte sich auch sofort dort hin. Es hätte auch gar keinen Zweck gehabt, sich zu widersetzen, da ja auch alle anderen das Geschehen mitbekommen haben. Ich wies ihn darauf hin, dass, wenn er sich hier auch nicht benehmen kann, die anderen ihn bestimmt auch nicht am Tisch sitzen haben wollen. Er machte aber noch weiter Unsinn, sodass Frau Gruber ihn neben sich setzte, was dann auch klappte.

Einerseits habe ich zwar damit nur die Verantwortung auf Frau Gruber übertragen, aber andererseits wollte ich ihn nicht gleich in den Nebenraum schicken.

Marcel hat in der Gruppe die Rolle des Clowns. Er wird von den anderen als Spielpartner anerkannt, auch wenn sein Verhalten manchmal etwas aggressiv erscheint (z. B. sehr häufig, wenn er von der Schule kommt, kann man nicht „vernünftig" mit ihm reden. Alles ist „Scheiße" für ihn (auf gut Deutsch gesagt).

Auch wie er mit anderen spricht ist oft schon fast beleidigend. Er fühlt sich dann ständig angegriffen, z. B. sagt er in einem patzigen Ton: „Ja, ja, ich bin ja sowieso alles schuld." usw. Entweder beruhigt er sich schnell wieder und spielt ganz „normal" mit den anderen Kindern, oder er versucht zu provozieren. Er beschädigt die gebauten Sachen der anderen Kinder, ärgert sie oder springt schließlich grölend in der Gruppe herum, sodass man ihn bremsen muss, damit nicht die ganze Gruppe mitgerissen wird.

Auch das Mittagessen ist für ihn eine totale Überforderung, und das fast jeden Tag. Es fällt ihm einfach schwer, sich wieder ruhig hinzusetzen; er wird dann ganz wibbelig. Wenn er den anderen etwas erzählt, steht er manchmal von seinem Platz auf, um es mit Mimik und Gestik darzustellen, womit er auch oft die Aufmerksamkeit der Gruppe erlangt.

Eigentlich müsste Marcel nach der Schule erst mal raus, um sich richtig austoben zu können (aufgestaute Aggressionen herauslassen), was aber leider nicht immer so zu verwirklichen ist. Ich weiß leider nicht, wie bei ihm so ein Tag in der Schule aussieht, aber ich weiß, dass ihn seine Aufgaben oft überfordern.

3. Erlebnis (Marcel/Hausaufgaben)

In der dritten Woche meines Praktikums ging ich mit zur Hausaufgabenbetreuung. Marcel kam rein, um seine Hausaufgaben zu machen. Eine Aufgabe war, dass er Wörter vervollständigen sollte, z. B. T... = Tank.

Er zeigte auf, da er Probleme hatte, die Aufgabe zu lösen. Ich setzte mich zu ihm, um Hilfestellung zu geben und erklärte ihm, was er machen musste. Ich bat ihn, das erste Wort zu lesen. Er schaffte es nicht. Ich fragte ihn nach den Buchstaben und er konnte sie auch alle aufzählen. Dann sollte er das Wort lesen. Er schaffte es nicht. Ich ließ ihm Zeit, es zu versuchen, aber er bekam es nicht hin. Wir versuchten es gemeinsam, aber im Endeffekt sagte ich ihm das Wort nur vor. Dann sollte er überlegen, was in der unteren Reihe für Buchstaben kommen. Er wusste es nicht. Ich las noch einmal das obere Wort vor, um es ihm deutlicher zu machen. Nach einer Weile bekam er heraus, dass er die oberen letzten drei Buchstaben nur einzusetzen brauchte, was natürlich auch nicht Sinn der Sache war. Ich bat ihn, mir die Worte, die er vervollständigt hatte, vorzulesen; er schaffte es nicht. Ich sagte ihm, dass er die Worte auch lesen können muss, wenn er sie schreibt. Er versuchte mir klarzumachen, dass er das nicht müsste.

Ich beharrte weiter darauf, dass er die Worte vorlesen möchte, aber er tat es nicht. Meine Praxisanleiterin, die das Geschehen beobachtete, kam zu uns, um sich die Aufgabe anzuschauen. Sie sagte ihm auch noch einmal, dass er die Worte lesen muss, um den Zusammenhang der Aufgabe zu verstehen. Ich sollte so lange sitzen bleiben, bis er die Worte vorgelesen hatte. Er schaltete auf stur. Es half auch kein gutes Zureden mehr; ich bin mir sicher, dass er es einfach nicht kann. Aber ich glaube auch, dass er es können möchte. Die Eltern kennen Marcel's Probleme mit dem Lesen. Sie sagen, dass sie jeden Tag mit ihm üben, aber es haben sich noch keine Fortschritte gezeigt. Die Trotzreaktionen treten sehr häufig auf. Ich würde auch sagen, dass es seine Verzweiflung ist – auf jeden Fall bei den Hausaufgaben. Meine Praxisanleiterin hat auch erzählt, dass wenn er einmal so reagiert hat, man ihm unheimlich viel helfen muss, damit er überhaupt noch aus der Situation herausfindet. Er fängt dann auch oft an zu weinen. Aber Genaues kann ich weiter noch nicht darüber sagen, da ich ihn halt erst seit zwei Tagen bei den Hausaufgaben erlebt habe.

Als ich letztens nach der Gruppenversammlung in der Kuschelecke blieb, ging ein Teil der Kinder in den Hausaufgabenraum, um ihre Aufgaben zu machen. Marcel hatte keinen Platz mehr; er fing an zu weinen und sagte: „Oh Mann, ich hab doch noch so viele Hausaufgaben auf". Es ist schlimm, dass er so darunter leidet.

Manchmal lässt er seine Wut an den „schwächeren" Kindern aus, z. B.: Yvonne saß mit am Mittagstisch und Marcel hatte keine andere Beschäftigung mehr, als ständig über sie herzuziehen, was sich später wieder legte. Auch zog er ihr letztens einfach so an den Haaren, dass Yvonne weinen musste (er hatte vorher eine Auseinandersetzung mit einem anderen Kind). Bei Simone erlebte ich so etwas ähnliches: Er saß neben ihr und kniff oder haute sie unterm Tisch, was ich nur zufällig mitbekam. Ich weiß nicht, was vorher vorgefallen ist. Simone setzte sich nachher auch weg, wobei Marcel ihr noch einen kräftigen Schubs gab, sodass sie hinfiel. Dieses Verhalten hat mich ziemlich geschockt, was ich ihm auch mit erhobener Stimme deutlich machte.

Anfangs hatte ich noch wahnsinnige Probleme, mich bei Marcel durchzusetzen (siehe Erlebnisbericht 1 und 2). Er setzte sich immer wieder bewusst zu mir an den Mittagstisch. Seitdem er merkte, dass ich mich auch mal traue, mich durchzusetzen kommt er nur noch ab und zu mit an meinen Tisch, was dann auch eigentlich ganz gut klappt, da ich weiß, wie ich bei ihm reagieren kann (muss), um etwas zu erreichen. Wenn man ihn zu etwas motiviert hat, muss man ihn schon wieder bremsen, damit nicht nur er im Mittelpunkt steht, was mir oft sehr schwer fällt, da ich Angst habe, dass bei ihm wieder eine Trotzreaktion auftaucht.

Es ist nicht nur so, dass ich ständig mit ihm im Konflikt stehe. Man kann sich auch ganz gut mit ihm unterhalten. Er hat großes Interesse an Autos und Motorrädern und kennt so ziemlich alle.

Auch verschiedene Erlebnisse kann er gut schildern und beschreibt sie mit Begeisterung. Oft fragt er auch, ob er bei der Gruppenversammlung neben mir sitzen darf. Jetzt, wo wir uns beide kennen und er mich zu genüge ausgetestet hat, besteht ein angenehmes Verhältnis zwischen uns. Auch wenn er es nicht sein lassen kann, mich oder andere ab und zu herauszufordern.

Ich glaube, dass sein Verhalten durch die Probleme in der Schule beeinflusst ist, aber auch in der Familie scheint nicht alles so ideal zu sein, worüber ich allerdings nicht mehr schreiben kann.«

Text 12 – Ruth: »Vergiss das Schätzchen, Markus.«

Bearbeitungspunkte

1. Verdeutlichen Sie, welche Verhaltensweisen von Markus Ihnen problematisch erscheinen. Gibt es Hinweise in dem Text, die das Verhalten von Markus verständlicher werden lassen?
2. Die Gruppe scheint in gewisser Weise einen Weg gefunden zu haben, mit Markus umzugehen. Versuchen Sie die Praktikantin zu beraten, wie sie Markus – auch mit Hilfe der Gruppe – helfen kann ein adäquateres Verhalten zu entwickeln.
3. Überprüfen Sie, welche Gefühle das Verhalten von Markus bei Ihnen auslösen würde.

»Markus ist 19 Jahre alt und kommt ein bis zwei Mal in der Woche ins offene Jugendcafé des Jugendzentrums. Er ist mir schon am ersten Tag meines Praktikums aufgefallen.

Ich war mit meiner Anleiterin im Büro, als Markus reinkam. Er ist ca. 1,90 m, von schwerem Körperbau, mollig und wirkt sehr massiv.

Er begrüßte Mareen (meine Anleiterin) mit einer Umarmung und als Mareen mich vorstellte, trat er mit einer ausladenden Armbewegung auf mich zu, stellte sich neben mich und umarmte mich mit einem Arm, tätschelte dabei auf meine Schulter: „Hallo Ruth! Schön, dass du hier bist." – „Ja, danke. Ich freue mich schon auf euch und bin schon auf eure Teamsitzung gespannt." (Die Teamsitzung fand am gleichen Tag statt.) „Na, da wirst du was erleben."

Er wandte sich ab, wobei er wieder körperlichen Kontakt suchte. „Tschüß Schätzchen." – „Vergiss das

Schätzchen, Markus. Tschüß."

Den körperlichen Kontakt sucht er sehr oft auch unter den Jugendlichen, wobei er auch Tabus und die Grenzen der anderen bricht.

Ich beobachtete mehrere Male, dass er seine körperliche Kraft gegenüber Mädchen einsetzte, sie hochnahm, nach draußen trug oder aufs Klo usw.

Eines Nachmittags saßen Anja (16), Mike (17), Hannes (14) und Markus im Flur in der Sitzecke. Jürgen (17) kam herein. Jürgen hat Anja umarmt und die anderen Jugendlichen mit Handschlag begrüßt.

Jürgen setzte sich neben Markus und begrüßte ihn mit den Worten: „Sei gegrüßt, mein Freund."

Daraufhin umarmte Markus Jürgen und steckte ihm mit folgenden Worten „Das kannst du haben, Jürgi", die Zunge ins Ohr und hielt seinen Kopf fest, weil Jürgen sich wehrte.

Die anderen Jugendlichen lachten sich kaputt, gestikulierten wild herum, machten zusätzlich Witze.

Markus habe ich aber auch sehr ernst, hilfsbereit und schüchtern kennengelernt, als ich alleine mit ihm sprach.«

4.2 ... und immer wieder diese Aggressionen!

Schon in den Texten zuvor ging es häufig um aggressive Situationen, entweder gegen die Praktikantin/den Praktikanten aber auch die aggressive Art der Kinder und Jugendlichen untereinander machte zu schaffen. Auch wenn es so gar nicht in die Traumvorstellungen zu einem Erzieher-/Erzieherinnenberuf passt, so scheinen doch die Auseinandersetzung und die Konfrontation mit Konflikten zum Alltag des Erzieher-/Erzieherinnenberufs zu gehören.

Um so bedeutsamer ist es, dass der Einzelne eine Form des Umgehens mit Konflikten für sich klärt, will er nicht Gefahr laufen, diesen „täglichen Störungen" im pädagogischen Handeln hilflos ausgeliefert zu sein.

Eigene Vorüberlegungen zum Thema

Reflektieren Sie, wie Sie auf Konflikte, die mit Aggression ausgetragen werden, in Ihrem eigenen Alltag reagieren. Prüfen Sie, in welchen Situationen Sie selbst aggressiv werden

Überprüfen Sie Ihr Selbstbild evtl. im Gespräch mit Freunden und mit Ihren Mitschülern/Mitschülerinnen, in dem Sie sich befragen, in welcher Weise Sie ihre Konflikte lösen.

Halten Sie fest, welche Idealvorstellungen, d.h. Leitlinien, Sie im Umgang mit Konflikten in der sozialpädagogischen Praxis haben. Kontrollieren Sie, ob Sie sich selbst bei ihren Konfliktlösungen in der Erzieher-/Erzieherinnenrolle und in der Privatrolle an diesen Leitlinien orientieren. Überprüfen Sie, inwiefern Ihnen die Umsetzung Ihrer Leitlinien in dem jeweiligen Team in der sozialpädagogischen Praxis gelingt.

Text 13 – Ruth: »Jens, hör sofort damit auf!«

Bearbeitungspunkte

1. Zu Beginn des Textes formuliert die Praktikantin Ziele im Umgang mit Konflikten. Überprüfen Sie auf der Grundlage einer sehr genauen Textlektüre, inwieweit die Praktikantin Ihre eigenen Ziele realisieren kann. Verdeutlichen Sie die Ursachen, die einer Konfliktlösung „im Wege stehen".
2. Die Praktikantin äußert zum Schluss allgemeine „Leitlinien" zum Umgang mit Konflikten. Fassen Sie diese Regeln zusammen und überprüfen Sie, ob diese Leitlinien auch Ihre Idealvorstellung bzgl. der Konfliktregelungen in der sozialpädagogischen Praxis richtig beschreiben. Ergänzen oder korrigieren Sie gegebenenfalls diese Leitlinien für den Umgang mit Konflikten.
3. Beschreiben Sie, welche Schwierigkeiten Ihnen bei der Orientierung an Ihren Leitlinien in der sozialpädagogischen Praxis begegnen. Reflektieren Sie gemeinsam in Ihrem Klassenverband wie Sie die Umsetzung Ihrer Leitlinien in der Praxis verfolgen können

»Es erscheint mir wichtig, mir darüber bewusst zu werden, wie ich mit meinen eigenen Aggressionen umgehe. Ich möchte in meiner Arbeit mit Kindern/Jugendlichen erst lernen und dann vorleben und vermitteln, Gefühle auszusprechen. Hinter aggressivem Verhalten steht für mich die Ohnmacht sich verbale Auseinanderzusetzen zu können. Ansprechen und Aussprechen der Gefühle - und die Akzeptanz des Kindes/Jugendlichen.

Jens (12 Jahre) kommt in die Mittwochsgruppe des Jugendzentrums. Während der Trinkpause sehe ich, wie Jens Sandra (11 Jahre) tritt und schubst, sodass sie hinfällt. Ich rufe laut „Jens hör sofort damit auf!" Jens dreht sich um und schaut nach unten und zieht einen Walkman aus der Innentasche seiner Jacke. Sandra verzieht ihre Mundwinkel, es sieht aus, als ob sie grinsen würde. Diese Mimik verwirrte mich. Ich frage beide Kinder „Was ist passiert?" Jens antwortet zuerst: „Sandra hat meine Kopfhörer kaputt gemacht!!" Ich frage Sandra: „Wie hat das angefangen? Sandra jetzt sag du was passiert ist." Sandra: „Jens hat mich die ganze Zeit geärgert." Ich frage: „Und jetzt? Was wollt ihr jetzt machen?" Jens: „Sandra soll mir neue Kopfhörer kaufen!!" Sandra: „Nein, du bist es selber Schuld. Du kannst nie aufhören." Jens, laut und erregt: „Aber du hast mich getreten und dann ist der Kopfhörer kaputt gegangen." Sandra: „Ja, weil du mir immer nachgelaufen bist." Es tritt Ruhe ein. Sandra setzt sich auf den Tisch und verschränkt die Arme und sitzt im Schneidersitz. Jens hat ganz rote Flecken im Gesicht.

Ich versuche die Geschehnisse zusammenzufassen und mit Jens und Sandra in Blickkontakt zu treten: „Habe ich das richtig verstanden? Jens, du bist hinter Sandra hergelaufen und du Sandra wolltest es nicht und dann habt ihr euch gegenseitig geschubst und getreten und dabei ist der Kopfhörer von Jens kaputtgegangen. Ist es so gelaufen?" Sandra nickt und Jens sagt: „Ja und die Sandra muss mir jetzt neue kaufen." Sandra: „Nein, weil du angefangen hast." Ich bot ihnen einen Ansatz zur Lösung und sagte: „Ich würde mir den Preis für die neuen Kopfhörer teilen." Daraufhin fragte Jens Sandra, wann sie morgen Schule aus hätte. Sandra: „Warum?" Jens: „Dann warte ich mit meiner Mutter vor der Schule auf dich." Sie einigten sich zum Schluss, es erst einmal ihren Müttern zu erzählen.

Das Erlebnis, der sich schlagenden Kinder berührte mich sehr stark. Es war gar nicht so einfach objektiv zu reagieren, als ich sah, wie Jens auf Sandra losging. Am einfachsten für mich wäre es, die beiden zu trennen und sie zurechtzuweisen, doch es war mir dann bewusst, dass die Kinder ihren Konflikt noch nicht beendet hatten. Ich versuchte ihnen die Gelegenheit zu geben sich sprachlich auseinanderzusetzen und zu schildern, warum es passiert ist. Ich denke, Sandra und Jens machten ihre Standpunkte klar, indem sie den Konflikt ausgesprochen haben. Die Kommunikation verlief sehr erregt, beide waren sehr wütend, was auch verständlich war.

Ich erlebte mich in dieser Situation des Streites als Lernende, die die Wut der Kinder in eine andere Bahn lenkt und nicht eingreift. Die beiden Kinder sollten die Chance bekommen ihre Wut auszudrücken und die Lösung selbst zu finden. Ich gab ihnen einen kleinen Hinweis, wie die Lösung aussehen könnte, was Jens zu einer anderen Lösungsfindung veranlasste.

Ich denke, es erfordert eine kontinuierliche Arbeit, Konflikte die aus Aggressionen entstehen, langfristig zu verändern. Da Aggressionen aus sehr individuellen und komplexen Ursprüngen entstehen und jedes Kind eine andere Sozialisation durchlebt hat mit völlig unterschiedlichen Verhaltensstrukturen, ist es mir wichtig miteinander ständig zu kommunizieren und Gefühle, die ein Kind äußert – Wut, Trauer, Freude – zu respektieren und nicht gleich zu bewerten und dem Kind eine Rolle zuzuweisen.«

Text 14 – Dorothee: »Ich glaube, es war auch nicht richtig Fuat festzuhalten.«

Bearbeitungspunkte

1. Im Verlauf des Konflikts mit Fuat versucht die Praktikantin in unterschiedlichen Facetten das aggressive Verhalten zu unterbinden. Stellen Sie zuerst die Interventionsversuche heraus. Verdeutlichen Sie, in welcher Weise der Junge jeweils auf die Versuche reagiert.
2. Zum Schluss sieht die Praktikantin keine andere Möglichkeit mehr als sich mit körperlichem Einsatz durchzusetzen. Konfrontieren Sie Ihre eigenen Zielvorstellungen im Umgang mit aggressivem Verhalten von Kindern und wägen Sie ab, in welchen Situationen evtl. auch Sie zu dem „Mittel" des körperlichen Einsatzes greifen würden.

»Die Geschichte handelt von Fuat, er ist 13 Jahre alt. Ich habe ihn schon im letztem Praktikum kennengelernt.

Er war an diesem Nachmittag in der Teenie Gruppe. Er schien sehr aufgekratzt zu sein, da er von einer Ecke in die andere rannte. Er schlug ein paar Kinder heftig gegen den Kopf und drehte ihnen die Arme um. Dies machte er öfter, da er den anderen zeigen wollte wer der „Chef" ist. Mit Nico, 12 Jahre alt, prügelte er sich an diesem Tag am liebsten. Ich dachte, dass sie schon aufhören zu prügeln, aber dies war hier nicht der Fall. Ich ging dazwischen und sagte: „Fuat, könntest du bitte damit aufhören, du sollst dich nicht mit Nico und den anderen Kindern prügeln!" „Die anderen haben dir doch gar nichts getan, du tust ihnen und dir doch nur selbst weh!" Ich fügte noch hinzu: „Wie würdest du dich fühlen, wenn andere dich ohne Grund schlagen?" Ich sah ihn erwartungsvoll an und hoffte, Fuat würde es verstehen. Er sagte jedoch nur gelassen: „Boor, bist du doof, ich mache doch nicht was du willst!" Und damit drehte er sich um, als wenn ich nicht mit ihm gesprochen hätte. Fuat führte seine Prügeleien verstärkt durch, ich sah ab und zu strafend zu ihm hinüber. Nach ein paar Minuten jedoch kam er zu Vernunft, er fragte mich in einem ruhigen Tonfall, ob er nach draußen dürfe, ich sagte: „Ja, aber zieh dir eine Jacke an." Als ich nach ein paar Minuten auch nach draußen ging, sah ich, wie Fuat und Nico ohne Jacke Fußball spielten. Ich ging zu den zweien und bat sie, ihre Jacken wieder anzuziehen, sonst müssen sie wieder ins Bistro kommen. Erst gingen sie auf meine Aufforderung ein, aber als ich mich umdrehte und gehen wollte, zog Fuat gleich wieder die Jacke aus. Ich versuchte mit ihm zu reden, aber das einzige, was ich bekam, war eine Ladung kleiner Steine gegen meine Jacke. Ich bat ihn, damit aufzuhören, aber er fand das alles sehr lustig und warf mir noch einen kleinen Stein mitten ins Gesicht. Mir wurde es aber zu bunt, und ich beschloss, etwas zu unternehmen, weil ich mich zunehmend gestört fühlte. Ich beschloss Fuat den Ball wegzunehmen und ihn mit ins Bistro zu nehmen. Ich bat ihn zuerst freiwillig mitzukommen. Aber anstatt zu kommen, zeigte er mir nur seinen Mittelfinger.

Fuat, der sein Verhalten ziemlich cool fand, rannte nun vor mir weg und ich hinter ihm her. Er rannte über das ganze Außengelände und er brüllte was das Zeug hielt. Er brüllte andauernd: „Du doofe Schlampe, du doofe Sau!" Er tat dies bestimmt, damit ich wohl vollkommen meine Fassung verliere. Ich hatte seinen Plan durchschaut und tat so, als ob ich ihn gar nicht sehen würde, aber als er hinter mir stand, habe ich mir ihn geschnappt und mit ins Bistro geschliffen.

Dort setzte ich ihn neben mir auf den Sessel. Er sollte sich ersteinmal beruhigen, aber anstatt dessen trat er heftig gegen meine Beine und schlug wie wild um sich, und zu guterletzt biss er mir wie schon so oft in die Hand.

Ich beschloss, ihn ersteinmal in Ruhe zu lassen, sagte aber zu ihm er soll dort sitzen bleiben. Doch sobald ich ihm den Rücken zudrehte, rannte er los und verprügelte wieder die Kinder. Jetzt schrie ich ihn an: „Hör endlich auf!" Aber das machte ihm nichts aus, er fand es toll das ich mich aufregte. Also schnappte ich mir ihn, zerrte Fuat auf ein Sofa und darauf fing er wieder an zu treten, jetzt hatte ich die Nase voll und versuchte ihm die Arme und Beine festzuhalten. Dies machte ich einige Zeit bis er etwas zur Ruhe kam. Ich versuchte mit ihm zu sprechen, aber er sang nur ein Lied vor sich her und hielt sich dabei die Ohren zu. Er wurde plötzlich still und beschäftigte sich allein auf dem Sofa mit einem Buch (was für ihn sehr ungewöhnlich war). Ich habe mir gedacht, ich lass ihn jetzt in Ruhe. Außerdem ist der Teenie Treff gleich aus. Als es 17.30 Uhr war, ging Fuat und die anderen Teenies ganz ruhig und friedlich nach Hause.

Reflexion

Um zu meinem Verhalten zu kommen:

Ich glaube, dass ich falsch gehandelt habe, denn ich habe versucht, eine gute „Erzieherin" zu sein. Obwohl ich mit dieser Altersgruppe noch keinerlei Erfahrung hatte. Ich habe mich in der Gruppe überwiegend nur um Fuat gekümmert. Vielleicht habe ich den anderen Teenies das Gefühl der Vernachlässigung gegeben, da andere Kinder ab und zu fragten ob ich mit ihnen etwas spiele. Aber ich sagte nur zu ihnen das ich gleich komme, aber Fuat hat mir dazu keine Gelegenheit gelassen. Vielleicht wollte er nur Aufmerksamkeit!?

Fuat kam am nächsten Tag zu mir und hat sich entschuldigt, was ich ganz toll fand. Anschließend haben wir lange über das Problem vom Vortrag gesprochen. Ich glaube es war auch nicht richtig, Fuat festzuhalten, dies werde ich auch nie mehr machen, weil ich mich im nachhinein gefragt habe wie ich reagiert hätte. Bestimmt genauso wie Fuat.

Ich glaube aber, diese Methode war in dieser schwierigen und mir unbekannten Situation der einzige Ausweg. Ich denke aber, dass ich richtig gehandelt habe, als ich Fuat kurz vor Ende in Ruhe gelassen habe.

Sonst hätte er womöglich andere Kinder auf dem Nachhauseweg wieder geschlagen. Damit, dass ich ihn in Ruhe gelassen habe, habe ich meiner Meinung nach bewirkt, das er nun die Ruhe hat, sich ausgiebig Gedanken über diesen Vorfall zu machen (dies hat sich ja auch gezeigt).

Trotzdem habe ich mich sehr unwohl gefühlt, da ich nicht wusste was richtig und was falsch war.

Fuat und ich sind nach unserem langen Gespräch dicke Freunde geworden.«

Text 15 – Rainer: »Na schön, dann kannst du ja gleich hinterhergehen.«

Bearbeitungspunkte

1. Ingesamt scheint in der Gruppe ein aggressives Klima zu herrschen. Der Praktikant versucht auf die verschiedenen Provokationen einzugehen: Stellen Sie die verschiedenen Anlässe für seine Interventionen zusammen und arbeiten Sie heraus, inwieweit der Praktikant unterschiedlich oder gleich auf die Provokationen reagiert.
2. Untersuchen Sie, inwiefern die Interventionen des Praktikanten geeignet sind, die Aggressionen der Jugendlichen abzubauen und einen Weg zu zeigen, mit friedlichen „Mitteln" aus der Affäre zu kommen.

»Zeit für das Abendessen, es gibt Pfannkuchen. Speck- und Apfelpfannkuchen und Salat. Ich hatte lange in der Küche gestanden um diese herzustellen. Für 7 Jugendliche eine Jahrespraktikantin und mich. Ich bitte D. alle zum Essen zu rufen und nur langsam treffen alle ein. Während F. noch Nachhilfe hat sitzen alle am Tisch und bedienen sich kräftig. Bis jetzt ist alles normal als M., 16 Jahre, anfängt D.

zu provozieren. Ich drehe mich zu M. um und sage leicht aber ausdrucksvoll: „M. gelbe Karte du weißt Bescheid, oder?" Es gelten klare Regeln am Abendbrottisch, denn sonst gerät alles außer Kontrolle und die Jungens putschen sich auf. Zwei Minuten später dieselben Personen – dieselbe Situation. Diesmal leicht verärgert rufe ich:„M. rote Karte, Platzverweis!" M. kommt dieser Aufforderung nach, ohne zu murren, er weiß es war nicht o.k. D. meldet sich zu Wort:„Es war meine Schuld" und ich sage:„Na schön, dann kannst du ja gleich hinterhergehen. Wenn alle fertig sind mit Essen können die beiden anfangen. A. fängt auch an rumzutösen und ich schaue ihn ernst an, ansonsten ist die Stimmung gut und die Jungens lassen es sich schmecken. F. kommt hinzu, er beschwert sich, er verträgt keinen Speck und mosert rum, dass kein Apfelpfannkuchen mehr da ist. A. hatte sich diesen nämlich kurz vorher auf den Teller gelegt und ich schlage vor, dass sich die beiden den doch teilen, weil es ja A.'s 2. Apfelpfannkuchen ist. F. lehnt ab geht zum Kühlschrank und holt sich Milch. Währenddessen vertauscht A. die Teller. Das war zuviel und F. geht auf A. los. Die beiden stehen im nächsten Augenblick schon im Flur und ringen. Mir platzt der Kragen, da beide nicht auf meine Worte eingehen, gehe ich dazwischen. Ich reiße die beiden auseinander und schiebe F. vor mir her, während ich den fluchenden A. im Arm halte. Ein Stück weiter lasse ich beide los und schicke sie auf ihr Zimmer. Ich sage ihnen wie es läuft:„Wenn die anderen fertig sind mit Essen könnt ihr beiden anfangen!" Jetzt steht A. vor mir völlig aggressiv und wild schimpfend:„Du spinnst ja wohl total, das war doch nur Spaß. Fass mich bloß nicht mehr an, sonst haue ich dich um." Ich gehe einen Schritt auf ihn zu und wiederhole: „Geh jetzt bitte auf dein Zimmer!" Die Beschimpfungen werden wilder und er fängt an mir zu drohen. Es geht das Telefon. A. geht ran – sein Vater. „Es ist mein Vater, telefonieren darf ich wohl noch, oder?" Ich lasse ihn in Ruhe und gehe zu F., der mittlerweile auf sein Zimmer gegangen ist. Nach einem kleinen Gespräch entschuldigt sich dieser, zeigt mir aber auch auf, dass es von A. eine Unverschämtheit ist an seinen Teller zu gehen, wobei ich ihm zustimme. Ich gehe wieder in die Küche. A. telefoniert immer noch, er ist aber schon wieder ruhiger geworden. Nach einer Weile gehe ich zu A.'s Zimmer, der sich jetzt auch dort befindet, klopfe an und gehe hinein. „Was willst du" schallt es mir entgegen und ich sage:„Mit dir reden". „Ich will aber nicht mit dir reden" kontert er. „Nun gut" sage ich, „ich bin nur noch eine Woche hier, wenn du meinst das es besser ist, das wir nicht miteinander reden akzeptiere ich das, muss dir aber sagen, dass ich es echt schade fände, weil du eigentlich gar nicht so ein übler Kerl bist". Während ich ihn anschaue, sieht er verlegen auf den Boden und meint:„Du hast recht, das wäre echt blöd!" Ich erkläre ihm wie ich die Situation gesehen habe. „Ich stehe den halben Abend in der Küche um für euch zu kochen, ihr kommt rein und verhaltet euch wie die Vandalen und prügelt euch in der Küche. Das ist doch echt nicht fair, auch den anderen gegenüber, oder?" A. stimmt mir zu und sagt: „ich weiß, war echt nicht in Ordnung, obwohl es nur Spaß war". Ich gebe ihm zu verstehen, dass es für mich realistisch aussah und F. von dem Tellertausch auch nicht begeistert war, abgesehen von seinen wilden Beschimpfungen und seiner aggressiven Haltung den Erziehern gegenüber. Er entschuldigte sich nochmals und wir reichten uns die Hände. Als die anderen in der Küche fertig waren, riefen wir die anderen zum Essen.

Danach reflektierte ich mit der Jahrespraktikantin das Geschehen und wir kamen überein, dass es so o.k. war, denn für sie war es auch nicht ersichtlich gewesen, ob es nur Spaß gewesen sei, obwohl sie vielleicht etwas anders eingegriffen hätte als ich. Ich würde es heute wieder so machen.«

Übergreifende Fragestellungen

Die Begegnung und der Umgang mit Aggressionen stellt für Sie als angehende Erzieher/Erzieherinnen gewöhnlich auf unterschiedlichen Ebenen eine harte Bewährungsprobe dar:

- sehr häufig kennen Sie aus dem eigenen Lebenszusammenhang nur verbale Formen der Auseinandersetzung. Auf die Form der Auseinandersetzung der Kinder/Jugendlichen reagieren Sie zumeist mit moralischer Empörung und mit Hilflosigkeit.
- Sie sind in der Erzieher/Erzieherinnenrolle gefordert sich in irgendeiner Weise zu verhalten und machen aber gleichzeitig die Erfahrung, dass Ihre Interventionen nur zu noch mehr Aggressionen führen.

Die übergreifende Auseinandersetzung mit den Geschichten soll für Sie Anlass sein, vertieft über das Entstehen von Aggressionen nachzudenken, die besondere Form der Aggressionsverarbeitung des Adressaten zu verstehen und evtl. geeignetere Umgangsformen mit Aggressionen zu entwickeln.

1. Verdeutlichen Sie, welche Ursachen für die aggressiven Verhaltensweisen in den Geschichten deutlich werden. Versuchen Sie – soweit dies möglich ist – zu unterscheiden, ob die Aggressionen in der Einrichtung entstehen oder von „Außen" hereingetragen werden. Beziehen Sie sich bei der Analyse der Ursachen von Aggressionen auch auf Ihr theoretisches Wissen über die Entstehung von Aggressionen.

2. Vergleichen Sie die Interventionen der verschiedenen Praktikanten und analysieren Sie, inwiefern die Praktikanten einen Beitrag zum Ausgleich, evtl. einen Beitrag zur weiteren Aggressionsentwicklung leisten.
3. Untersuchen Sie dabei besonders die verbalen Interventionen der Praktikanten. Handelt es sich um echte Fragen oder um rhetorische Fragen, handelt es sich um Vorwürfe oder um Klärungen, handelt es sich um Drohungen (wenn du ...dann...) usw.
4. Versuchen Sie besonders an den verbalen Interventionen zu arbeiten und unterziehen Sie sie einer strengen Kontrolle: Entscheiden Sie sich in der Lerngruppe für eine Geschichte und formulieren Sie diesen „Text" in einer Gruppenarbeit um. Vergleichen Sie die Ergebnisse.

Auswertung der Texte und Reflexionen im Hinblick auf die Entwicklungsaufgabe II: Entwicklung eines Konzepts für die pädagogisch ausgerichtete Fremdwahrnehmung

Arbeiten Sie heraus, inwiefern in den einzelnen Geschichten aus der Praxis die übergreifende Lösung dieser Entwicklungsaufgabe II deutlich wird: „Ich finde pädagogischen Kontakt zu Kindern und Jugendlichen, weil ich sie gut verstehen kann."

Informieren Sie sich im Anhang dieses Buches über die Aspekte der Entwicklungsaufgabe II. Halten Sie für sich selbst fest, an welchen Aspekten der Entwicklungsaufgabe Sie selbst verstärkt arbeiten wollen.

5 Handeln in der Praxis hat viele Aspekte

5.1 Regeln sind nun mal Regeln?!

In fast jeder sozialpädagogischen Einrichtung gelten – zumeist auch ausgesprochen – Regeln, die das Zusammenleben erleichtern und in überschaubare Bahnen lenken sollen.
Auch in der Elementarpädagogik werden die Kindern gerade im Kontakt zu Ihnen versucht haben, diese Regeln zu „verletzen“, um zu erproben, wie sicher Sie in der Erziehe-/Erzieherinnenrolle sind. Teilweise werden aber auch Sie die Regeln in den Gruppen zweifelhaft gefunden haben (z. B. nur drei Kinder auf dem Bauteppich, Spielverbote auf dem Flur ...), vielleicht haben Sie sich auch manchmal mit den Kindern verbündet und kleine Regelverletzungen zugelassen.
In der Arbeit mit den älteren Adressaten wird nun Ihre Erzieher-/Erzieherinnenrolle noch härter erprobt, d.h. die Adressaten sind nicht so leicht einzuschätzen, wechseln ihr Verhalten oft stündlich. Hinzu kommt weiter, dass Sie es mit wechselnden Adressaten zu tun haben, der Handlungsraum insgesamt nicht überschaubar ist. Dies führt dazu, dass Praktikanten/Praktikantinnen es vermeiden, sich Situationen zu stellen, in denen Regeln durchgesetzt werden müssen oder die Unsicherheit führt zu einem verkrampften Festhalten an den jeweiligen Regeln. Das besondere der Situation ist auch, dass die Adressaten oft unerbittlich die Regeln hinterfragen und besonders sensibel reagieren, wenn die Begründung für die Regeln auf tönernen Füßen steht. Oft werden Sie sich selbst ärgern, dass Sie nicht einfach den Mut haben, die Regeln zu hinterfragen und mit den Jugendlichen neue Regeln auszuhandeln.

Eigene Vorüberlegungen zum Thema

Überdenken Sie, welche Funktion Regeln heute für Sie in Ihrer Erzieher/Erzieherinnenrolle haben. Versuchen Sie sich selbst zu erinnern, wie Sie als Jugendliche/Jugendlicher mit Regeln umgegangen sind. Halten Sie stichwortartig fest, welches für Sie Motive waren, Regeln evtl. nicht einzuhalten.

Text 16 – Petra: »Ich habe gedacht, dass sie mich provozieren wollte.«

Bearbeitungspunkte

1. Arbeiten Sie heraus, welches die sachliche Basis des Konfliktes ist. Untersuchen Sie, welche Begründungen die Praktikantin für die Regel „Inline Skater oder Basteln“ gibt.
2. Welche Gründe werden in dem Text angegeben, die dazu führen, dass die Praktikantin auf die Einhaltung der Regel besteht?

»Ich bastelte mit 6 Kindern in der Küche am Tisch. Es war nach der Hausaufgabenbetreuung, also gegen 16.00 Uhr. Nach einiger Zeit kam Meike mit Inline Skaters in die Küche. Meike: „Was machst du denn hier?" Ich: „Ich bastel mit den Kindern eine Fingerpuppe." Meike: „Was ist denn eine Fingerpuppe?" Da holte ich vom Tisch meine fertige Fingerpuppe. Als Meike sie sah, war sie begeistert. Meike: „Darf ich auch eine machen?" Ich: „Von mir aus gerne. Da neben Janica ist noch ein Platz frei." Sie rollte mit ihren Inline Skaters zum freien Platz und setzte sich. Meike: „Zeigst du mir wie das geht?" Ich: „Ja, ich kann dir das gerne zeigen. Ziehst du dir denn bitte vorher die Inline Skaters aus." Meike: „Nö, die lasse ich an." Ich: „Warum denn?" Meike: „Ich behalte sie an!" Ich: „Aber warum denn?" Meike: „Ich will sie eben nicht ausziehen." Ich: „Aber normalerweise musst du doch dafür einen Grund haben." Meike: „Ne, habe ich nicht!" Ich: „Ich möchte trotzdem, dass du sie ausziehst. Denn ich finde, entweder bastelt man oder man fährt Inline Skaters." Meike: „Ich möchte aber beides!" Ich: „Dann fahr doch jetzt noch etwas und dann kommst du." Meike: „Ich möchte aber jetzt basteln." Ich: „Dann bastel jetzt und danach fährst du dann Inline Skaters." Meike: „Ich möchte sie aber dabei anbehalten." Ich: „Warum denn, du kannst sie doch danach wieder anziehen." Meike: „Eben nicht, denn dann hat sie jemand anders." (Aha, das ist also der Grund!) Ich: „Ich glaube nicht, dass die jemand anders nimmt. Denn das Interesse ist im Moment nicht sehr groß an den Inline Skaters." Meike: „Jawohl!" Ich: „Na gut, wenn du das meinst, dann zieh sie aus und stelle sie dort ans Fenster. Da geht dann keiner dran. Und du kannst sie nach dem Basteln wieder anziehen." Meike: „O.k.!" damit war Meike vollkommen einverstanden.

Ich arbeite in einer Spielstube. Die Kinder sind im Alter von 6 – 14 Jahren. Sie kommen um 14.00 Uhr zur Hausaufgabenbetreuung (bis 16 Uhr). Dann können sie von 16 – 18 Uhr spielen. Die Kinder können kommen, wann sie wollen. Es ist keine Pflicht zur Spielstunde zu kommen.

Reflexion

Ich fand Meikes Verhalten am Anfang dieses Erlebnisses sehr komisch.

Denn Meike ist mir bis jetzt noch nie so „komisch" aufgefallen.
Ich habe gedacht, dass sie mich provozieren wollte. Ich konnte mir zwar nicht vorstellen, warum, aber es kam mir so vor.
Bis eben zu diesem Punkt. („...Dann nimmt sie jemand anders.") Da wusste ich, dass das der Grund war für ihr „komisches" Verhalten. Sie hatte eben die Befürchtung, dass sie damit nicht mehr fahren kann.«

Text 17 – Nina: »Ich hatte keine Lust auf große Diskussionen mit Ayse.«

Bearbeitungspunkte

1. Überprüfen Sie die sachliche Basis des Konfliktes, indem Sie herausstellen, welcher Logik die Praktikantin folgt und welche Sichtweise Ayse vertritt.
2. Überprüfen Sie die Argumente der Praktikantin bzgl. ihrer Überzeugungskraft.
3. Überprüfen Sie inwieweit ein Kompromiss zwischen beiden Interessen möglich wäre. Entwickeln Sie ab der Markierung (➔) einen neuen Dialog und einen anderen möglichen Lösungsansatz.
4. Wägen Sie in Ihrer Lerngruppe das Für und Wider eines Kompromisses ab.

»Ayse kam in der 2. Stunde zu mir in das Schülercafé. Ayse hatte erst später Schule, war aber schon früher gekommen. Ayse wollte unbedingt am Café-Dienst teilnehmen.

Oliver, Tina, Inga und ich hatten jedoch beschlossen, dass nur Schüler ab der 8. Klasse den Café-Dienst übernehmen sollten, weil der Dienst immer sehr hektisch war und wir der Meinung waren, dass die Schüler der unteren Klassen große Schwierigkeiten bekommen könnten. Nun kam Ayse immer zu mir, um mich anzubetteln bzw. zu überreden. Ayse war zwar schon 15 Jahre, aber noch in der 6. Klasse. Darum konnten wir ihr auch nicht erlauben, dass sie den Café-Dienst übernahm. Dieses versuchte ich ihr immer wieder zu verdeutlichen. So auch an diesem Donnerstag.

Ayse: „Nina, bitte lass mich den Café-Dienst heute machen."

Ich: „Nein, das geht nicht, weil du erst in der 6. Klasse bist."

Ayse: „Aber ich bin doch schon 15."

Ich: „Das hat damit überhaupt nichts zu tun."

Ayse: „Warum dann?"

Ich: „Weil du erst in der 6. Klasse bist. Auch wenn du schon 15 Jahre alt bist. Oliver, Inga, Tina und ich haben uns darauf geeinigt, dass erst Schüler ab der 8. Klasse den Café-Dienst machen dürfen."

Ayse: „Ach bitte, Nina."

➔ Dabei guckte sie mich ganz traurig an, damit ich Mitgefühl bekomme und sie trotzdem den Café-Dienst ausführen dürfe. Ich blieb jedoch hart und so versuchte Ayse es auf eine andere Art und Weise, um den Café-Dienst machen zu dürfen.

Ayse (herausfordernd/erwartend): „Nach den Ferien, wenn ihr nicht mehr da seid, dann mach ich auch Café-Dienst."

Ich: „Das ist mir dann erst einmal egal, aber jetzt machst du keinen Café-Dienst. Wir machen für dich keine Ausnahme."

Ayse sagte dann noch etwas, zog aber dann mürrisch davon. In dem Moment begann auch die Pause und die ersten Schüler betraten das Schülercafé.

Reflexion

Ich konnte Ayse auf keinen Fall erlauben den Café-Dienst auszuführen, da dann auch andere Schüler der unteren Klassen den Café-Dienst hätten ausführen wollen. Gerechterweise hätte es ihnen dann auch erlaubt werden müssen.

Ayse glaubte, wenn sie mir im Vorfeld eine auswischen könnte, in dem sie mir erklärte, sie würde nach den Ferien den Café-Dienst ausführen dürfen, sodass ich dann einen Ausnahme machen würde. Ich wusste jedoch, dass auch nach den Ferien die unteren Klassen keinen Café-Dienst machen würden, weil dieses mit Herrn Milke abgestimmt worden war. Ayse war immer liebenswürdig zu mir gewesen, nur in diesem Gespräch meinte sie etwas kratzbürstig sein zu müssen, da sie in dieser Verhaltensweise die einzige Chance sah, den Dienst doch noch machen zu dürfen.

Ich hatte jedoch keine Lust auf große Diskussionen mit Ayse, denn ich hatte Ayse fast täglich erklärt, dass sie keinen Café-Dienst machen könne. Mir war auch egal, dass sie etwas sauer und wütend auf mich war. Ich hatte oft genug mit ihr darüber geredet. Und wenn sie meinte, es mir von der anderen Seite zu geben, so konnte ich trotzdem unsere Abmachung nicht einfach übergehen.

Das Gespräch hatte auch keine Auswirkung auf unsere „Beziehung". Ayse kam in der 2. großen Pause wieder zu mir und unterhielt sich mit mir.«

Text 18 – Ria: »Wenn er nun müde gewesen ist hätte ich das akzeptieren müssen.«

Bearbeitungspunkte

1. Stellen Sie die Konfliktstruktur kurz dar.
2. Arbeiten Sie heraus, mit welchen Strategien Ria versucht, ihre Regel durchzusetzen und mit welchen Methoden der Junge die Einhaltung der Regel verweigert.
3. Untersuchen Sie, ob es in der Geschichte Hinweise dafür gibt, dass es in dem Konflikt um etwas anderes geht, als die Einhaltung der Regel.
4. Zum Schluss der Geschichte kommt es durch das Eingreifen der Praxisanleiterin zu einer „Konfliktlösung". Versetzen Sie sich in die Lage des Jungen und geben Sie ihm evtl. in einem Rollenspiel die Möglichkeit, seine Gefühle zum Ausdruck bringen.
5. Ria entwickelt in der Reflexion alternative Lösungsmodelle. Reflektieren Sie innerhalb Ihrer Lerngruppe weitere Lösungen und bewerten Sie sie aus der Sicht des Jungen.

»Während meines Praktikums in der Gruppe 3 im Kinderheim zählte die Hausaufgabenbetreuung zu meinen täglichen Aufgaben.

Die fünf Grundschulkinder sollten ihre Hausaufgaben möglichst direkt nach dem Mittagessen, noch in der Mittagspause, bis 14.30 Uhr, erledigen. Zu dieser Zeit herrschte die größte Ruhe in der Gruppe, da sich die kleinen Kinder und die Kinder, die keine Aufgaben zu erledigen hatten, in dieser Zeit auf ihrem Zimmer aufhalten mussten.

Ich hatte einen Jungen ausgewählt, den ich während meines Praktikums intensiv bei den Hausaufgaben betreuen wollte. Marcus, 8 Jahre alt, besucht die 2. Klasse. Er fiel mir direkt am Anfang durch arge Probleme bei der Hausaufgabenbewältigung auf. Über einen typischen „Hausaufgabenkonflikt" zu Beginn meines Praktikums, zwischen ihm und mir, möchte ich im Folgenden berichten.

Nach dem Mittagessen forderte ich die noch im Esszimmer anwesenden Kinder auf, ihre Zähne zu putzen, und danach mit den Hausaufgaben zu beginnen. Dabei fiel mir auf, dass Marcus, der eben noch am Tisch gesessen hatte, plötzlich verschwunden war. Ich suchte ihn daraufhin im Badezimmer, da ich dachte, er würde sich die Zähne putzen. Doch dort war er nicht aufzufinden. Also ging ich in sein Zimmer, das er mit drei anderen Jungen teilt, und suchte ihn dort. Tatsächlich lag er auf seinem Bett und hörte Musik. Ich ging zu ihm hin und fragte ihn: „Hast du dir schon die Zähne geputzt?". Ich bekam keine Antwort. Geduldig, wie ich in diesem Augenblick noch war, fragte ich noch einmal, aber diesmal etwas lauter: „Marcus, hast du dir schon die Zähne geputzt?". Er antwortete: „Nö!" Worauf ich zu ihm sagte: „Dann geh dir mal die Zähne putzen und danach kannst du sofort mit deinen Hausaufgaben beginnen". Er reagierte nicht. Ich wiederholte das bereits Gesagte erneut, aber etwas lauter als zuvor. Marcus schwieg erneut und beachtete mich nicht. Ich wollte ihn wachrütteln und rief laut und böse: „Marcus!" Keine Reaktion. Da er auf einem Etagenbett in luftiger Höhe lag, musste ich mich strecken, um ihn zu erreichen. Ich rüttelte ihn an der Schulter und rief wieder seinen Namen. Genervt rief er: „Boy ey, lass mich in Ruhe!" Ich erwiderte darauf: „Nein, ich lasse dich nicht in Ruhe. Du kommst jetzt sofort runter und beginnst mit deinen Hausaufgaben!" Darauf Marcus: „Ja ne! Ich hatte eben noch schwimmen!" Ich war schon ziemlich sauer und wollte mich auf nichts mehr einlassen. Ich: „Na und. Was möchtest du mir damit sagen?" Er: „Ja ne! Ich habe viel zu viel auf! Das schaffe ich nie!" Ich: „Wenn du soviel aufhast, würde ich an deiner Stelle schon einmal damit anfangen, außerdem habe ich jetzt im Moment Zeit und könnte dir helfen." Er: „Ja ne! Das ist viel zu viel!" Ich wurde immer ungeduldiger: „Jetzt komm endlich! Gleich helfe ich dir nicht mehr!" Ich musste mir eingestehen, dass ich in dieser Situation nicht mehr weiter wusste. Marcus machte keine Anstalten von seinem Bett herunterzukommen, und ich wusste nicht, wie ich ihn davon überzeugen sollte mit seinen Hausaufgaben zu beginnen. Resigniert ging ich zur Tür und startete einen letzten Versuch: „Marcus, jetzt kann ich dir noch bei deinen Hausaufgaben helfen, gleich habe ich keine Zeit mehr. Ich würde mir das gut überlegen!" Marcus schwieg jedoch beharrlich und tat so als wäre ich Luft. Enttäuscht verließ ich das Zimmer und berichtete meiner Praxisanleiterin von Marcus Sturheit. Diese griff daraufhin energisch durch, fischte Marcus von seinem Bett, zog ihn in den Flur und setzte ihn an den dort stehenden Tisch. Marcus heulte Rotz und Wasser und versuchte schreiend und fluchend wieder in sein Zimmer zu gelangen, was ihm jedoch verwehrt wurde. An diesem Nachmittag dauerte es noch lange, bis er seine Hausaufgaben erledigt hatte. Ich jedoch blieb konsequent und half ihm an diesem Tage nicht mehr, sowie ich es ihm voraus gesagt hatte.

Reflexion

Der oben beschriebene Konflikt ist für mich, wie auch für Marcus, nicht zufriedenstellend ausgegangen. Was hätte ich anders machen können? Ich bin von Anfang an darauf fixiert gewesen Marcus dazu zu bringen, sofort mit den Hausaufgaben zu beginnen.

Es war meine Aufgabe, dass er seine Hausaufgaben macht und diese Aufgabe wollte ich erfüllen. Ich bin dabei jedoch gar nicht auf Marcus eingegangen. Von Anfang an wollte ich, dass er so funktioniert, wie ich das möchte. Mit meiner Aufforderung herunterzukommen und mit den Hausaufgaben zu beginnen, habe ich ihn womöglich vollkommen überrumpelt. Wahrscheinlich hatte er gerade das Bedürfnis sich noch ein wenig auszuruhen, denn sonst hätte er nicht im Bett gelegen und Musik gehört. Dieses Bedürfnis habe ich vollkommen missachtet und bin in keiner Weise darauf eingegangen. Ich hätte ihn fragen können, weshalb er im Bett liegt. Vielleicht hätte er mir darauf geantwortet, das er müde sei, womöglich hätte er aber auch nichts gesagt. Da er aber erwähnte, dass er schwimmen gewesen sei, kann ich davon ausgehen, dass er müde gewesen ist. Vielleicht wollte er mir das damit sagen. Wenn er nun müde gewesen ist, hätte ich das akzeptieren müssen. Wie oft bin ich müde, wenn ich aus der Schule komme. Da ich aber für mich selbst verantwortlich bin und auch keine Hilfe bei den Hausaufgaben benötige, kann ich Marcus nicht mit mir vergleichen. Er braucht nun mal noch Hilfe bei den Hausaufgaben und das weiß er auch selber. Nachdem also klargestellt wäre, dass Marcus noch Ruhe benötigt, hätte ich ihn fragen können, wie er sich das denn mit den Hausaufgaben vorstelle. So hätte ich ihn nicht vor die Wahl gestellt: jetzt oder nie, sondern hätte ihn an dem Finden einer Lösung beteiligt. Ich hätte ihn fragen können, mit Blick auf meine Uhr, wie lange er denn eine Pause machen möchte. Ich hätte ihm eine Viertelstunde vorschlagen können, die ich ihm auf meiner Uhr gezeigt hätte, da er noch nicht die Uhr kennt. Ich hätte ihm auch noch verdeutlichen können, weshalb ich ihm am späten Nachmittag nicht mehr helfen könne.

Wäre ich also sofort auf die Bedürfnisse von Marcus eingegangen, wäre es vielleicht gar nicht zu einem Konflikt zwischen ihm und mir gekommen.

Vielleicht hatte Marcus aber einen schlechten Tag, und hätte jedes Zugeständnis meinerseits abgeblockt.«

Text 19 – Sebastian: »Dann müsst ihr euch eben ein bisschen verstecken ...«

Bearbeitungspunkte

1. Arbeiten Sie den Interessenkonflikt zwischen dem Praktikanten und den Besuchern des Cafés heraus. Verdeutlichen Sie die Positionen der verschiedenen „Parteien“, die an dem Konflikt beteiligt sind.
2. Verfolgen Sie Schritt für Schritt wie der Praktikant versucht, sein Rauchverbot durchzusetzen. Arbeiten Sie sowohl seine inhaltliche Argumentation als auch seine Durchsetzungsstrategien heraus.
3. Verdeutlichen Sie den inneren Konflikt des Praktikanten und versuchen Sie ihn ausgehend von der von ihm angestrebten Erzieherrolle zu beraten, wie er in Zukunft Konflikte dieser Art seiner Rolle gemäß lösen könnte.

»Die Situation, die ich in den folgenden Zeilen beschreiben möchte, ereignete sich in dem Schüler-Café der Gesamt-/Hauptschule. Es geht um folgendes Problem:

Da die Schule nur aus einer Unter- bzw. Mittelstufe besteht, darf vom Gesetzgeber aus an der Schule nicht geraucht werden. Die Schüler der Mittelstufe versuchen trotzdem irgendwo ein Plätzchen, wo sie ihren Bedarf an Zigaretten decken können, zu finden. Mich hatten schon zu Beginn des Praktikums einige Schüler gefragt, ob das Rauchen denn wenigstens im Café erlaubt wäre, was ich jedoch mehrmals verneinen musste, da ich mich ja auch nicht so einfach über die Gesetze hinwegsetzen darf, die an der Schule gelten. Weiterhin hatte ich schon des Öfteren bemerkt, dass einige Schüler in den Pausen vom Schulgelände gingen, um zu rauchen. Mich störte es auch grundsätzlich nicht, dass sie rauchten, da ich selber rauche. Und verbieten darf und kann ich es den Schülern auch nicht, weil die meisten sowieso alt genug waren, sodass sie vom Gesetz aus rauchen dürfen und teilweise sogar von Haus aus. Also konnte ich in dieser Sache schon mal gar nichts unternehmen, jedoch musste ich in einer anderen Sache etwas unternehmen, und das war so: Engin (17 Jahre) war mit einigen seiner türkischen Freunde bei mir im Schüler-Café. Er und seine Freunde wollten immer als unheimlich cool gelten und so wohl auch an diesem Tag.

Das Café war mal wieder enorm voll, ja wenn nicht sogar schon zu voll, doch als es dann zur nächsten Schulstunde schellte, gingen die meisten Schüler sofort zum Unterricht, außer Engin, seine Kollegen und einige andere Schüler, die waren noch immer da.

So bemerkte ich auch, dass Engin in einer Ecke des Cafés, umringt von seinen Freunden rauchte. Daraufhin ging ich zu ihm und sagte ihm, er möchte doch die Zigarette ausmachen, was er mit einem leichten Grinsen im Gesicht auch prompt verrichtete. Dann ging er sofort mit seinen Freunden aus dem Raum zum Unterricht. Ich wusste genau, dass Engin sich seiner Schuld bewusst war, dennoch dachte ich nicht weiter über den Vorfall nach und ging weiter meiner Arbeit nach, die noch im Café anstand. Ich hatte mit diesem Verhalten der Schüler gerechnet, aus dem einfachen Grunde, weil die Schüler meines Erachtens nach zuviel und zu oft nachgefragt hatten, ob sie denn nun im Café rauchen dürfen oder nicht, obwohl meine Antwort jedesmal klar und deutlich nein war. Aber ich hatte mit der Zeit erfahren, dass die Schüler in dieser Weise besonders hartnäckig sein können und es in den meisten Fällen auch waren.

Am nächsten Morgen brachten wir dann Schilder an den Wänden an mit der Aufschrift „Rauchen verboten", um besonders hartnäckige Schüler nochmals daran zu erinnern.

Dieses Mal kam Engin nicht in der ersten großen Pause ins Café sondern ganz still und heimlich in der zweiten Pause; wieder mit seinen Freunden im Schlepptau. Sie schlichen sich wieder in dieselbe Ecke wie am Vortag. Es dauerte gar nicht lange, bis ich den Geruch von Zigaretten wahrnehmen konnte. Ich machte mich also wieder auf den Weg zu Engin und seinen Freunden und fragte sie, ob sie die Schilder mit der Aufschrift „Rauchen verboten" nicht gesehen hätten, was sie aber zu meinem Erstaunen bejahten. So fragte ich Engin und die anderen, warum sie denn dann trotz alledem rauchen. Die Antwort war eindeutig einstimmig formuliert: „Weil wir Lust hatten zu rauchen." Darauf entgegnete ich ihnen, dass, wenn sie Lust haben zu rauchen, sie doch dann draußen in ihrer geheimen Raucherecke rauchen sollen und nicht im Café.

„Da dürfen wir doch auch nicht rauchen" entgegnete mir Engin. „Außerdem meckern die Lehrer doch sowieso, wenn sie uns sehen. Dann dürfen wir wieder eine Woche lang Hofdienst machen."

Ich etwas voreilig: „Dann müsst Ihr Euch eben ein bisschen besser verstecken, sodass Euch die Lehrer nicht sehen können, oder euch angewöhnen in der Schulzeit nicht mehr zu rauchen, wenn Euch der Hofdienst auf die Nerven geht."

Ein Freund von Engin: „Solln wir mitten in die Stadt gehen, um eine rauchen zu können oder was?"

„Ja das nicht gerade. Aber wenn Ihr versucht, Euch nicht so oft erwischen zu lassen, dann könntet Ihr das beste Leben haben. Auf jeden Fall ist es besser, ihr raucht draußen als hier im Café. Sonst kriegen wir hinterher auch noch Ärger und können womöglich das Café wieder zu machen. Aber dann seid Ihr wieder genau da, wo wir letzte Woche angefangen haben, nämlich am Punkt null. Habt Ihr da etwa Spaß dran. Ihr wolltet das Café doch auch. Also haltet Euch auch ein bisschen an die Regeln. Ich kann da auch nichts gegen machen."

In diesem Moment schellt es wieder zur Stunde und die gekränkten Gesichter gehen ohne ein weiteres Wort aus dem Raum.

Von diesem Gespräch versprach ich mir eigentlich, dass den Schülern ihre und auch meine Situation etwas deutlicher wird und dass sie verstehen, auch mal nachgeben zu müssen, auch wenn es ihnen nicht so leicht fällt, da sie sonst eigentlich relativ oft das durchkriegen, was sie gerne möchten. Ich wollte irgendwo einen Anfang machen, dass die Schüler begreifen, dass nicht immer nur ihr Wille „Gesetz" ist. Ich musste mich natürlich auch den Gesetzen beugen, die an dieser Schule herrschen. Eins von diesen Gesetzen war auch eben das absolute Rauchverbot.

So sehr ich es mir auch gewünscht hatte, das Gespräch mit den Jugendlichen hatte sich am nächsten Tag schon wieder erledigt. Diesmal wusste ich, dass ich mit viel Gerede nichts erreichen konnte und beschloss daher kurzerhand es einmal mit etwas Druck zu versuchen.

Ich ging also zu den Jugendlichen, als sie wieder anfingen zu rauchen und fragte: „Erinnert Ihr Euch noch an unser Gespräch von gestern?" Es ertönte ein relativ gleichgültiges nein von fast allen. „Dann hoffe ich, dass Ihr euch jetzt wieder erinnert." Ich fuhr fort mit meinem ein wenig energischen Tonfall: „Kommt seht zu, dass die Zigaretten ganz schnell aus sind, sonst werde ich diese wiederholten Vorfälle Eurem Direktor melden." Die Schüler antworteten, dass ich es doch ruhig tun solle und dass ich schon sehen würde, was ich davon hätte. Ich konterte: „Was ich davon habe, weiß ich auch so. Ein paar Quertreiber weniger im Schüler-Café, sonst gar nichts. Und ich weiß auch schon, was Ihr von der Sache haben werdet. Hofdienst oder irgendwas Ähnliches." „Ist uns doch egal. Mach, was du willst." „O.K. Ist schon klar. Gecheckt. Ich werde jetzt zu Herrn Müller gehen und ihm erzählen, was hier so abgeht."

Mit diesen Worten drehte ich mich um und machte mich auf den Weg, um mit Herrn Müller eine möglichst glückliche Lösung zu finden, auch wenn ich es den Jugendlichen gegenüber etwas anders angedeutet hatte. Ich wollte eine Lösung finden, die nicht für die Jugendlichen von Nachteil gewesen wäre, da ich mir auf dem Weg ins Rektorzimmer überlegt hatte, dass ich eventuell ähnlich gehandelt hätte, wie Engin und seine Kollegen. Zumindest hätte ich versucht, einen Platz zu ergattern, wo ich niemanden belästige und auch nicht gegen die Regeln verstoße. Es musste einen Weg geben.

Als ich dann also Herrn Müller von den Vorfällen berichtete, sagte er zu mir, dass das Rauchen im Café natürlich nicht gehen würde, dass er und die übrigen Lehrer auch wüssten, dass einige Schüler rauchen würden und dass man an der Tatsache nichts machen könne. Er begründete dies mit dem Einwurf, dass viele der Schüler alt genug sind, um zu entscheiden, ob sie rauchen oder nicht und das viele auch von Haus aus die Erlaubnis hätten zu rauchen. Weiterhin erwähnte er, dass die Lehrer auch wüssten, wo die Schüler rauchen und dass sie das Verhalten grundsätzlich nicht gut finden, aber sie tolerieren es und was sollten sie auch dagegen unternehmen?

Ein anderer Punkt, warum einige Schüler das Schulgebäude verlassen, ist der, dass sie sich in den Pausen beim Bäcker oder Metzger um die Ecke etwas zu essen kaufen; und ob nun einige das Gelände verlassen, um etwas zu essen, oder ob andere eine Zigarette rauchen, im Prinzip kommt es doch auf dasselbe heraus. Dies war ein anderer Punkt, den Herr Müller zur Sprache brachte. Ohne weitere Umschweife stimmte ich diesem Standpunkt zu. Desweiteren wusste ich auch nicht, was ich hätte entgegnen sollen. So ging ich also zu Engin und den anderen zurück und erzählte ihnen, was bei unserem Gespräch herausgekommen wäre.

Das Ergebnis des Gespräches war also letztendlich, dass die Schüler außerhalb des Schulgeländes rauchen dürfen ohne dabei irgendwelche Einwände der Lehrer entgegennehmen zu müssen. Dieser Beschluss wurde dann auch von den Schülern akzeptiert, obwohl sie am Anfang nicht so sehr davon begeistert waren nur außerhalb des Schulgeländes rauchen zu dürfen, aber nachdem sie dann eingesehen hatten, dass es immerhin besser ist als gar nichts zogen sie mit einem leichten Grinsen im Gesicht fort in den Unterricht, als wenn sie sagen wollten „wir haben doch gewonnen".«

Text 20 – Markus: »... und zeigte mir eine Whiskeyflasche, die er in seiner Hosentasche reingeschmuggelt hatte.«

Bearbeitungspunkte

1. In der dargestellten Szene wird der Praktikant Markus von einem Besucher in das Vertrauen gezogen. Analysieren Sie, wie diese Situation entsteht und inwieweit der Praktikant einen Beitrag zur Entwicklung dieses Missverständnisses leistet.
2. Versetzen Sie sich in die Rolle des Jugendlichen und versuchen Sie seine Gefühle zu beschreiben, als er entdeckt, dass er an einen offiziellen Vertreter der Institution geraten ist.
3. Stellen Sie in Ihrer Lerngruppe Überlegungen an, wie sich evtl. Missverständnisse der geschilderten Art vermeiden lassen.

»Es war ein ganz gewöhnlicher Freitagabend an dem ich arbeiten musste und es war Disco angesagt. Es war etwa 20 Uhr und die Villa war mittelmäßig besucht. Das heißt, es waren ungefähr 20 Personen unterschiedlicher Nationalitäten anwesend, die sich im Discoraum, so wie auch im Café verteilten. Das Team der Villa hat nach einigen unangenehmen Abenden aus der sonst für jedermann zugänglichen Disco eine Clubdisco gemacht. Besucher werden seitdem aufgefordert, ihre Personalien auszuhändigen. Die in einem Karteisystem festgehalten werden. Außerdem werden 5 DM für einen ganzen Monat bezahlt. Jugendliche über 18 Jahre haben keinen Eintritt in die Clubdisco, da es sich ja um eine Jugendeinrichtung handelt. Seitdem ist es in der Villa, was die Gewalt- und Drogenproblematik angeht, etwas ruhiger geworden. Jetzt aber zu meiner Situation. Der Abend verlief recht ruhig und es gab keine Konflikte mit größerem Ausmaß. Ich habe mich an die Theke gesetzt und mich mit meinen Mitarbeitern unterhalten. Zwischendurch bin ich einer Aufforderung am Kicker nachgegangen und saß schließlich alleine an einem Tisch und beobachtete das ganze Geschehen. Es dauerte nicht lange, da setzte sich ein Aussiedler, der gerade reingekommen war, zu mir an den Tisch. Es ergab sich recht schnell ein Gespräch, als er mir erzählte, dass er in der Firma, wo er seine Ausbildung mache, aufgrund seiner Nationalität nicht dieselben Rechte habe, wie alle anderen. Wir unterhielten uns also eine Zeit lang, bis er mir anbot, ob ich etwas trinken möchte. Ich bedankte mich und sagte, dass ich jetzt keine Lust habe etwas zu trinken. Joseph, so heißt der Jugendliche, erzählte mir weiter, dass man ihn trotzdem er deutsche Eltern habe, mit „Russe" anspricht. Mir wurde schnell klar, worum es ging und erzählte ihm, was ich denke. Ich sagte ihm, dass es mir ganz egal ist woher er komme, ich würde mich auch wenn er ein Türke oder Chinese ist mit ihm unterhalten. Joseph teilte diese Meinung mit mir, konnte sich aber trotzdem nicht überzeugen lassen, darüberzustehen. Als wir uns schon eine Weile unterhalten hatten, fragte mich Joseph erneut, ob ich etwas trinken möchte, er hätte was Tolles dabei. In diesem Moment zog er seine Jacke etwas hoch und zeigte mir eine Whiskeyflasche, die er in seiner Hosentasche reingeschmuggelt hatte. Was sollte ich jetzt tun? Ich hatte Joseph kennengelernt, hatte ein tolles Gespräch mit ihm und er war mir bisher nicht negativ aufgefallen. Joseph wusste immer noch nicht, dass ich in der Villa arbeitete. Nun ja, ich sagte ihm, dass er die Flasche nach draußen bringen sollte und dann wieder reinkommen darf. Erstaunt sah er mich an und ich erklärte ihm direkt meine Funktion in der Villa. Joseph musste darüber lachen, dass er sich da an die falsche Person gewendet hatte. Wobei ich diese Situation auch recht amüsant fand und mitlachte. Wir rauchten noch eine Zigarette zusammen und brachten dann die besagte Flasche nach draußen. Auf dem Rückweg erklärte ich ihm warum starke alkoholische Getränke in der Villa nicht geduldet werden. Joseph gab mir das Gefühl, dass er das verstanden hatte und wir gingen wieder rein. So hatte ich dieses Problem auf einfache Weise gelöst – dachte ich! ! Als ich Dienstagmittag meinen Dienst antrat, erzählte mir Felix, ein Praktikant, dass Joseph die Eingangstür zerstört hatte. Felix erzählte, dass er sie vor Wut eingeschlagen hatte und auch stark alkoholisiert war. Ein wirklich blödes Gefühl! Wahrscheinlich hätte ich seine Wut verhindern können, aber zumindest seinen Alkoholkonsum. Erst nachher ist mir klar geworden, dass ich ihm die Flasche hätte wegnehmen müssen. Ich denke, dass mein Handeln nicht schlecht war, ebenso muss ich auch sagen, dass es nicht gut war. Für das nächste Mal weiß ich, dass ich konsequenter bin und starke alkoholische Getränke auf jeden Fall einkassiere. Joseph hat sich zwischenzeitlich zur Reparatur der Scheibe bereit erklärt.«

Übergreifende Fragestellungen

Durch die Bearbeitung der Fragen soll eine vertiefende Auseinandersetzung mit folgenden Aspekten der Berufsrolle ermöglicht werden:

- Auseinandersetzung mit dem Spannungsfeld: Regeln der Institution – persönliche Auffassung als Mitarbeiter, Besucher bzw. Bewohner der Institution
- Entwicklung der Fähigkeit, Regeln gegenüber dem Adressaten rational zu begründen
- kritische Reflexion von bestehenden Regeln in Institutionen und Befähigung einen Diskurs über Regeln im Team zu initiieren.

Entwickeln Sie eine vergleichende Analyse der Geschichten ausgehend von den folgenden Fragestellungen:

1. In welcher Weise versuchen die Praktikant(inn)en ihre Erzieher/innenrolle dem Adressaten gegenüber zu vertreten?
3. Mit welchen Strategien gehen sie vor, bestehende Regeln durchzusetzen,d.h. zum Beispiel auch, ob sie versuchen mit den Adressaten Kompromisse zu schließen.
4. Inwiefern beziehen die Praktikanten die Persönlichkeit und die Lebenssituation der Kinder/Jugendlichen glaubwürdig mit in ihre Überlegungen und Durchsetzungsstrategien ein?
5. Überprüfen Sie, ob Sie in den Strategien der Praktikanten Ihr eigenes Handeln entdecken.
6. Überprüfen Sie, welche Gefühle Regelverletzungen der Adressaten bei Ihnen auslösen. Diskutieren Sie Ihrer Lerngruppe Möglichkeiten, grundsätzlich bei Regeldurchsetzungen die Interessen der Adressaten nicht zu vergessen.

5.2 »... manchmal wünsche ich mir einfach eine Mädchengruppe!«

Schon in Ihrer Arbeit in der Elementarpädagogik werden Sie sich evtl. bewusst mit dem Thema der geschlechtsbezogenen Pädagogik auseinandergesetzt haben. Auffallend an vielen Berichten aus der Praxis ist, dass die meisten Texte von Jungen handeln. Dies ist schon in der Elementarpädagogik so und wird noch deutlicher in der Freizeitpädagogik. Nun mag diese Verstärkung in der Freizeitpädagogik damit zusammenhängen, dass Ihnen zumindest in Jugendzentren mehr Jungen begegnen. In fast allen anderen Einrichtungen sind aber sicher gleich viel Jungen wie auch Mädchen vertreten. Wir als Leser der Texte aus der Praxis können über die Ursachen dieses Phänomens nur spekulieren.

Eigene Vorüberlegungen zum Thema

Wir möchten an dieser Stelle nicht unsere Überlegungen ausführen, sondern Sie selbst bitten, welche Einstellung bzw. welche unterschiedlichen Erfahrungen Sie in der Arbeit mit Jungen und Mädchen in Ihrer pädagogischen Arbeit gemacht haben. Sehr interessant wäre es, wenn Sie versuchen würden zu beschreiben, ob Sie sich in Ihrer Erzieher/Erzieherinnenrolle jeweils anders definieren. Diskutieren Sie Ihre Einschätzungen im Klassenverband.

Text 21 – Johanna: »Die Mädchen wollten in der nächsten Runde nicht mehr mitspielen.«

Bearbeitungspunkte

Das Fallbeispiel kann sicher unter verschiedenen Aspekten analysiert werden, evtl. hat uns die Autorin diesen Text auch nicht erzählt, um auf die Umgangsformen zwischen Jungen und Mädchen in der Einrichtung aufmerksam zu machen.

1. Untersuchen Sie, welche Rolle die Mädchen in dem beschriebenen Text und welche Rolle die Jungen einnehmen. Arbeiten Sie heraus, wie die Praktikantin mit den jeweiligen Gruppen umgeht.
2. Verdeutlichen Sie, inwieweit die Wünsche der Mädchen in der beschriebenen Szene berücksichtigt werden.
3. In der Literatur wird sehr stark herausgestellt, dass es Jungen in der Schule und auch in sozialpädagogischen Einrichtungen immer wieder gelingt die Aufmerksamkeit auf sich zu ziehen. Überprüfen Sie, ob dies auch in der vorliegenden Geschichte der Fall ist. Unterstellen wir, dass es sich bei der Praktikantin um eine Frau handelt, die sehr bewusst das Selbstvertrauen von Mädchen in Einrichtungen fördern möchte. Gehen Sie von der mit → markierten Stelle aus und schreiben Sie eine neue Geschichte.

»Als ich zu Anfang in das Jugendzentrum kam, war ich sehr geschockt über diese Situation dort. Die Jugendlichen in dieser Einrichtung waren zu 90 % türkische Jugendliche. Es waren überwiegend Jungs dort. Die Jugendlichen waren im Alter von 14 – 18 Jahren. Die meisten von ihnen gingen zusammen in die Hauptschule, die auch in dem gleichen Stadtteil wie das Jugendzentrum liegt. Neben dem Jugendheim liegt eine Wohnsiedlung, in der viele Jugendzentrumbesucher wohnen.

Einige der Jugendlichen haben im letzten Sommer die Schule abgeschlossen, haben aber noch keine Lehrstelle gefunden. Zwei 17jährige Jungs haben sich bei den größten Firmen am Ort beworben, haben aber Absagen bekommen. Viele Jugendliche sind schon vorbestraft und haben schon Arbeitsstunden hinter sich.

Ich fühlte mich am ersten Tag sehr unsicher und ich wusste gar nicht, wie ich mich verhalten sollte. Alle schauten mich an als wollten sie sagen: „Hey, wer ist das denn? Ist die neu hier im Jugendzentrum?" Sie sprachen mich an, als wäre ich auch eine Besucherin. Dann stellte sich heraus, dass sie noch gar nicht wussten, dass ich hier ein Praktikum mache. Meine Anleiterin sagte es den Jugendlichen dann und die Mädchen kamen sofort auf mich zu und ich unterhielt mich mit ihnen über alles mögliche.

Die Jungs gaben nur unangebrachte Kommentare wie „von der würde ich mich auch mal gerne ausschimpfen lassen", und „die würde ich gerne mal erziehen". Ich war total unsicher und völlig irritiert. An dem Abend als die Jugendlichen alle weg waren redete ich mit meiner Anleiterin über diese Kommentare und über meine Unsicherheiten. Sie sagte mir, dass es wichtig für mich sei, sofort klar zu regeln, wie weit die Jungs gehen können und wann Schluss ist. Ich fragte sie, wie ich mich denn jetzt verhalten sollte und sie sagte, dass ich selbstbewusster auf sie zugehen soll und normal mit ihnen reden soll, aber wenn sie dann solche Bemerkungen noch einmal sagen würden, sollte ich ihnen sofort Grenzen setzen.

Beim nächsten Jugendtreff bemühte ich mich eine selbstbewusste Haltung einzunehmen und mit etwas lauterer Stimme zu reden, da ich somit einfach stärker und selbstbewusster wirkte. Als erstes ging ich auf die fünf Mädchen zu und spielte das Spiel „Halli-Galli" mit ihnen. Wir hatten irre viel Spaß, da ich das Spiel noch nicht kannte und die Mädchen es mir erklärten, wobei ein riesen Chaos entstand. Nach einer Weile setzte sich Hassan (15), Mehmet (16) und Berat (15) zu uns und wollten mitspielen. Die drei sahen mich prüfend an und fragten mit einem befehlsartigen Ton: „Wir spielen jetzt auch mit."

→ Ich sah an den Gesichtern der Mädchen, dass sie das gar nicht so toll fanden und entgegnete den Jungs deswegen: „Wir sind schon mitten im Spiel, aber wenn ihr wollt, könnt ihr bei der nächsten Runde mitspielen." Die Jungs blieben dann auch neben mir sitzen bis das Spiel vorbei war. Die Mädchen wollten die nächste Runde nicht mehr mitspielen, was die Jungs sichtbar erfreute. Hassan mischte die Karten und dann ging es los. Wir spielten einige Runden und hatten jede Menge Spaß dabei. Die Jungs fingen an Witze zu erzählen. Erst harmlose und dann immer krassere Witze. Ich dachte mir, dass es sehr kleinlich wäre in dieser Situation einzugreifen und sagte nichts. Doch als dann einer dieser Witze mit meinem Namen erzählt wurde, griff ich dann doch ein. Ich sagte: „Ich finde es ziemlich blöd und kindisch solche Witze zu erzählen." Berat entgegnete sofort mit der Frage: „Wieso, stimmt das denn?" (er meinte damit den Witzinhalt, der sich auf mich bezog.) Ich sah ihn mit einem ernsten Gesichtsausdruck an und er sagte dann gar nichts mehr. Ich denke, er hat sich danach auch für den Witz geschämt und hat gemerkt, dass ich mich schlecht dabei fühlte. In dem weiteren Verhalten merkte ich, dass die Jungs begriffen hatten, dass soetwas einfach nicht recht am Platz war. Eine halbe Stunde später ging in den Flur entlang und da kam Hassan mir entgegen. Er ging ganz nah an mir vorbei und deutete mit seiner Hand die Bewegung an, als würde er mir an den Po fassen. Ich war in diesem Moment steif vor Schreck und brachte nicht mehr heraus als: „Hey, was soll das?" Er sah mich lächelnd an und sagte: „Hä, was hättest du gemacht, wenn ich dich echt angepackt hätte???" Ich hatte richtig Angst etwas falsches, aufforderndes zu sagen und sagte vor lauter Schreck: „Das hättest du schon gemerkt." Dieses sagte ich mit einem sehr lauten, strengen Ton und sah ihn dabei mit großen, sauren Augen an. Hassan sah nach unten und ging fort. Wenig später kam er wieder und fragte mit leiser Stimme: „Kannst du mir mal bitte den Billardraum aufschließen?" Ich sagte: „Na klar, komm." Er ging mit und ich schloss den Billardraum auf. Er sagte: „Danke", und ging rein. Später am Tag ging auch ich ins Billardzimmer und spielte mit den drei Jungs eine Runde. Sie machten keine blöden Bemerkungen mehr.

Reflexion

Jetzt kann ich sagen, dass es gut war, dass ich sofort so gehandelt habe und direkt gezeigt habe, dass es bis hier und nicht weiter geht. Am Anfang jedoch war es sehr schwer für mich, da ich solche Situationen sonst gar nicht gewohnt bin. Ich fühlte mich dabei sehr schlecht und es machte mich auch ganz schön nervös. Ich denke aber, dass es gut war, dass die Anleiterin mir den Tip mit dem selbstbewusster auftreten gegeben hat. Ich glaube, im nachhinein, dass ich auch allein durch mein selbstbewussteres Auftreten viel für mich selbst gelernt habe.«

Text 22 – Anja: »Nein, die lästern und reden über einen, wenn man tanzt ...«

Bearbeitungspunkte

1. Beschreiben Sie zuerst, wie die Praktikantin die beschriebene Szene erlebt.
2. Die Praktikantin unternimmt mehrere Versuche die Mädchen zum Tanzen zu bewegen. Analysieren Sie, warum die Ermunterungen schließlich zum Erfolg führen.

»Zu Beginn unseres Praktikums veranstalteten die gesamten Klassen 9 eine Disco. Wir Praktikantinnen wurden dazu eingeladen. Schon im Vorraum hörte man laute Musik. Einige Schüler sitzen vor dem Discoraum und begrüßen uns mit „Hallo". Beim Betreten des Discoraums fällt mir sofort auf, dass die Tanzfläche komplett leer ist. Einige Schüler sitzen an der geschlossenen Theke. Der DJ wechselt gerade eine Maxi. Die meisten Schüler sitzen jedoch auf großen Kisten um die Tanzfläche herum. Die Musik ist ziemlich laut, man versteht kein Wort. Ich setze mich zu zwei Mädchen, die ich an der Schule schon mal gesehen habe. Ich weiß, dass sie Fatma und Hyla heißen (beide 15 Jahre alt). „Hallo Ihr zwei, habt Ihr etwas dagegen, wenn ich mich zu euch setze?" schreie ich gegen die Musik an. „Nein, natürlich nicht." Ich wende mich an Fatma: „Warum tanzt denn niemand?" Sie antwortet: „Das Lied ist blöd! Außerdem wird dann morgen in der Schule wieder geredet.", fügt Hyla hinzu. Ich entgegne: „Worüber wird morgen geredet? Darüber, dass niemand tanzt?" Hyla: „Nein, die lästern und reden über einen, wenn man tanzt. Das ist immer so." Fatma: „Stimmt, die Jungen lachen über uns Mädchen, wenn wir rappen." Sie äußern sich dazu, als wäre es das Selbstverständlichste überhaupt. Ich bin verwirrt und frage: „Warum macht ihr denn überhaupt eine Disco?" „Wir tanzen ja, aber nur auf türkischen Liedern und die wurden noch nicht gespielt" antwortet Hyla. „Dann wünscht euch doch ein Lied beim DJ!" schlage ich vor. Fatma: „Nein lieber nicht, ich trau mich nicht." „Komm Hyla, wir beide gehen jetzt zum Musikpult und wünschen uns eine neue Musik", sage ich und fordere sie auf mitzugehen. Wir gehen zum DJ und Hyla wünscht sich ein Lied. Murat (16 Jahre), der DJ nickt uns freundlich zu. Zwei Lieder später liegt eine türkische Single auf. Einige Mädchen gehen auf die Tanzfläche, Hyla und Fatma sehen zu. „Warum tanzt Ihr denn jetzt nicht?" frage ich in die Runde. Hyla blickt zu Boden und Fatma entgegnet: „Noch nicht, es tanzen erst so wenige." Die Tanzfläche wird voller. Der DJ bleibt bei der türkischen Musikrichtung. Mittlerweile tanzen auch Jungen, es haben sich sogar vereinzelt Paare gebildet. Hyla und Fatma wippen mit ihren Füßen im Takt. „So, jetzt gehen wir bei dem nächsten Lied tanzen?" frage ich sie aufmunternd und bekomme folgende Antwort: „Wir? Du kommst mit uns tanzen Anja, super!" „Kannst du denn auf türkischer Musik tanzen?" fragt Hyla nach. „Ich weiß es nicht, aber ihr werdet mir sicher dabei helfen", antworte ich. Daraufhin Hyla: „Aber..." „Kein aber, los kommt mit auf die Tanzfläche!" falle ich ihr ins Wort. Sie sehen mich skeptisch an. Ich nehme beide Mädchen am Arm und ziehe sie leicht in Richtung Tanzfläche. Später, als ich gehe winken die Mädchen zum Abschied von der Tanzfläche aus, sie tanzen nämlich immer noch.«

Reflexion

Mir ist oft aufgefallen, dass es bei Parties und Discos eine Anlaufzeit gibt. Anfangs sind die Menschen zurückhaltender, beobachten das Umfeld und haben teilweise auch Ängste. Es kostet eine gehörige Portion Selbstbewusstsein und Mut alleine auf die Tanzfläche zu gehen. Die meisten Ängste hat man vor dem Ausgelachtwerden. Es ist bedeutend einfacher zu tanzen, wenn mehrere schon auf der Tanzfläche sind. Man fühlt sich nicht so beobachtet und hat dann auch mehr Selbstsicherheit.
Als ich den Discoraum betrat, hatte ich ein beklemmendes Gefühl. Es herrschte keine Stimmung. Die Schüler saßen um die Tanzfläche herum und lauschten der Musrik. Es wurden vereinzelt Gespräche geführt, die aber in der Lautstärke untergingen. Alles wirkte wie ein großes Warten. Hyla und Fatma hatten große Lust zu tanzen, auch schon bei den Rappliedern, doch sie hatten Angst vor der Kritik ihrer Klassenkameraden. Sie wollten sich nicht vor den anderen bloßstellen. Hinzu kam noch die türkische Mentalität. Die Jungen lachen über rappende Mädchen. Es ist mir während des Praktikums aufgefallen, dass Rapp das Vorrecht der türkischen Jungen ist. Allerdings traute sich auch kein Junge auf die Tanzfläche. Als Hyla mir dann von der türkischen Musik erzählte und dass sie darauf tanzen würde, dachte ich, diesen Zustand kann man ändern. Ich habe Fatma bewusst mit zu dem DJ genommen, schließlich war es ihre Disco und ich wollte ihr deutlich machen, dass niemand sie auslacht, wenn sie sich ein Lied wünscht. Nebenbei erwähnt, hätte ich auch gar kein türkisches Lied gekannt, das ich mir hätte wünschen können. Kaum spielte der DJ die türkische Musik, schien das Eis gebrochen. Mehrere türkische Mädchen machten den Anfang. Hyla und Fatma blieben sitzen. Ich habe sie genau beobachtet. Ihre Augen sahen die ganze Zeit zur Tanzfläche, die Füße wippten im Takt und sie wären am liebsten aufgestanden und hätten getanzt. Ich habe gemerkt, dass ich hier die Initiative ergreifen musste. Dadurch, dass ich gesagt habe, wir gehen tanzen, habe ich den beiden eigentlich gar keine andere Wahl gelassen als mitzukommen. Ich glaube, dass ich in dieser Situation richtig gehandelt habe. Die beiden brauchten jemanden, der etwas nachhalf.

Text 23 – Susanne: »Ne Liebe ist doch Weiberkram.«

Bearbeitungspunkte

1. Sie selbst werden im Hort, Jugendzentrum, Heim usw. häufig Gespräche über „Liebe" mitbekommen haben. Erinnern Sie sich, in welcher Weise dieses Thema gewöhnlich von den Jugendlichen behandelt wird. Halten Sie für sich fest, ob Mädchen und Jungen unterschiedlich mit dem Thema umgehen. Tauschen Sie ihre Erfahrungen mit Ihrer Lerngruppe aus und versuchen Sie, ausgehend von Ihren theoretischen Kenntnissen über Pubertät und Adoleszenz das Verhalten der Heranwachsenden zu analysieren.
2. In der Geschichte schildert Susanne ein Gespräch über das berühmte Thema „verliebt sein". Arbeiten Sie heraus, in welcher Weise Susanne in das Gespräch eingreift und welche Zielvorstellung sie damit verbinden mag. Überprüfen Sie, wie Sie sich in ähnlichen Situationen verhalten haben und begründen Sie auch in der Lerngruppe ihr Verhalten.
3. In der Reflexion macht Susanne deutlich, dass die Freizeitorte den Mädchen eine wichtige Gelegenheit bieten, das Thema Liebe, Sexualität zu bearbeiten. Reflektieren Sie gemeinsam mit Ihrer Lerngruppe, ob Sie es für sinnvoll halten in den sozialpädagogischen Einrichtungen sowohl Mädchen wie auch Jungen jeweils eigene Räume zu schaffen, um sich ungestört über ihre persönlichsten Fragen zu unterhalten. Ergänzen Sie Ihre eigenen Überlegungen mit Materialien, die sich mit dem Thema Koedukation auseinandersetzen.

»Erste große Pause; Schülercafé. Ich sitze an einem der hinteren Cafétische, trinke eine Tasse Kakao und beobachte das rege Treiben vor und hinter der Theke. Zu einigen Gesichtern kenne ich mittlerweile schon die Namen und kann sie ihren Klassen zuordnen.
Ali (11) kommt mit einem Joghurtbecher in der Hand auf mich zu und sagt, sichtlich erregt: „Du, Susanne, die haben gar keine Löffel! Wie soll ich denn meinen Joghurt essen, ich habe das rothaarige Mädchen gefragt und die hat dann gesagt, ich soll ihn trinken." Er setzt sich an meinen Tisch. „Hast du die Susanne gefragt, Ali?" frage ich ihn. „Nein, das Mädchen da aus der achten Klasse habe ich gefragt." antwortet er. „Ja, aber das Mädchen hat doch gar nichts mit dem Verkauf zu tun. Das steht doch vor der Theke. Geh, und frag mal die Susanne, die gibt dir bestimmt einen Löffel", erwidere ich, nachdem er mir das Mädchen aus der achten Klasse gezeigt hat. Gesagt, getan, Ali geht noch einmal zur Theke hin.
Gül und Laila, beide 15 Jahre alt, aus der Klasse 9 setzen sich an meinen Tisch. „Hallo, Susanne, wie gehts ?", fragt mich Gül und Laila ergänzt: „Wann malen wir denn endlich ?". „Hallo, ihr zwei, mir geht es gut. Ihr könnt es wohl gar nicht mehr erwarten, was? Nächste Woche Montag bis Mittwoch malen wir mit eurer Klasse", antworte ich.
Ali ist inzwischen mit Löffel am Tisch angelangt und grinst Gül an: „Susanne, die Gül ist verliebt!" „Bist du still, Ali. Das stimmt nicht, der erzählt nur Blödsinn!" versucht sich Gül zu verteidigen. „Aha, Ali, woher willst du das so genau wissen? Außerdem ist es doch nicht schlimm, wenn man jemanden liebhat. Das ist doch ein sehr schönes Gefühl. Du hast doch bestimmt auch jemanden, den du sehr liebhast?" frage ich Ali. Die Röte in Güls Gesicht lässt langsam nach. Ali sieht etwas verlegen nach unten und sagt patzig: „Ne, Liebe ist doch Weiberkram. Außerdem sind die beiden ja dauernd verliebt und ich weiß auch, in wen." Er blickt Gül und Laila spitzbübisch an. Laila reagiert und sagt lächelnd: „Wieso ist Liebe nur Weiberkram? Hast du deine Mama und deinen Papa etwas nicht lieb?" „Doch, aber ich liebe keine Mädchen, so", ruft er etwas wütend. Gül zu Laila: „Was wohl Alis Mama bloß ist, wenn kein Mädchen." „Pa, meine Mama ist eine Frau und du bist in Mohammed verliebt!", lässt sich Ali nicht aus der Ruhe bringen. Gül läuft rot an und Laila kichert. „Ich finde es schön, wenn man jemanden lieb hat, egal ob Vater, Mutter, Geschwister, Freund oder Freundin. Man sollte sich über ein so schönes Gefühl nicht lustig machen. Stell dir mal vor, Ali, es gäbe keine Liebe unter den Menschen. Wie würde unsere Welt dann wohl aussehen?" lenke ich ein. Ali sieht Gül an und sagt überlegend: „Dann gäbe es bestimmt viele Kriege, so wie im Irak." Laila: „Ja und auch ganz viel Diebe, Mörder und Verbrecher. Alle Menschen würden sich hassen und sich wehtun." „Uns Menschen würde bestimmt etwas fehlen, so ganz ohne Liebe, meinst du nicht auch, Ali", frage ich den Jungen. „Na ja, schön wäre es wohl nicht mehr auf der Welt. Und eigentlich habe ich auch jemanden sehr lieb." antwortet er. „Wen denn?" fragt Laila neugierig. „Sag ich nicht, ihr lacht ja doch bloß, ihr dummen Ziegen", nuschelt er vor sich hin, während er einen Löffel Joghurt im Mund hat.
Es schellt. Pausenende, die meisten der Schüler brechen auf und verlassen das Schülercafé. Einige andere wollen sich noch schnell etwas Nahrhaftes für die nächsten zwei Stunden besorgen. „Nun sag schon," drängelt Gül. Ali geht zur Theke, gibt dort den Löffel wieder ab, wirft den leeren Joghurtbecher in den Abfallkorb und ruft vor dem Hinausgehen laut: „Meinen Hamster. Ihr habt wohl gedacht, ich mag irgend ein Mädchen, bah." Und weg ist er. Gül, Laila und ich sehen uns an und fangen an zu lachen.

Reflexion

Gül und Laila gehen beide in die neunte. Klasse. Ich kenne die Mädchen schon aus dem Einführungspraktikum. Sie haben damals für die Wandgestaltung Vorschläge eingereicht und waren sehr engagiert. Im Praktikum haben wir dann später mit ihrer Klasse die Pavillonwände gestaltet.

Beide Mädchen sind 15 Jahre alt und befinden sich somit in der Pubertät. Durch die strengen Vorschriften Zuhause, nutzen sie gerade den Zeitraum der Schule für Kontakte zum anderen Geschlecht. Durch die türkische Mentalität ihrer Eltern, haben sie außerhalb der Schule kaum Gelegenheit dazu. Zuhause fehlen auch meistens Ansprechpartner, so wird alles mit den Freundinnen in der Schule besprochen.

Die eigentliche, geistige, sexuelle Entwicklung läuft in der Schule ab. Zum Beispiel die ersten Schwärmereien für Schulkameraden. Man spürt diese Tendenz deutlich ab achter Klasse aufwärts, sowohl bei Jungen wie auch bei Mädchen.

Ali ist in der fünften Klasse. Er gehörte zu meiner Gruppe während der Malaktion in der ersten Woche.

Ali ist ein fröhliches Kind, das einige Flausen im Kopf hat. Er kann ganz schön frech und vorlaut sein. Er ist sehr aufgeschlossen, trotzdem sind die Probleme der älteren Mädchen noch unverständlich für ihn. Er hat alles andere im Kopf als Mädchen. So macht er sich über das ganze Thema „Liebe" lustig. Er hat natürlich sofort herausgefunden, dass er die älteren Mädchen ganz leicht aufziehen kann.

Ich fand den gesamten Verlauf dieses Gespräches ganz interessant. Teilweise musste ich schmunzeln. Sehr positiv fand ich bei dem Gesprächsverlauf, dass deutlich geworden ist, dass es mehrere Formen der Liebe gibt. Liebe ist wichtig in der heutigen Gesellschaft. Ich habe versucht, keinen Konflikt entstehen zu lassen, indem ich fragte, wie unsere Welt wohl ganz ohne Liebe aussehen würde. Ich habe auch ganz bewusst darauf aufmerksam gemacht, dass es ein schönes Gefühl ist, jemanden zu lieben. Gerade, weil ich auch gemerkt habe, wie peinlich Gül berührt war. Alles in allem war es eine schöne Situation, in der die Interessen verschiedener Altersgruppen deutlich wurden. Man erkannte die verschiedenen Ansichten zu einem Thema.«

Übergreifende Fragestellungen

1. Stellen Sie noch einmal zusammen,welche Rolle die Mädchen in den beschriebenen Fallbeispielen übernehmen. Ergänzen Sie die dargestellten Szenen mit Ihren eigenen Erfahrungen aus der Praxis. Klären Sie für sich und anschließend in Ihrer Lerngruppe, ob Sie besondere Räume, Angebote, insgesamt für Mädchen sinnvoll finden.
2. Stellen Sie Überlegungen an, inwieweit Sie, ausgehend von den Fallbeispielen, ein besonderes Handlungskonzept entwickeln würden.

5.3 Planung ist alles!

In den ersten Praktika in der Elementarpädagogik werden Sie für sich schon ein „Verfahren" zur Planung besonderer Angebote mit den Kindern entwickelt haben, ebenso werden Sie diese Angebote mehr oder weniger erfolgreich, aus Ihrer Sicht oder aus Sicht der Ausbildungsstätte, durchgeführt haben. Gleichzeitig haben die Szenen in der Kapiteln zuvor gezeigt, dass geplante Aktivitäten nicht „alles" in der Arbeit mit Kindern und Jugendlichen sind.

In der Elementarpädagogik hatten Sie aber zumeist feste Rahmenbedingungen für Ihr Handeln: Sie wussten, welche Kinder regelmäßig kommen, Sie kannten die Kinder in etwa und sicher haben Sie auch herausgefunden, womit Sie die Kinder besonders faszinieren konnten. Im Hort, in der Grundschule, in der Hauptschule, im Heim und Jugendzentrum eröffnet sich Ihnen nun ein völlig anderes Feld.

Eigene Vorüberlegungen zum Thema

Halten Sie für sich selbst fest, welche wesentlichen Unterschiede es zwischen den Praxisfeldern gibt und welche anderen Wege von Planung und Konzeptionsentwicklung sich aus diesen Veränderungen ergeben.

Im folgenden finden Sie verschiedene Planungen von Schülerinnen, die im Abschlusskapitel auch Ihre Erfahrungen im Berufspraktikum darstellen, außerdem kennen Sie die Schülerinnen schon teilweise aus den anderen Praxisgeschichten.

Text 24 – Monique: »Mir hat es Spaß gemacht, das Projekt mit den Kindern durchzuführen.«

Bearbeitungspunkte

1. Die Praktikantin plant das Projekt ganz offensichtlich nach einem Planungsraster. Überprüfen Sie ausgehend von den Ausführungen der Praktikantin zu den einzelnen Gliederungspunkten, ob das Planungsschema aus Ihrer eigenen Sicht sinnvoll ist.
2. Die Praktikantin führt relativ differenziert die einzelnen Ziele aus. Reflektieren Sie, ob Sie aus Ihrer pädagogischen Sicht, die Zielformulierung für die genannte Altersgruppe für sinnvoll halten. Formulieren Sie gegebenenfalls in Ihrer Lerngruppe ausgehend von der beschriebenen Gruppensituation eigene Lernziele, die man bei einer gemeinsamen Diskogestaltung erreichen könnte.
3. Die Praktikantin beschreibt den Verlauf des Projektes recht ausführlich. Arbeiten Sie heraus, welche Grundprinzipien des pädagogischen Handelns die Praktikantin realisiert und versuchen Sie, ausgehend von einer genauen Textanalyse, das „Leitmotiv" der Praktikantin im Umgang mit den Jugendlichen herauszufinden. Überprüfen Sie in Ihre Lerngruppe, ob Sie bei der Arbeit mit Jugendlichen ähnliche Leitziele verwirklichen und wie Sie diese pädagogisch begründen könnten.
4. Die Arbeit in der Disko hat sich über einen Zeitraum von fünf Tagen erstreckt. Zusammenfassend reflektiert die Praktikantin die Arbeit in dem Projekt. Die Praktikantin befindet sich etwa am Ende der Ausbildung. Entwickeln Sie einen Fragenkatalog für die Praktikantin, der ihr eine umfassende Reflexion ermöglicht und zur Basis für das weitere Handeln im Berufspraktikum werden könnte.

»Planung des Projektes

Gesamtthema des Projektes: Gestaltung und Einrichtung einer Disco im Kellerraum

Allgemeine Gruppensituationen bezogen auf das Projekt: An dem Projekt nehmen 7 Kinder/Jugendliche teil. Im Einzelnen sind das:

Jana	16 J.;	weibl.	Oliver	15 J.;	männl.
Andreas	13 J.;	männl.	Ivan	12 J.;	männl.
Christina	12 J.;	weibl.	Jochen	11 J.;	männl.
			Klaus	10 J.;	männl.

Durch die Altersdifferenz der Gesamtgruppe gliedert sich die Gruppe in zwei Kleingruppen von Älteren und Jüngeren. Daher haben Klaus und Jochen einen starken Bezug zueinander; ebenso Oliver und Andreas mit Jana und zeitweise Ivan, der sich bemüht, von den Älteren anerkannt zu werden. Dabei besitzt Oliver die Führungsrolle, die er erstrangig durch seine offene, aber bestimmte Art erhält.

Andreas, der meist ruhig und zurückhaltend ist, aber auch seine Meinung sagen kann, wenn's „drauf ankommt", hat seinen festen Platz neben Oliver. Auch Jana gehört grundsätzlich zu den beiden, wendet sich aber zeitweise auch Christina zu (wenn sie sich in ihrer weiblichen Rolle nicht angegriffen fühlt und mit Christina rivalisieren muss; daher kommt es auch manchmal zu Streit); in wenigen Situationen auch den Jüngeren.

Christina steht zwischen beiden Gruppen (zeitweise auch Ivan), was neben ihrem Alter auch durch ihre zwar intelligente, aber mitunter auch lautstarke und fordernde Art bedingt ist. Sie ist die Schwester von Klaus (den sie manchmal ermahnt), wendet sich im Spiel aber eher Jochen zu, dem sie überlegen ist.

Klaus ist immer sehr aktiv und besitzt im Gespann mit Jochen die Führungsrolle. Obwohl Jochen älter ist, lässt er sich leicht beeinflussen und wirkt oft unsicher.

Begründung des Themas und der daraus erstellten Reihenfolge der Teilthemen

Anlass: In den letzten Tagen richteten sich die Kinder und Jugendlichen spontan und selbstständig eine „Disco" im Legoraum ein; d.h. sie ließen die Rolläden herunter, stellten alle Möbel an die Seite und ließen laute Musik laufen. An den ersten ein/zwei Tagen wurde getanzt. Die Älteren wechselten sich in der Rolle des DJ's ab und die gesamte Gruppe war einheitlich daran beteiligt (was sonst selten vorkommt!). Am dritten Tag spaltete sich die Gruppe langsam wieder. Die Begeisterung flaute ab, Streitereien kamen auf.

Nach einem kurzem Rivalitätskampf zwischen Klaus und Ivan, bei dem es um die Freundschaft Jochen's ging, fanden Klaus und Jochen wieder zusammen und kapselten sich von der Disco ab.

Die Älteren jedoch bauten auch weiterhin nach der Schule den Legoraum zu ihrer Disco um. Wobei das Interesse nun zum einen eher der Rolle des DJ's galt (im Besonderen bei den drei älteren Jungen), und zum anderen bei den Mädchen das Zusammensitzen, „Quatschen" und auch Kuscheln in dieser lauten, schummerigen Atmosphäre im Vordergrund ihres Interesses trat.

Christina wie auch Ivan gehörten, vor allem bei dieser Aktion, der Gruppe der Älteren an; wurden von diesen auch anerkannt (bis auf kleine Differenzen von Jana mit Christina).

Da der Legoraum direkt neben dem Büro liegt und die laute Musik unter anderem wichtige Telefonate (z.B. Eltern, Jugendamt), aber auch Gespräche störte, dachten wir (die Mitarbeiter der Tagesgruppe und ich) über eine Alternative zum Legoraum nach, um den Kindern nicht ihren Spaß mit Sätzen wie: „Stellt doch mal die Musik leise" zu verderben. Auch weil diese Sache die Gruppe (zumindest am Anfang) so zusammenführte, entschlossen wir uns, unter Einbeziehung der Kinder im Keller einen Discoraum einzurichten. Dazu bot sich ein Raum an, der bis dahin als Bastelraum genutzt wurde. Ich übernahm diese Aufgabe im Rahmen des Projektangebotes.

Ich führte am Donnerstag eine Vorplanung mit den Kindern durch:

Wir versammelten uns alle am Esstisch, und ich eröffnete den Kindern die Idee von der Einrichtung einer Disco im Keller. Sie reagierten alle sehr erfreut und motiviert auf den Vorschlag, und wir besprachen gemeinsam, wie wir die Disco gestalten könnten.

Oliver schlug vor, dass wir eine Spiegelkugel sowie eine Lichtanlage (Lichtorgel) kaufen sollten. Dazu konnte ich leider nur sagen, dass diese Dinge recht teuer sein könnten, und ich das deswegen im Team besprechen müsste, jedoch eine Spiegelkugel auch selbst zu machen wäre. Dieser Vorschlag fand nicht viel Begeisterung, und Jana sagte, sie könnte vielleicht eine von ihrem Bruder bekommen.

Nach einigen Vorschlägen, wie die Wände mit Tüchern abhängen; mit bunten, bemalten Eierkartons bekleben, waren sich die Kinder einig, dass sie die Wände besprühen wollen, sowie das kleine Fenster mit schwarzer Folie abdecken. Ich warf ein, dass das Besprühen mit Sprühfarben ebenfalls eine sehr teuere Angelegenheit werden würde, sowie auch, in dem kleinen Raum, eine sehr giftige. Daraufhin schlug Andreas als Alternative das Bemalen der Wände mit Abtönfarben vor. Dieser Vorschlag wurde von den anderen angenommen.

Ich schlug den Kindern vor, dann die Decke mit Eierkartons zu bekleben. Ivan und Jochen konnten sich das nicht so richtig vorstellen, stimmten aber trotzdem zu. Ich sagte ihnen daraufhin, dass wir im Anschluss an diese Planung in den Keller runtergehen könnten, um einige Kartons probeweise an die Decke zu halten. Dann könnten sie leichter entscheiden.

Wir besprachen noch kurz die Einrichtung, die aus einer Couch (die der Zivi zur Verfügung stellen will), einem Regal der Tagesgruppe (für die Musikanlage) und einem roten Teppich (der noch bei mir im Keller liegt) bestehen soll. Jana bot an, eine rote und blaue Glühbirne mitzubringen; Oliver sagte, er würde Lautsprecher mitbringen, die er noch übrig hätte und Andreas wollten einen CD-Player mitbringen. Ich sagte ihnen, sie sollten das auf jeden Fall mit ihren Eltern besprechen („was ist, wenn die Sachen kaputtgehen?" usw.) und wenn sie es nicht erlauben würden, würden wir schon eine andere Möglichkeit finden (z.B. Anzeige in der Zeitung).

Dann gingen wir gemeinsam in den Raum hinunter (dabei wollte Ivan erst nicht mit, kam aber dann doch kurz darauf nach) und besprachen vor Ort, wer welche Fläche bemalen würde. Dabei wurden sich die Kinder ganz selbstständig, ohne mein Eingreifen, einig.

Danach holte ich 4 bemalte Eierkartons aus dem anderen Bastelraum und wir hielten sie testend an die Decke. Die Möglichkeit nun plastisch vor den Augen, konnten jetzt auch Ivan und Jochen dem Vorschlag zustimmen.

Nach der Einteilung der Malfläche und dem Ausprobieren der Deckenverkleidung, erlahmte das Interesse bei Klaus und Jochen und sie gingen (trotz meiner Motivationsversuche) nach oben. Ich besprach noch mit den verbliebenen Älteren, die weiterhin mit großer Begeisterung dabei waren, wo die Möbel schließlich stehen sollten und den zeitlichen Ablauf.

Eigener Bezug zum Thema

Grundsätzlich interessiere ich mich auch persönlich für Raumgestaltung (auch im privaten Bereich).

An Discobesuchen habe ich nicht mehr so viel Interesse wie früher, kann aber noch gut nachvollziehen, welchen Reiz sie auf die Jugendlichen ausübt.

Sachwissen

Der Raum ist ca. 2,30 m x 3,20 m groß und etwa 3 m hoch; die Wände und Decke bestehen aus weißgestrichenem Stein; der Boden ist ein graugestrichener Steinfußboden.

Da die Erzieher nichts dagegen haben, dass direkt auf die Wände gemalt wird, können wir hierfür Abtönfarben (auch mit Wasser verdünnt) benutzen.

Die Eierkartons können wir, wegen der großen Menge, besser einfärben statt zu bemalen. Dazu mischen wir dann ein Abtönfarben-Wassergemisch in einem großen Eimer und tauchen die Eierkartons hinein. Sie an die Decke zu befestigen, geht nach Auskunft eines Bauhausangestellten, am besten, saubersten und umweltfreundlichsten mit einem silikonartigen Kleber aus der Spritzpistole.

Nach Aussage der Kinder wollen sie die Musikboxen an der Wand befestigen. Dazu müssen wir mit Schlagbohrmaschine und Steinbohrer Löcher in die Wand bohren um Haken oder vielleicht besser Regalbretter dort zu befestigen. Da der Teppich nur 2 m breit ist, passt er längs nicht genau in den Raum (2,30 m). Daher müssen wir ihn quer zweimal nebeneinander legen und die Stoßkante mit Teppichklebeband (zweiseitig klebendes Band) so am Boden fixieren, dass sie keine Stolperkante beim Tanzen darstellt. Um den Teppichboden sauber und gerade zu schneiden, nehmen wir uns ein langes Brett zu Hilfe.

Entwicklungsstand – Schwerpunkte

In dem Projekt werden besonders kreative wie auch handwerkliche Fähigkeiten angesprochen.

Besonders stark im kreativen Bereich ist Christina, was sich nicht nur beim Malen und Basteln zeigt (wo sie ihre Fantasie sehr einsetzt), sondern auch beim Ideensammeln und -ausdrücken und nach Lösungsvorschlägen suchen. Dabei ist sie auch sehr engagiert und sucht oft nach Möglichkeiten, sich selbst ausdrücken. (während des Projektes in ihrer Ausdrucksform stärken)

Jana betätigt sich ebenfalls gerne kreativ (malen, auch in Wortspielen), ihr Interesse lässt jedoch schnell nach, wenn sie an einem schwierigen Punkt gelangt. Handwerklich hält sie sich eher zurück. (Zum „dranbleiben" motivieren, auch handwerklich)

Klaus steht Malangeboten von vornherein sehr kritisch gegenüber. Er malt nicht gerne, und wenn er mal malt, zeigen seine Bilder Kopffüßler mit

Armen und sie sind undimensional (Entwicklungsstand eines Kindergartenkindes). Dafür zeigt er im Spiel eine große Kreativität (Entwicklung und Umsetzung neuer Spielideen) wie auch handwerkliches Geschick (Bauen von Burgen und Schnitzen). (Motivation und Hilfestellung beim Malen; Kreativität einbringen lassen)

Jochen zeigt bei kreativen Anforderungen insgesamt wenig Interesse. Er lässt sich eher mitziehen. Auch im motorischen Bereich wirkt er oft ungeschickt, etwas „linkisch" (was zur Zeit durch ärztliche Gymnastik verbessert werden soll). Jochen vertraut mehr auf logische Zusammenhänge, lässt aber auch lieber die anderen handeln. (zu eigenen Ideen motivieren, Hilfestellung bei der Umsetzung)

Ivan ist im kreativen Bereich eher unsicher, er orientiert sich lieber an den Ideen anderer und traut sich oft nicht, eigene Ideen zum Ausdruck zu bringen. Dafür zeigt er im Handwerklichen großes Geschick, ist hier aktiv. Er versucht darüber die Anerkennung der Anderen zu bekommen. (im eigenen Ideenausdruck stärken (evtl. mit ihm alleine malen), auch handwerkl. miteinbeziehen)

Oliver und Andreas, die auch aus eigener Initiative das Bretterhaus im Garten gebaut haben, haben darüber ihr handwerkliches Geschick bewiesen. Dabei ist Oliver der in der Gestaltung Führende, Andreas hat mehr Schwierigkeiten, sich durch eigene Ideen einzubringen. Dies ist bei ihm auch beim Malen zu beobachten (wartet erst bis die Anderen angefangen haben, malt oft ab). Oliver ist in dieser Beziehung selbstständiger. Beide sind jedoch handwerklich sehr motiviert und lassen sich schnell und gerne auf handwerkliche Arbeiten ein. (Oliver: bei Umsetzung seiner Ideen unterstützen; darauf achten, dass er auch den Anderen noch genug Raum lässt.

Andreas: Bei eigener Ideenfindung und Umsetzung helfen, Mut machen; evtl. mit ihm alleine malen)

Insgesamt haben alle Kinder der TG durch ihre erschwerte Lebenssituation, darum sind sie ja auch in einer TG, mehr oder weniger Schwierigkeiten, sich längere Zeit auf eine Sache zu konzentrieren.

Das liegt nicht zuletzt an den Familien, die sich wenig mit den Kindern beschäftigen (können); aber auch in den Schulen (außer Christina besuchen alle die „E"-Schule, Jochen die „S"-Schule) werden diese Konzentrationsstörungen weniger „angegangen", sondern mehr damit „umgegangen".

Deshalb sehe ich als Hauptschwerpunkt der Aktion, die Kinder in ihrer Begeisterung für die Gestaltung der Disco zu bestärken und zu halten, damit sie bis zum Ende bei dieser Sache bleiben und Spaß daran haben können.

Vorerfahrungen

Die Beteiligung der Kinder an der Gestaltung der Gruppe beschränkte sich bisher auf das Abholen von Möbeln (z.B. aus der Schreinerei). Die von den Kindern gemalten Bildern und Fotocollagen wurden von den Erziehern in der Gruppe aufgehängt. Nach eigenen Angaben, dürfen die Kinder Zuhause ihre Zimmer mit den dort vorhandenen Möbel selbst gestalten (auch umstellen und Bilder aufhängen).

Als Vorerfahrung ist auch die Errichtung und Gestaltung der Bretterbude durch Oliver und Andreas zu bewerten. Sie wurde innen mit einem Stuhl, einem kleinen Tisch und einem Ablagebrett für den Kassettenrecorder ausgestattet. Die Wände sind teilweise mit Namen von Musikgruppen bemalt/verziert. Schon bei der spontanen Aktion der „Ur"-Disco wandelten die Kinder bereits den Legoraum, in dem sie Tisch und Stühle beiseite stellten und den Raum verdunkelten, um.

Noch keines der Kinder war bisher in einer richtigen Disco, kennen sie aber aus Erzählungen und vor allem aus dem Fernsehen. Oliver und Jana waren schon in einer discoähnlichen Gaststätte. Alle verbinden aber mit dem Begriff „Disco" ein ganz spezielles, für jeden einzelnen ganz eigenes Lebensgefühl.

Aktueller Lebensbezug/Zukunftsbedeutung

Der aktuelle Lebensbezug wird bereits in der Begründung des Themas deutlich (s.o., Selbständige Einrichtung einer Disco im Legoraum).

Eine große Bedeutung besteht darin, dass die Kinder sich einen eigenen Raum gestalten werden (Kinder als Gruppe), der aber dann eben auch aus erkennbaren Anteilen eines jeden Kindes bestehen wird.

Das könnte zum einen den Gemeinschaftssinn der Gruppe fördern, zum anderen können die Kinder auch stolz darauf sein, selbst etwas derartiges geschafft zu haben und sich damit identifizieren.

Im praktischen Sinne schafft der Raum auch eine Rückzugsmöglichkeit (vor allem für die Älteren, die selten im Legoraum spielen oder im Toberaum toben) sowie eine intime Atmosphäre (durch farbiges Licht/verdunkeltem Fenster). Hier können die Kinder ungestört einfach zusammensitzen, nur um zu „quatschen" und auch unbehelligt mal laute Musik hören.

Reihenfolge der Teilthemen

- Bemalen der Wände
- Färben der Eierkartons
- Bekleben der Decke mit Eierkartons
- Verlegen des Teppichs und das Einrichten mit Möbeln (ggf. Regal anbringen)
- Einweihungsfeier der Disco

Gesamtziel des Projektes

Gemeinsam planen die Kinder einen Discoraum im Keller und gestalten ihn danach mit Bemalen der Wände, Bekleben der Decke mit Eierkartons und durch das Einrichten ihrer Disco mit Teppich, Möbeln und farbigem Licht.

Generell kann ich die Aktionen mit den Kindern nur mittwochs und donnerstags durchführen. In der freien Zeit einiger Kinder, die zwischen dem „Von der Schule kommen" und Mittagessen steht, könnten wir auch mit den Aktionen weitermachen, wenn die Kinder Lust dazu haben. Vorrangig sollen jedoch die Kinder selbst in der jeweiligen Situation entscheiden, ob sie weitermachen oder sich lieber austoben oder entspannen möchten.

Daher kann ich im Vorfeld zwar einen groben Zeitplan festlegen, muss mich aber auch spontan (!) auf den Verlauf der Aktionen einlassen.

Planung der einzelnen Aktivitäten

Thema

Bemalen der Wände des Discoraumes

Lernziele

Grobziel: Die Kinder lernen, einen Teil der Steinwände mit Abtönfarbe zu bemalen.

Feinziele: Die Kinder lernen eine Idee zu entwickeln, was sie malen könnten.

Die Kinder lernen das, was sie malen wollen, mit einem Wachsmalstift an der Wand vorzumalen.

Die Kinder lernen ihr Bild mit ggf. verschiedene Farben auszumalen.

Die Kinder lernen, dass die verschiedene Farben ineinanderlaufen, wenn sie an den Rändern ungenau malen und die Farbe noch feucht ist.

Die Kinder lernen, dass die Farbe herunterläuft, wenn sie zu dünn ist.

Die Kinder lernen vor dem Wechseln der Farbe den Pinsel auszuwaschen.

Die Kinder lernen ggf. die Farben zu vermischen und welcher Farbton dann entsteht.

Vorbereitung in der Einrichtung

Am Vormittag werde ich den Raum (der inzwischen leergeräumt ist) mit Tapete auslegen und folgendes Material bereitstellen: 3 Kittelschürzen; Abtönfarben: Rot, Gelb, Grün, Blau (hell und dunkel), Braun, Schwarz, Weiß; 15 Konservendosen (8 zum Einfüllen der Farben, 2 mit Wasser zum auswaschen, 5 zum Mischen); Pinsel in versch. Größen und Arten; Wachsmalstifte; Stuhl (zum besseren Erreichen der oberen Wandzone; darf auch „versaut" werden).

Im Nebenraum ist ein Waschbecken zum gründlichen Auswaschen der Pinsel und Dosen vorhanden.

Nach dem Mittagessen werde ich mit den Kindern die Einteilung zum Malen besprechen. Dabei halte ich folgende Einteilung für sinnvoll, werde mich aber auch nach den Wünschen der Kinder richten:

1. Jana und Oliver
2. Andreas
3. Klaus
4. Ivan
5. Christina und Jochen

Jana und Oliver habe ich an den Anfang gesetzt, weil sie nächste Woche ins Praktikum gehen und sonst evtl. keine Möglichkeit der Beteiligung mehr haben. Ich denke auch, dass Jana in der Kombination mit Oliver den Ansporn hat, ihre Aktion auch zu beenden und nicht frühzeitig abzubrechen.

Mit Andreas, Klaus und Ivan möchte ich die Aktion jeweils alleine durchführen, um ihnen zum einen genug Hilfestellung geben zu können und auch um ihnen die Möglichkeit zu geben, ihre wirklich eigenen Ideen zu entwickeln.

Da ich davon ausgehe, dass Christina relativ selbstständig malen wird, bleibt in der Kombination mit Jochen noch genügend Raum für Hilfestellungen an ihn. Weil die beiden sich meistens gut verstehen, wird die Zusammenarbeit mit Christina vielleicht auch ein Anreiz für Jochen sein, sich kreativ zu betätigen.

VERLAUFSPLANUNG

Einführungsphase: ca. 5 Minuten

Ich gehe mit dem Kind/den Kindern in den Raum (mit dessen Schuhen). Ich bespreche mit dem Kind, was es malen möchte. Ggf. Hilfe bei Ideenfindung.

Ich schlage dem Kind vor, das Bild erst mit Wachsmalstift vorzumalen, wegen schlechter Korrekturmöglichkeit beim direkten „Losmalen". Unsicherheiten vor „Vermalen" nehmen.

Anziehen der Kittelschürze und Schuhe, Schutz der Kleidung vor Farbspritzern; Schuhe beim Verlassen des Raumes ausziehen, um Teppich nicht zu verschmutzen.

Durchführungsphase: ca. 20 – 60 Minuten

Ich lasse die Kinder so weit es geht selbstständig malen, gebe bei Bedarf Hinweise (z.B. Pinsel auswaschen nicht vergessen, Farben können auch verdünnt oder gemischt werden); oder bei auftretenden Schwierigkeiten beim Malen Unterstützung und Motivation (z.B. Farbfindung, Motivveränderung o.Ä.). Um mich auch selbst zu beschäftigen (und nicht nur als „Aufpasser" rumzustehen) kann ich den Kindern auch praktische Hilfestellung (z.B. durch Farben angeben o.ä.) geben.

Abschlussphase: ca. 5 Minuten

Ist das Kind fertig und zufrieden mit seinem Werk(en), werde ich es („natürlich!" wie auch zwischendurch) angemessen loben. Ich bitte das Kind die Pinsel und Wasserdosen gründlich am Waschbecken auszuwaschen. Die Schürze und die Schuhe auszuziehen und diese ggf. (wenn sie Farbspritzer an den Sohlen haben) nach draußen zu stellen.

Bleibt noch genügend Zeit beginne ich mit dem (den) nächsten Kind(ern); wird ein Kind an einem Tag nicht fertig, hat es natürlich am nächstmöglichen Tag die Gelegenheit weiterzumachen.

Vor der Aktion bitte ich die Kinder, dass sie, wenn sie gerade nicht beim Malen sind, die anderen Kinder nicht stören und am besten solange ganz aus dem Raum bleiben, um jedem die Möglichkeit zu geben, ungestört zu malen.

Reflexion

Insgesamt zog sich die Aktion von Mittwoch, bis Freitag. Wie geplant, besprach ich mit den Kindern am Mittwoch nach dem Mittagessen die Einteilung zum Bemalen der Wände. Dazu schlug ich den Kindern erstmal „meine" Einteilung vor. Reaktionen blieben wie erwartet nicht aus. Andreas reagierte sofort mit: „Nein, ich möchte mit Oliver", worauf auch Oliver diesem zustimmte. Also stellten wir eine neue Einteilung auf, wonach erst Oliver mit Andreas, dann Jana und Ivan (wobei Jana mit Oliver und Andreas malen wollte; ich sagte ihr aber, dass drei, mit mir gar vier, zuviel auf einmal wären, wir würden uns nur auf die Füße treten und mit den Farben in Chaos geraten, dann wollte sie mit Ivan); dann Klaus und zuletzt Christina und Jochen. Ich bat die Kinder, die anderen beim Malen nicht zu stören und solange aus dem Raum zu bleiben, bis sie selber dran seien. Alle wirkten sehr motiviert, auch ungeduldig („wann fangen wir endlich an?").

Nach dem Mittagessen begann ich mit Oliver und Andreas. Als wir unten waren, fragte ich die beiden, ob sie schon wüssten, was sie malen wollten. Oliver wollte einen „Bulls-Kopf" malen und Andreas hatte sich (zu meiner Überraschung) schon einige Figuren auf ein Blatt vorgezeichnet (verschiedene Köpfe, ein Hochhaus. Er sagte, er würde immer diese Sachen malen und hatte sie für heute schon in der Schule vorgemalt. Auf meine Anregung, mal etwas Neues zu malen, ging er nicht ein, ich wollte ihn auch nicht weiter dazu drängen).

Ich schlug ihnen vor, die Motive auf der Wand vorzumalen, worauf Oliver sofort einging. Andreas jedoch sagte, er könne es besser ohne Vormalen, so fing er direkt an.

Oliver hatte während des Malens kaum Schwierigkeiten. Nachdem er herausgefunden hatte, wie er den Pinsel halten sollte (etwas schräg nach rechts wegziehen, statt gerade zu halten), arbeitete er sehr selbstständig und brachte seinen Spaß daran durch fröhliches Erzählen zum Ausdruck.

Er bemalte eine sehr große Fläche (die gesamte schmale Wand gegenüber der Tür) und ging dabei sehr genau und penibel, auf jeden Pinselstrich achtend, vor. Er bat mich auch an den folgenden Tagen immer wieder, ob er noch weiter an seinem Bild malen dürfte, wo er dann einzelne Punkte verdeutlichte oder seinen und Andreas Namen malte. Bis zuletzt war er mit dem Bild nicht wirklich „fertig". Ich unterhielt mich diesbezüglich auch mit ihm darüber, dass selbst große Künstler diese Unzufriedenheit spüren, weil man sich auch jeden Tag ein Stückchen weiterentwickelt und somit immer neue Sachen in ein Bild einbringen, verbessern oder erweitern möchte, wenn es ein Ausdruck des „Selbst" darstellen soll. Er war von diesem Gedanken anscheinend fasziniert, denn er sprach mich danach noch einige Male darauf an (auch bezogen auf sein Bild). Am Freitag (nachdem nun auch alle Anderen mit dem Malen fertig waren) entschied er, sein Bild nun einfach so zu lassen. Beide machten beim Malen auch die Erfahrung, wie wichtig dabei die Konsistenz der Farbe ist (ist sie zu dick, kann man sie nicht richtig verteilen; zu dünn läuft sie herunter), als ein wenig Grün bei beiden herunterlief. Andreas bat mich dann um Papiertücher (woran ich vorher nicht gedacht hatte, waren auch gut, um den Pinsel etwas abzutupfen). Sie tupften die Stellen etwas ab und übermalten sie dann wieder. So entstanden keine schwerwiegenden Schäden. Andreas hatte auch wenig Schwierigkeiten beim Malen. Obwohl er nicht auf der Wand vorgemalt hatte, gelangen ihm die Bilder gut.

Zwischendurch fragte er mich, welche Farbe er nun nehmen sollte. Ich schlug ihm mehrere vor, die er in diesem Bild noch nicht benutzt hatte und er entschied sie schließlich für eine (einmal für gar keine und ließ die Fläche weiß).

Beide stimmten sich mit den Farbdosen und Pinseln gut ab, so brauchten wir nicht die gleiche Farbe in zwei Dosen zu füllen.

Nachdem Andreas seine vorgemalten Bilder an die Wand gebracht hatte, war er sich etwas unschlüssig, ob er noch mehr malen sollte. Er hatte auf seinem Teil der Wand noch Platz, außerdem war Oliver noch „mittendrin", was ihn sicher auch motivierte. Ich fragte ihn nach Ideen (keine) und schlug ihm noch einige Sachen vor, bot ihm auch meine Hilfe dabei an. Schließlich malte er noch ein „Galgenmännchen" und entschloss sich dann, den Rest der Wand den anderen zu überlassen (es war auch Zeit zu gehen, auch Oliver hörte auf und wir wuschen noch die Sachen aus). Diesen Entschluss nahm er jedoch am nächsten Tag nach der Schule wieder zurück und malte noch einen Teufelskopf dazu, während Oliver an seinem Bulls-Kopf weitermalte.

Auch Jana und Ivan kamen nach der Schule herunter und wollten auch sofort mit Oliver und Andreas malen. Ich erklärte ihnen nochmal, dass das zuviel in diesem kleinen Raum und mit den Farben wäre. Also vereinbarten wir, dass Oliver und Andreas noch vor dem Essen aufhören sollten, und Ivan und Jana nach den HA anfangen könnten.

Da ich vorher gesehen hatte, dass Oliver und Andreas sehr ordentlich mit den Farben umgingen, ließ ich sie in dieser Zeit alleine im Raum. Ich signalisierte ihnen, dass ich darauf vertrauen würde, dass sie weiterhin so ordentlich damit umgehen und keinen Mist bauen sollten (was sie auch nicht taten). Leider vergaß daraufhin Oliver, die Schuhe auszuziehen, als er nach oben kam und verteilte so einige Farbflecken auf dem Teppich. Als ich ihn darauf ansprach reagierte er erschrocken („Ich hab's vergessen") und entfernte sie sofort mit einem Teppichreiniger. Als ich später runterkam, sah ich, dass sie die Wand noch mit einigen Worten wie „ASI", „Abidas" und Zeichen „gegen Nazis" und „Rauchen verboten" bemalt hatten.

Wie geplant ging ich nach den HA mit Ivan und Jana nach unten. Beide waren von Anfang an eher zurückhaltend und unschlüssig, was sie malen sollten. Schließlich entschloss sich Jana dazu, das Fenster schwarz anzumalen. Ich sprach mit ihr ab, dass sie dafür aber Fingerfarbe benutzen solle (weil ich nicht wüsste, ob die Abtönfarbe später wieder entfernt werden kann), also holte sie diese und fing an.

Währenddessen besprach ich mit Ivan, was er unter dem Fenster malen könnte (er wollte unbedingt dort malen, obwohl ich befürchtete, es könnte zu eng für beide werden). Nach einigem Hin und Her (ich wollte ihm trotz seinem „sag du doch mal was" keine Vorgaben machen) kam er darauf, dort eine Anlage zu malen, weil das auch der Platz ist, wo sie stehen sollte, und wirkte schon motivierter. Mit Wachsmalstift vorzumalen wollten beide nicht.

Beim Malen musste Jana zwar seitlich zum Fenster stehen (sie malte es nur schwarz an), die beiden hatten aber keine Schwierigkeiten damit. Ivan malte sehr schnell und mit „fahrigen“ Bewegungen eine schwarze Fläche. Mit Gelb malte er einige Punkte darauf, was etwas verschmierte, das störte ihn aber nicht. Als Jana mit dem Fenster fertig war, hatte sie Lust noch etwas zu malen und wollte nun einen Blumenkranz unter das Fenster malen. Ich sagte ihr, sie solle damit aber warten, bis Ivan darunter fertig ist, um ihn nicht mit Farbe vollzuspritzen. Gleich darauf sagte Ivan, er wäre jetzt fertig und wolle auch nichts mehr malen. Ich hatte den Eindruck, als wäre er nicht so zufrieden mit seinem Werk und fragte ihn danach. Er sagte, es ginge so, worauf ich ihm ehrlich sagte, dass ich seine Anlage schön finde. Er wollte trotzdem nicht mehr malen, so ging er nach oben.

Jana malte ihren Blumenkranz zuerst konzentriert, verlor aber auch schnell die Lust daran, nachdem Oliver hereingeschaut und gefragt hatte, wann sie fertig wäre. Sie malte schnell zu Ende, hatte auch keine Lust mehr, noch mehr zu malen und ging auch nach oben.

Weil noch genügend Zeit war, holte ich Klaus herunter und begann mit ihm. Er wollte zuerst die Schürze nicht anziehen, auch nach Erklärungen weigerte er sich („Ich pass' schon auf“). Ich bestand jedoch darauf und sagte, ich hätte ja auch eine an und ich möchte nicht, dass seine Mutter hier anruft und sich über seine versaute Kleidung beschwert. Also zog er sie doch an und ich fragte ihn, was er malen wolle. Er sagte, ich würde es schon sehen und malte mit dem Wachsmalstift Hochhäuser vor (die Andreas sehr ähnlich sahen). Dann malte er die Ränder schwarz, ebenso schwarze Punkte als Fenster. Er ging auf meinen Vorschlag, es auszumalen, nicht ein und wollte nun ein Kreuz malen (ebenfalls ähnlich wie Andreas Kreuz). Er kam mit den verschiedenen Seiten durcheinander und ich half ihm dabei. Dieses malte er aus. Danach wollte er noch weiter malen, wusste aber nicht was. Als er sich wieder nach den anderen Bildern umsah und etwas abmalen wollte, sagte ich ihm, er solle doch selbst mal etwas aussuchen, es solle ja auch von ihm, Klaus, sein und ich würde ihm auch helfen. Er überlegte und sagte dann „Captain Hooks Haken, aber ich weiß nicht wie“. Also malte ich ihm den Haken auf einem Stück Tapete vor und er versuchte abzumalen. Als auch das nicht so gut klappte, nahm ich seine Hand in meine und wir malten zusammen mit dem Wachsmalstift vor. Mit den Abtönfarben nachmalen, hatte er keine Probleme. Dann fragte ich ihn, ob er noch etwas malen wolle und sein „ich weiß nicht, was“ klang schon fast verzweifelt. Ich sagte „vielleicht ein Tier“ und er entschied sich für eine Spinne. Diesmal malte er selbst erst auf der Tapete vor und danach an die Wand, was ihm gut gelang. Danach fiel ihm nichts mehr ein und er hatte keine Lust mehr. Wir wuschen noch die Pinsel aus und ich sagte Jochen und Christina Bescheid, dass wir am nächsten Tag (Freitag) malen würden.

Am Freitag vereinbarten wir am Essenstisch, dass Christina und Jochen heute vom „Hausputz“ befreit wären und dafür nach dem Malen alle Malutensilien mit mir wegräumen würden. Die Kinder waren damit einverstanden und wir gingen nach dem Essen runter.

Es waren noch zwei ungefähr gleichgroße Flächen zum Bemalen da, beide wollten jedoch auf das gleiche Stück malen.

Ich hielt mich heraus und Christina schlug schließlich vor, dass sie doch zusammen auf beide Teile malen könnten. Jochen war einverstanden und Christina legte sofort los. Beide wollten nicht vormalen. Christina malte die ganze Zeit selbstständig, sehr sorgfältig und ohne Schwierigkeiten (erst ein Kreuz mit ihrem Namen und dem ihres „Schwarms“, dann noch einige Wörter mit ineinandergemalten Buchstaben und ein Herz mit der Inschrift „I love the Tagesgruppe“).

Jochen hatte dagegen große Probleme mit der Maltechnik (mit Pinsel abstreifen – zuerst tropfte es etwas, mit dem richtigen Festhalten des Pinsels und der Pinselführung). Ich gab ihm viel Hilfestellung, legte ihm den Pinsel richtig in die Hand und erklärte viel. Auch mit dem Malen klappte es nicht so richtig. Er wollte zuerst einen Marienkäfer malen, während des Malens wurde dann ein Krebs, dann ein Skorpion daraus. Zuerst malte er sehr ungenau, wir nahmen einen Stuhl dazu, dann ging es etwas besser (dafür hielt ich ihm die jeweiligen Farben hin, sonst hätte er immer auf- und absteigen müssen). Als ich mich in sein Bild einmischte (mit: „willst du hier vielleicht noch einen schwarzen Strich hinmalen?“), reagierte er etwas empfindlich („Ist ja wohl mein Bild, nicht deins!“), also ließ ich ihn in Ruhe malen und er war später auch sehr stolz auf sein Bild.

Zwischendurch fragt Oliver, ob er auch noch weiter malen dürfte und sagte, er würde uns bestimmt nicht stören. Ich stimmte unter dem Vorbehalt zu, dass er uns wieder alleine lassen müsse, wenn es nicht klappe. Tatsächlich malte er aber ruhig noch einige kleine Bulls-Köpfe an verschiedene Stellen und störte dabei nicht. Als Jochen eine Dose mit Farbe fallenließ, die ich ihm gerade angegeben hatte, wischte Oliver die Lache mit einigen Papiertüchern auf (obwohl ich ihm sagte, dass das auch Jochen machen kann).

Jochen ging nach seinem Skorpion direkt dazu über, mit Wachsmalstift Zahlen an die Wand zu malen. Christina reagierte sofort mit „So geht das doch nicht!“ und Jochen fragte mich, wie man Disco schreiben würde. Ich schrieb es ihm auf Tapete vor und er schrieb es in verschiedenen Farben an die Wand. Daraufhin fragte er mich, ob er es auch auf die Türe schreiben dürfte. Ich sagte ihm, dass ich nicht glaube, dass das hält und schlug ihm als Alternative vor, ein Schild zu malen, das wir dann außen aufhängen könnten. Er schien von dem Vorschlag begeistert und sagte, ich solle ihm aber bitte helfen. Da es bei Oliver und Christina gut klappt, ging ich mit ihm in den Bastelraum, wo wir ein Stück Pappe mit Buntstiften beschrifteten und bemalten. Kurz darauf kam auch Christina nach und malte auch mit (und machte den Vorschlag, alle Namen darauf zu schreiben, was wir dann auch taten).

Wir befestigten eine Schnur am Schild und hängten es gleich an die Türe. Danach wollte Jochen nicht mehr weitermalen, auch Oliver wollte nicht mehr. Christina hatte noch Lust, so blieb ich noch ein wenig mit ihr unten und malte währenddessen auch noch ein wenig. Schließlich war auch sie fertig und ich rief Jochen herunter, weil er auch beim aufräumen helfen sollte. Wir wuschen die Dosen und Pinsel aus und räumten gemeinsam (Jochen unter Gemaule) auf.

Gesamtreflexion des Projektes

Insgesamt lief das Projekt besser als ich erwartet hätte. Die Kinder blieben über diesen längeren Zeitraum gut bei der Sache, was mit ihren Hintergründen eine gute Leistung ist. Das Gesamtziel, die Disco gemeinsam zu planen und zu gestalten haben die Kinder erreicht.

Schade ist, dass die Beteiligung von Jochen und Klaus nach der Malaktion etwas abgenommen hat. Das lag wohl daran, dass ihr Interesse an der Disco noch nicht so ausgeprägt ist, wie bei den Jugendlichen. Trotzdem brachten sie sich mit ihrer Wandbemalung mit ein. Würde ich das Projekt noch einmal machen, würde ich versuchen, sie noch mehr an dieser Aktion zu beteiligen.

Auch, dass Jana gerade in dieser Zeit im Praktikum war, war etwas ungünstig. Bei Oliver machte es nicht so viel aus, weil er nachmittags in die Tagesgruppe kam und sich daher sehr an dieser Aktion beteiligte.

Am aktivsten beteiligten sich Oliver und Andreas an dem Projekt. Neben der Gestaltung sorgten sie auch für das Abholen der Möbel und fühlten sich für die Disco am meisten verantwortlich.

Mir hat es Spaß gemacht, das Projekt mit den Kindern durchzuführen. Es ist schön, dass die Kinder den Raum auch nach dem Projekt weiterhin nutzen und er als Möglichkeit zur Verfügung steht, in Ruhe zusammenzusitzen, laute Musik zu hören und zu „quatschen"!«

Text 25 – Birgit: »Die Kinder sind es überhaupt nicht gewohnt ein Projekt oder etwas vergleichbar Ähnliches in der Ganztagsbetreuung zu machen

Bearbeitungspunkte

1. Die folgende recht ausführliche Ausarbeitung beschreibt ein Projekt, welches zwei Praktikantinnen mit Kindern einer Grundschule (im Rahmen des Programms Grundschule von 8.00 bis 13.00 Uhr) durchgeführt haben. Auch diese Schülerinnen planen offensichtlich nach einem Planungsschema. Prüfen Sie ausgehend von den einzelnen Angaben zu den verschiedenen Gliederungspunkten der Ausarbeitung, ob Sie die Angaben für eine Planung für bedeutsam halten.
2. Die Praktikantinnen beschreiben sehr genau die sozialen Beziehungen der Kinder. Überprüfen Sie, inwiefern diese sozialen Beziehungen zum Ausgangspunkt für die Projektplanung und die Zielformulierung genommen werden.
3. Am Ende des Projektes – quasi als Höhepunkt – findet eine Aufführung statt. Gehen Sie noch einmal von den Zielformulierungen aus, und hinterfragen Sie, inwiefern die gewünschten Ziele durch die Aufführung erreicht werden konnten. Diskutieren Sie in Ihrer Lerngruppe die Vorteile und die Nachteile, die es haben kann, ein Projekt mit einer größeren Präsentation abzuschließen.
4. Während der Durchführung des Projektes treten häufiger kleine Probleme auf. Verdeutlichen Sie in einer ermunternden Reflexion der Praktikantin, welche erzieherischen Kompetenzen sie bei der Bewältigung der Probleme hat.

»Gesamtthema des Projektes: Kinder spielen Zirkus

Die Kinder lernen wie eine Zirkusaufführung geplant, geprobt und durchgeführt wird.

Simone und ich machen in der gleichen Einrichtung das Oberstufenpraktikum und haben uns entschlossen ein gemeinsames Projekt durchzuführen. Einzelne Stufen des Projektes machen wir jedoch getrennt (siehe Anzahl und Alter der Kinder).

Allgemeine Gruppensituation bezogen auf das Projekt

In der Ganztagseinrichtung werden keine Projekte mit Kindern durchgeführt.

Anzahl und Alter der Kinder, die am Projekt teilnehmen

Es nehmen die Kinder am Projekt teil, die meistens bis 15.30 Uhr in der Ganztagsbetreuung sind.

Natascha	Schulj. 1c	Macarena	Simone
Katja	Schulj. 1c	Macarena	Simone
Silke	Schulj. 1c	Macarena	Simone
Petra	Schulj. 1c	Macarena	Simone
Magdalena	Schulj. 1c	Macarena	Simone
Marion	Schulj. 2c	Zauberin	Simone
David	Schulj. 2c	Löwe	Birgit

Kevin	Schulj. 3b	Dompteur	Birgit
Anja	Schulj. 3b	Zirkus-direktorin	Simone, Birgit
Alina	Schulj. 3b	Spiele	Simone
Ayse	Schulj. 3b	Spiele	Simone
Timo	Schulj. 3a	Clown-Akrobat	Birgit
Sven	Schulj. 3a	Clown-Akrobat	Birgit
Lars	Schulj. 4c	Jongleur	Birgit
Hassan	Schulj. 4c	Jongleur	Birgit

Gruppenstruktur der teilnehmenden Kinder

An dem Projekt nehmen 15 Kinder aus unterschiedlichen Schulklassen teil. Das heißt die Kinder kennen sich unterschiedlich lange. Die meisten Kinder besuchen den Ganztag vom 1. Schuljahr an. Da die Schulklassen jedoch zu unterschiedlichen Zeiten zum Mittagessen und zu den Hausaufgaben gehen, und nicht alle Kinder gleich lange in der Einrichtung sind, spielen meist feste kleine Gruppen in der Freizeit zusammen. Sind Kinder aus den verschiedenen Schulklassen in der Einrichtung zusammen gibt es keine großen Schwierigkeiten untereinander. Es ist eine ziemlich homogene Gruppe. In der Gruppe gibt es Kinder, die sich sehr anpassen, oder auffällig ruhig sind. Es wäre schön, wenn diese Kinder durch die Hilfe der selbstbewussteren Kinder von der Gruppe aufgefangen und mitgezogen werden, um dadurch auch ein Stückchen mehr Selbstbewusstsein zu bekommen. Es sind z. B. Petra, Sven, und Kevin der erst seit August 1996 an der Schule ist.

Zusammensetzung der Gruppe

Die Gruppe besteht aus 8 Mädchen (4 deutsche Mädchen, 1 türkisches Mädchen, 1 afrikanisches Mädchen, 2 polnische Mädchen) und 6 Jungen (5 deutsche Jungen, 1 türkischer Junge).

Alle Kinder sind (ihrem Alter entsprechend) in ihrem Verhalten und in ihren Reaktionen innerhalb der Gruppe unauffällig.

Soziale Beziehungen der Kinder untereinander

Natascha (in Deutschland geboren, die Eltern sind aus Polen), Katja, und Magdalena (in Polen geboren, seit drei Jahren in Deutschland) spielen oft zusammen, wobei Katja die Führungsrolle übernehmen möchte. Dies endet öfter in kleinen Konfliktsituationen, die die Kinder meist selber lösen. Ist Katja zu bestimmend, spielen Magdalena und Natascha zusammen weiter. Katja sucht sich dann meistens eine andere Spielpartnerin, z. B. Silke. Alle Kinder sind im 1. Schuljahr.

Silke (1. Schuljahr) ist ein ruhiges selbstbewusstes Mädchen, das meist in der Puppenecke mit anderen Mädchen spielt. Sie äußert selten Wünsche und ist in der Lage, sich selbstständig zu beschäftigen.

Petra (1. Schuljahr) ist ein ruhiges stilles Mädchen und äußert selten Wünsche. Sie hat keine feste Freundin in der Gruppe und passt sich ihren Spielpartnerinnen, besonders Katja an. Sie spielt aber im Gegensatz zu den anderen drei Mädchen auch mit Jungen aus der Gruppe.

Marion (2. Schuljahr) ist ein ruhiges, selbstbewusstes Mädchen (Tochter des Hausmeisters der Schule). Sie hat guten Kontakt zu allen Kindern in der Gruppe. Sie stellt sich nicht in den Mittelpunkt. Sie kann sich sehr gut konzentrieren.

David (3. Schuljahr) ist ein fröhlicher, immer gut gelaunter Junge. Er spielt genauso gerne in der Bauecke, wie am Basteltisch. Er ist einer von den wenigen Jungen, den die Mädchen vorbehaltlos akzeptieren.

Kevin (3. Schuljahr, aus den neuen Bundesländern, seit 1996 in dieser Schule) ist ein sehr mitteilsamer Junge, der viel von zu Hause erzählt. Er ist kontaktfreudig, kreativ und versucht durch immer neue Vorschläge im Mittelpunkt zu stehen.

Anja (3. Schuljahr) ist sehr bestimmend, weiß alles, kann auch alles und macht dementsprechend viele Einwände bzw. Vorschläge. Sie möchte gerne im Mittelpunkt stehen und unterbricht fast jedes Gespräch.

Alina (3. Schuljahr, afrikanisches Mädchen, in Deutschland geboren) ist ein ruhiges immer fröhliches und ausgeglichenes Mädchen. Sie ist sehr kreativ und beendet immer die Sachen die sie anfängt. Sie kommt mit allen Kindern gut zurecht und wird von allen akzeptiert.

Ayse (3. Schuljahr Schwester von Hassan, türkische Eltern, in Deutschland geboren) und Alina sind Freundinnen und spielen meistens zusammen. Dabei übernimmt Ayse die Führungsrolle. Sie ist bestrebt alles gut bzw. besser zu machen als Alina. Sie ist kreativ, kann gut nähen. Sie wird von ihren Eltern angehalten, viel zu lernen damit sie in Deutschland einen guten Beruf erlernen kann.

Timo (3. Schuljahr) ist sehr kreativ, hat viele Ideen, und spielt gerne in der Bauecke. Er ist ausgeglichen, hilfsbereit und selbstbewusst. Er kann sehr gut improvisieren. Man braucht ihm nur ein Stichwort zu geben, und schon fällt ihm dazu etwas ein. Er hat guten Kontakt zu allen Kindern in der Gruppe.

Sven (3. Schuljahr) spielt, wenn er die Ruhe dazu findet, meistens mit Jungen. Er kann sich schlecht konzentrieren und geht oft ohne Ziel von einem zum anderen Tisch in der Einrichtung. Er hat wenig Selbstbewusstsein. Er kann sich schnell in eine Ecke verziehen und beleidigt sein.

Lars (4. Schuljahr, Freund von Hassan und Sohn von Frau Schmidt – Praxisanleiterin) ist kontaktfreudig, und zählt sich zu den Großen die ja bald die Schule verlassen. Er besucht die Betreuung jetzt fast 4 Jahre und zieht sich langsam von den anderen Kindern zurück. Er ist bemüht, Anerkennung zu bekommen.

Hassan (4. Schuljahr, Freund von Lars, Bruder von Ayse, türkische Eltern, in Deutschland geboren) ist selbstbewusst, ruhig und hat zu allen Kindern einen guten Kontakt. Er wird von seinen Eltern angehalten, viel zu lernen, damit er in Deutschland einen guten Beruf erlernen kann. Er spricht, schreibt und liest drei Sprachen fließend: Türkisch, Arabisch, Deutsch, und geht nach der Grundschule im Sommer, zum Gymnasium. Auch Hassan zieht sich so langsam von den anderen Kindern zurück.

Begründung des selbst entwickelten Themas und der daraus erstellten Reihenfolge der Teilthemen.

Anlass für das Projekt

Im ersten Vorgespräch mit Magdalena, Natascha und Katja wurde von ihnen der Wunsch geäußert Macarena zu tanzen, und Zirkus zu spielen.

Bei Macarena wollten sie keine Jungen akzeptieren: „Jungen sind doof." Beim Zirkus war es egal, ob auch Jungen mit machen. Auch von den Jungen kam der Vorschlag Zirkus zu spielen.

Eigener Bezug zum Thema

Teilnahme an der Theater AG in der Unterstufe.

Einüben einer Rolle in einem von Mitschülern geschriebenem Theaterstück und Aufführung vor Kindergartenkindern.

Teilnahme an einem Seminar über Theaterimprovisation in der Oberstufe.

Eigene Zirkusbesuche. Theaterspiel für Kindergartenkinder – Schneewittchen (als Zwerg Nr. 6).

Sachwissen für das Projekt

Was ist ein Zirkus, und was beinhaltet eine Zirkusvorführung? Die Fragen die aufkommen, lösen wir mit den Kindern gemeinsam bzw. geben Anregungen.

- Wann ist die Zirkusvorführung?
- Wo findet die Zirkusvorführung statt?
- Wo finden die Proben statt?
- Wann finden die Proben statt?
- Wer kommt für evtl. Kosten für benötigte Materialien auf?
- Welche Zirkusnummern für die sich die Kinder entscheiden könnten übernimmt Simone, und welche übernehme ich?
- Verschiedene Zirkusnummern:
  Der Zirkusdirektor, Tiernummern, Zauberer, Clown, Akrobaten, Jongleure, Artisten.
- Schaueinlagen wie z. B. Tänze.
- Jeder Zirkus hat einen Namen.
- Jeder Zirkus braucht ein Publikum.
  Wer ist das Publikum?
- Dekoration für den Zirkus: Buchstaben aus Tonpapier, Z, I, R, K, U, S, den Namen des Zirkus aus Tonpapier. Drehscheiben aus Tonpapier.
- Musik: Trommel, Kassettenrecorder.
- Kostüme und Requisiten: Je nach Zirkusnummer werden die Kostüme und die Requisiten von den Kindern selbst hergestellt, von ihnen mitgebracht, oder ich besorge die nötigen Utensilien. Eventuelle Kostüme: Clown – schminken, Kleidung, Schaueinlage – Lustiger Sketch. Tierdressur – Tierkostüm: Schminke, Dompteur, Kleidung, Peitsche, Matte, Reifen. Artisten – Jongleure, Jonglierbälle, Kleidung. Zirkusdirektor – Kleidung. Zauberer – Kleidung, Requisiten für Zaubernummern.
- Tänze – Kleidung, Musik, Tanzschritte.

Den Kindern, die nicht am Projekt Zirkus teilnehmen können, machen wir den Vorschlag, dass sie uns bei der Herstellung der Dekoration für den Zirkus helfen können.

Berücksichtigen des Entwicklungsstandes und daraus folgenden inhaltlichen Schwerpunkte

Die Kinder sind in der Lage, selbstständig zu handeln, eigene Vorschläge zu machen und diese dann umzusetzen. Kinder, die nicht so sicher sind, werden innerhalb der Gruppe (Zirkusnummer) aufgefangen, bzw. bekommen durch die Gruppe ein Sicherheitsgefühl.

Vorerfahrungen der Kinder bzgl. des Gesamtthemas

Alle Kinder wissen was ein Zirkus ist. Bis auf Magdalena waren alle Kinder schon einmal in einer Zirkusvorführung.

Die meisten Kinder haben noch nicht auf einer Bühne gestanden, bzw. haben noch nicht auf einer Bühne etwas vorgeführt.

Magdalena geht in die Tanzschule und hat dort einen Tanz vorgeführt.

Kevin hat in einem Chor gesungen.

Timo hat bei der Weihnachtsfeier der Schule auf der Bühne gestanden.

Aktueller Lebensbezug der Kinder

Die ganze Schule soll demnächst bei einer Feier in der Glockenspitzhalle Macarena tanzen. Die Kinder haben bei Aufführungen (Weihnachten) in der Schule nur zugesehen, und möchten auch einmal auf der Bühne stehen.

Zukunftsbedeutung für die Kinder

Die Kinder haben die Erfahrung gemacht, wie es ist auf einer Bühne zu stehen und vor vielen Kindern zu spielen.

Die Kinder bekommen Bestätigung für ihr Planen, Proben und Aufführen der Zirkusnummer.

Sie bekommen mehr Sicherheit für eventuelle spätere Auftritte vor Publikum.

Sich ergebende Reihenfolge der Teilthemen mit Begründung

Um eine Zirkusvorführung durchzuführen sind verschiedene Teilthemen notwendig:

1. Planen einer Zirkusvorstellung mit Rollenverteilung, benötigter Requisiten und alles was noch zu einer Zirkusaufführung gehören könnte.
2. Proben der einzelnen Zirkusnummern, und Herstellen bzw. Besorgung der nötigen Requisiten. Generalprobe.
3. Aufführung.

TEILTHEMA 1

- Die Kinder planen gemeinsam eine Zirkusvorführung.
- Die Kinder besprechen, was ein Zirkus ist, was alles dazugehört und welche Zirkusnummern es gibt.
- Die Kinder entscheiden sich, welche Zirkusnummer sie übernehmen wollen. Die Kinder entscheiden sich, ob sie in einer Gruppe oder alleine eine Zirkusnummer spielen.

TEILTHEMA 2

- Die Kinder proben alleine bzw. mit ihrem Partner die jeweils selbst gewählten und gestalteten Zirkusnummern.
- Die Kinder proben alle zusammen, mit Kostüm, auf der Bühne der Aula (Generalprobe).
- Die Kinder proben mehrmals ihre Zirkusnummer alleine, damit sie Sicherheit bekommen.
- Die Kinder entscheiden sich für ihr Kostüm. Die Kinder bringen fertige Kostüme mit, oder stellen benötigte Sachen z. B. Hut, oder Rock selbst her.
- Die Kinder entscheiden sich welche Zirkusrequisiten sie benötigen und stellen diese möglichst selber her.
- Die Kinder lernen die anderen Zirkusnummern kennen.Die Kinder lernen den Ablauf der Zirkusaufführung kennen.

TEILTHEMA 3

- Die Kinder spielen gemeinsam vor Publikum die geplante und geprobte Zirkusaufführung.
- Durch das Publikum werden die Arbeit, die Geduld und der Mut der Kinder belohnt.

Gesamtziel des Projektes

- Die Kinder planen, proben und spielen eine Zirkusvorführung.
- Förderung der Kreativität (Vorstellung und Phantasie).
- Förderung sozialer Verhaltensweisen.
- Förderung der Selbständigkeit und des Selbstbewusstseins.

Grobziel: Die Kinder lernen innerhalb der Gruppe ihre Vorstellungen und Ideen zum Thema Zirkus auszusprechen, und sich dann für eine Zirkusnummer zu entscheiden (Gespräche führen).

Feinziele: Die Kinder lernen, dass es verschiedene Möglichkeiten für die Durchführung und Gestaltung der Zirkusvorführung gibt.

Die Kinder lernen in der Gruppe für sich Entscheidungen zu treffen.

Die Kinder lernen, dass ihre eigenen Ideen wichtig sind für die Gestaltung des Zirkus. Die Kinder lernen Vorstellungen und Vorschläge anderer Gruppenmitglieder zu akzeptieren.

Vorbereitung in der Einrichtung

Auf einem Zettel, den wir im Raum aufhängen sind die Uhrzeit und die Namen der Kinder aufgeschrieben.
Die Uhrzeit 14.30 Uhr ist notwendig, damit alle Kinder am Gespräch teilnehmen können, weil dann alle Kinder von den Hausaufgaben zurück sind.

Im Essraum der Einrichtung wird ein Stuhlkreis gestellt.

Verlaufsplanung

Die Gesprächsrunde „Kinder planen eine Zirkusvorstellung" führe ich gemeinsam mit Simone durch.

Dauer des Gesprächs ca. 20 – 30 Minuten.

Einführungsphase

Eine besondere Motivation ist nicht nötig, da sich die Kinder schon zwei Tage vorher freuen, ganz aufgeregt sind, und es kaum erwarten können, endlich Zirkus zu spielen.

Auch eine besondere Einführung ist nicht nötig, da die Kinder in Vorgesprächen den Wunsch geäußert haben, Zirkus zu spielen. Simone und ich haben mit den Kindern vereinbart, dass wir uns zusammensetzen und über den Zirkus sprechen wollen.

Wenn die Kinder zum verabredeten Zeitpunkt in den Essraum kommen, bitten wir sie auf den Stühlen Platz zu nehmen.

Durchführungsphase
Handlungsschritte – Begründung

Wir bitten die Kinder vom Zirkus zu erzählen: den Wissenstand der Gruppe erfahren

Wir bitten die Kinder einzeln zu erzählen, falls alle durcheinander reden: Jedem Kind die Gelegenheit geben etwas zu sagen und alle anderen Kinder hören zu.

Wir bitten die Kinder eine Zirkusnummer zu nennen, die sie spielen möchten: Die Kinder können Entscheidungen treffen. Auf Wünsche der Kinder eingehen.

Von den Kindern nicht genannte Zirkusnummern vorschlagen: Den Kindern, die sich noch nicht entschieden haben, Anregungen geben.

Den Kindern Vorschläge machen, wie die Zirkusnummern gestaltet werden könnten: Den Kindern, die unsicher sind, Anregungen geben.

Publikum, Musik, und alles was zum Zirkus gehört (Vornotizen) ansprechen: Suchen nach verschiedenen Möglichkeiten für die Gestaltung und Durchführung des Zirkus.

Die Kinder haben sich für eine Zirkusnummer entschieden: Konkrete Festlegung von Zirkusnummern mit Rollenverteilung

Abschlussphase

Wir bedanken uns bei den Kindern, dass sie beim Zirkus mitspielen wollen, und erklären ihnen den weiteren Ablauf, bzw. die Vorbereitungen für die Zirkusaufführung. Wenn sie noch Fragen, oder Vorschläge haben, werden wir diese in den nächsten Tagen klären.

Reflexion

Mit Simone hatte ich besprochen, dass ich das Gespräch mit den Kindern beginnen werde.

Die Kinder waren aus den Vorgesprächen heraus hochmotiviert und hatten sich teilweise schon eine Zirkusnummer überlegt.

Alle Kinder waren sehr aufgeregt, und alle 15 Kinder die wir angesprochen hatten, wollten auch mitmachen. Um etwas Ruhe in die Runde zu bringen, habe ich zu den Kindern gesagt, dass wir uns freuen, dass sie bei dem Projekt Zirkus mitmachen wollen. Viele Kinder redeten auf einmal; und ich hatte Mühe, Ruhe in das Gespräch zu bringen. Ich habe dann zu den Kindern gesagt, dass ich niemanden verstehen kann, wenn alle durcheinander reden. Auf meine anschließende Frage, ob jemand einen Vorschlag machen könnte, wie wir das Gespräch weiter fortsetzen, sodass sich alle untereinander verstehen, und dass jeder die Gelegenheit bekommt etwas zum Zirkus zu sagen, kamen von den Kindern keine Vorschläge. Die Kinder haben angefangen aufzuzeigen, wie im Unterricht in der Schule. Damit hatte ich nicht gerechnet. Ich habe nicht daran gedacht, die Kinder vielleicht damit zu überfordern. Ich habe dann die Kinder aufgefordert, uns zu erzählen, was es alles im Zirkus gibt, aber bitte der Reihe nach und nicht alle auf einmal. Bei zwei Kindern hat es geklappt, dann redeten wieder alle durcheinander. Die Kinder wollten nicht über einen Zirkus reden, sondern über ihre eigenen Zirkusnummern, und zwar alle zuerst. Ich habe nicht mehr geantwortet, sondern nur einen Finger an den Mund gelegt, und langsam wurde es wieder ruhiger. Die Kinder begannen aufzuzeigen, und ich habe dann einzelne Kinder genannt, die direkt erzählten welche Zirkusnummer sie spielen wollten.

David: „Ich möchte ein Tier spielen, einen Löwen, ich habe auch ein Löwenkostüm." Ich habe geantwortet: „Prima, jetzt haben wir schon die Tiernummer für unseren Zirkus." Hassan: „Ich kann jonglieren, aber nur mit zwei Bällen." „Ich habe aber keine Bälle mehr." Lars (Freund von Hassan) schließt sich ihm an: „Meine Schwester hat auch schon jongliert, ich könnte das auch lernen." Ich sage ganz erfreut, um evtl. auch die ruhigeren Kinder zu motivieren auch ihre Vorschläge zu erzählen: „Prima, jetzt haben wir schon eine Tiernummer und Artisten." Zu Lars und Hassan sage ich noch, dass wir die Jonglierbälle selber herstellen können.

Simone und ich hatten vorher abgesprochen, auch Vorschläge von den Kindern zu akzeptieren, wie z. B. Macarena, die es normalerweise nicht in einer Zirkusvorstellung gibt.

Simone übernahm das Gespräch, indem sie mit den Mädchen über ihre gewünschte Zirkusnummer sprach. Silke, Magdalena, Natascha und Katja hatten sich schon vorher auf Macarena geeinigt. Auch mit Alina und Ayse führte Simone das Gespräch weiter fort, und sie entschieden sich für mehrere Spiele aus verschiedenen Ländern.

Lars und Hassan warfen ein, dass im Zirkus nicht Macarena getanzt wird, doch den Hinweis von Simone, dass wir ja keinen normalen Zirkus haben, sondern einen besonderen, einen Kinderzirkus, erklärten sich die beiden einverstanden. Von den anderen Kindern kamen keine Einwände, und das Gespräch wurde fortgesetzt.

Petra saß still neben mir und sagte kein Wort. Erst als ich sie direkt ansprach, sagte sie, dass sie auch Macarena tanzen möchte. Ich habe Petra den Vorschlag gemacht, die anderen Mädchen zu fragen, ob sie mit tanzen kann, damit die anderen Mädchen selber entscheiden konnten, ob Petra mit tanzen kann. Die Mädchen erklärten sich, auch ohne dass Petra extra fragte, sofort damit einverstanden.

Timo möchte den Clown spielen. Sven wusste noch nicht, was er machen sollte. Er hat wenig Selbstbewusstsein und ich schlug ihm vor, da wir noch keine Akrobaten hatten, er vielleicht so einen Akrobaten, der schwere Gewichte hochstemmen kann, spielen könnte. Sven war unschlüssig. Auf meinen Vorschlag, doch mit Timo dem Clown in einer zweiten Nummer auch Clown mit ihm zusammen zu spielen, willigte er ein und lächelte mich an. Timo und Sven spielen zusammen in der Freizeiteinrichtung, sie kennen sich gut, und Timo war einverstanden. Es wurde wieder sehr unruhig in der Gruppe, und ich ermahnte die störenden Kinder, dass wir noch den Kindern, die noch nicht zu Wort gekommen sind, auch zuhören möchten. Ich sagte zu ihnen: „Ich möchte, dass ihr den anderen Kindern auch Aufmerksamkeit schenkt." „Ich möchte, dass ihr nicht alle durcheinander redet." Es wurde wieder ruhig in der Gruppe.

Marion sagte, dass sie einen Zaubertrick vorführen könnte, aber nur einen. Ich antwortete ihr: „Ja, das ist eine gute Idee, ein Zauberer fehlt ja auch noch, und bei den Zaubertricks könnten wir dir helfen." Sie war einverstanden.

Anja hatte bei jedem Vorschlag, der von den Kindern gemacht wurde, immer gleich gesagt: „Das kann ich auch." Sie hatte sich aber für keine Nummer entscheiden können. Sie sagte auch, dass sie nicht immer proben kann, weil sie nicht immer in der Ganztagsbetreuung ist. Anhand meiner Vornotizen sah ich, dass der Zirkusdirektor noch fehlte. Ich fragte sie, ob sie Lust hat, die Zirkusdirektorin zu spielen. Auf ihre Frage, was sie denn dann machen muss, erklärte ich ihr, dass die Zirkusdirektorin die verschiedenen Zirkusnummern dem Publikum ansagen könnte, und dass sie dafür nicht so oft proben müsste. Anja möchte die Zirkusdirektorin spielen. Auf meinen Einwand, dass doch jeder Zirkus auch einen Namen hat, schlug Kevin den Namen Bimbolino vor. Ich fragte die anderen Kinder, ob es noch andere Vorschläge gäbe, und ob sie auch mit dem Vorschlag einverstanden wären. Es kommen keine Vorschläge, und alle Kinder waren mit dem Namen einverstanden.

Kevin wusste noch nicht genau ob er ein Tier oder vielleicht den Dompteur spielen sollte. Da David, der Löwe, einverstanden war, dass Kevin den Dompteur spielt, hatten sich alle Kinder für eine Zirkusnummer entschieden. Die Kinder wollten sofort anfangen zu proben und machten auch schon Vorschläge, welche Requisiten sie brauchen bzw. sie benutzen wollten. Es entstand wieder mehr Unruhe. Auf meine Frage, wer denn das Publikum sein sollte, antworteten mehrere Kinder: „Vielleicht die anderen Kinder vom Ganztag, aber auf jeden Fall unsere Lehrerinnen." Vielleicht können ja auch die Eltern oder Geschwister zuschauen. Ich sagte den Kindern, dass wir das alles klären würden, und ihnen dann Bescheid geben würden. Die Unruhe bei den Kindern war geblieben, und ich versuchte noch die Musik, die ja noch fehlte, anzusprechen, aber es kam nur ein Vorschlag: „CD spielen." In meinen Notizen vermerke ich, dass die Musik noch nicht geklärt war. Die Kinder hatten kein Bedürfnis mehr, sich mit dem Thema Zirkus zu beschäftigen, sondern hatten nur noch ihre Zirkusnummern im Kopf. Ich erklärte den Kindern noch kurz den weiteren Ablauf und die Vorbereitungen für den Zirkus. Ich sagte zu ihnen: „Wir haben alles aufgeschrieben und werden euch dann Bescheid geben, wann und wo wir proben. Da Simone und ich nicht mit allen Kindern proben können, werden wir die einzelnen Gruppen aufteilen. Jede Gruppe probt erst mehrmals alleine, bevor alle zusammen gemeinsam die Zirkusvorführung proben." Den Kindern, die sich nicht mehr konzentrieren konnten oder wollten, schlage ich vor, wenn sie keine Fragen mehr haben, doch wieder in den Nebenraum zu gehen. Die anderen Kinder konnten noch bleiben und vielleicht noch für sie offenen Fragen klären.

Es waren inzwischen 25 Minuten vergangen, und ich war der Meinung, das Wichtigste war für die Kinder geklärt.

Die Durchführung des Gespräches hatte ich mir ruhiger vorgestellt. Ich weiß nicht was ich hätte anders machen können, damit die Kinder ruhig der Reihe nach jeden hätten aussprechen lassen. Nachempfinden kann ich jedoch die Aufregung der Kinder. Die Kinder sind es überhaupt nicht gewohnt ein Projekt oder etwas vergleichbar Ähnliches in der Ganztagsbetreuung zu machen. Es ist für alle Kinder etwas Besonderes. Ich habe mich bemüht, auch die Kinder, die zurückhaltender waren, mit in das Gespräch einzubeziehen. Dass das Gespräch für alle Beteiligten zufrieden abgelaufen war, zeigten mir die Reaktionen der Kinder. Sie freuten sich und konnten es gar nicht abwarten, mit den Proben zu beginnen.

Meine Sorgen, dass Kinder die gleiche Zirkusnummer spielen wollten und sich dann nicht einigen konnten, waren ganz unbegründet. Die Kinder gaben mir das Gefühl, dass sie alle zufrieden und froh waren, beim Zirkus mitzuspielen. Sie sind dann zurück in den Gruppenraum gegangen und hatten teilweise schon mit der Planung ihrer Zirkusnummern begonnen.

Simone und ich hatten uns dann abgesprochen, wer von uns welche Kinder zum Proben übernimmt (siehe Seite 1, Anzahl und Alter der Kinder), und die weitere Durchführung anhand der von uns während des Gespräches gemachten Notizen besprochen.

Ein Reflexionsgespräch mit der Praxisanleiterin Frau Schmidt, die bei unserem Gespräch mit den Kindern dabei war, ist nicht zustande gekommen. Sie sagte nur: „Es war alles in Ordnung."
Die Kinder, die am Zirkusprojekt teilnehmen, werden aus Zeitgründen (lange Schule, Mittagessen, Hausarbeiten) für die Herstellung der Dekoration des Zirkus wahrscheinlich keine Zeit haben. Wir haben uns entschlossen, dass uns die Kinder, die nicht am Projekt teilnehmen, helfen können, wenn sie möchten. So können auch sie einen Beitrag zum Zirkus leisten und haben vielleicht dann das Gefühl auch mit zum Zirkus zu gehören.

Die Kinder spielen gemeinsam vor Publikum die geplante und geprobte Zirkusaufführung

Lernziele

- Förderung der Selbständigkeit und des Selbstbewusstseins
- Förderung des Selbstvertrauens
- Förderung sozialer Verhaltensweisen

Grobziel

- Die Kinder erfahren die Bestätigung für ihren Einsatz bei den Proben.
- Die Kinder erfahren Anerkennung durch das Publikum.
- Die Kinder lernen Verantwortung zu tragen, denn ohne sie kann die Zirkusvorstellung nicht stattfinden.

Feinziele

- Die Kinder lernen das Warten auf ihren Auftritt.
- Die Kinder lernen mit dem Gefühl der Aufregung umzugehen.
- Die Kinder lernen mit den Reaktionen des Publikums umzugehen.
- Die Kinder lernen sich als eine Zirkusgruppe zu präsentieren.
- Das natürliche Darstellungsbedürfnis der Kinder wird befriedigt.
- Förderung der Konzentration.

Vorbereitung in der Einrichtung

Die Bühne in der Aula einige Tage vorher dekorieren. Aus Zeitmangel (es war nicht anders zu planen) werden Simone und ich die Bühne ohne die Kinder dekorieren.

Den Hausmeister bitten die Stühle in der Aula für das Publikum bereitzustellen. Einen Schlüssel besorgen, damit wir einige Zeit vor der Aufführung in die Räume des Ganztages bzw. in die Aula kommen.

Kontrollieren ob alles an seinem Platz ist, z. B. die Requisiten. Die Lichtanlage in der Aula einstellen.

Die Einladungen (von Simone gemalt) an die Direktorin geben, die diese dann mit der Uhrzeitangabe, die sie festgelegt hat, an die Lehrerinnen weitergibt.

Einladungen und Geschenk für die Kinder, die diese nach der zweiten Aufführung bekommen sollen, bereitlegen.

Die Zirkusaufführung auf Videofilm aufnehmen (Frau Schmidt).

VERLAUFSPLANUNG

Einführungsphase
Handlungsschritte – Begründung

Die Kinder kommen nach der Schulstunde in die Aula. Die Kinder bereiten sich auf ihren Auftritt vor.

Sie ziehen ihr Kostüm im Nebenraum der Bühne an, und einige Kinder werden geschminkt. Die Kinder bereiten sich auf ihren Auftritt vor.

Letzte Fragen und Probleme werden gelöst. Den Kindern, die unsicher sind, Bestätigung geben, wie gut doch die Generalprobe geklappt hat. Den Kindern das Vertrauen geben, dass sie alles richtig machen werden.

Durchführungsphase

Aufführung der von Kindern des Ganztags der Grundschule geplanten und geprobten Zirkusaufführung.

1. Aufführung: 8.45 – 9.30 Uhr
2. Aufführung: 10.45 – 11.30 Uhr

Dauer der Aufführung: ca. 35 Minuten
Ort der Aufführungen: Aula der Grundschule
Publikum: jeweils 6 Klassen der Grundschule

– 8.45 Uhr

Klasse 1a	Frau Meier	23 Kinder
Klasse 1b	Frau Mäuser	25 Kinder
Klasse 1c	Frau Biro	24 Kinder
Klasse 2a	Frau van de Sand	23 Kinder
Klasse 4b	Frau Klaus	19 Kinder
Vorschulkindergarten	Frau Neumann	15 Kinder

– 10.45 Uhr

Klasse 2b	Frau van Geffen	20 Kinder
Klasse 2c	Frau König	22 Kinder
Klasse 3a	Frau Alzmann	25 Kinder
Klasse 3b	Frau Müller	22 Kinder
Klasse 4a	Frau Herzog	23 Kinder
Klasse 4c	Frau Wieser	20 Kinder

Handlungsschritte – Begründung

Die Kinder warten im Nebenraum der Bühne. Die einzelnen Zirkusnummern können so ungestört ablaufen.

Die Kinder führen ihre Zirkusnummer vor. Die Kinder bekommen Beifall, Bestätigung vom Publikum.

Die Kinder warten hier bis zum Ende der Aufführung. Der Ablauf der Zirkusnummern verläuft ungestört.

Die Kinder loben für ihren Auftritt. Den Kindern die Bestätigung geben für ihre Leistung.

Zirkus Bimbolino
Ablauf der Zirkusaufführung

Die Zirkusdirektorin kommt auf die Bühne und sagt: „Hallo, liebes Publikum, liebe Kinder, liebe Lehrerinnen." „Ich begrüße Euch alle in unserem Zirkus Bimbolino. Zirkus Bimbolino mit seinen Attraktionen ist heute hier zu Gast. Viele Artisten zeigen ihr Können."

1. Clown, Akrobat – Gewicht heben

Die Zirkusdirektorin ruft: „August, wo bist du, ich brauche deine Hilfe. August!" August meldet sich nicht. Die Zirkusdirektorin fragt ins Publikum: „Vielleicht kann mir auch jemand aus dem Publikum helfen? Frau N., Frau M. Dieses schwere Gewicht muss in die Mitte der Bühne. Die zwei Lehrerinnen von Kindern, die eine Zirkusnummer spielen, heben unter großem Kraftaufwand das Gewicht, welches am Rand der Bühne liegt, in die Mitte der Bühne. Die Zirkusdirektorin sagt: „Danke schön." „So, nun kann es losgehen. Hier kommt Dustin, der stärkste Mann der Welt, der jedes Gewicht hochheben kann." Dustin kommt auf die Bühne und zeigt seine Kraft dem Publikum. August kommt auf die Bühne mit einem Eimer Kreide für Dustin. Dustin pudert sich die Hände, und stemmt das Gewicht hoch. Die Zirkusdirektorin macht den Trommelwirbel. Nach der Vorführung verneigt sich Dustin mehrmals vor dem Publikum. August kommt wieder auf die Bühne, nimmt sich das Gewicht unter den Arm und geht pfeifend von der Bühne. Dustin läuft schnell hinterher.

2. Macarena

Die Zirkusdirektorin kündigt die nächste Nummer an: „Nun kommt unsere Tanzgruppe mit Macarena. Es sind: „Magdalena, Natascha, Petra, Silke und Katja." Wenn die Mädchen nacheinander auf die Bühne gekommen sind, schaltet die Zirkusdirektorin die Musik ein und die Mädchen beginnen ihren Tanz. Nach der Vorführung gehen die Mädchen nacheinander von der Bühne. Die Zirkusdirektorin will gerade die nächste Nummer ansagen, da kommen August und Dustin auf die Bühne. Sie sagt: „Und nun ..."

3. Clown, Akrobat – Luftballons (Birgit)

Zwei aufgeblasene Luftballons, einer mit Tesafilm, und eine Stecknadel, liegen im Karton bereit. August und Dustin kommen auf die Bühne. (Ungefährer Ablauf der Zirkusnummer).

August: „Hallo Dustin."

Dustin: „Hallo August." „Kennst du Luftballons?"

August: „Ja, klar kenne ich Luftballon." Er fragt das Publikum: »Kennt ihr auch Luftballons?«

August: „Wir alle kennen Luftballons."

Dustin: „Ich kann eine Nadel in einen Luftballon stecken, und er geht nicht kaputt."

August: „Das geht nicht."

Dustin: „Doooch."

Dustin: „Dann pass mal auf." „Das geht so." (geht zum Karton, nimmt den markierten Luftballon mit dem Tesafilm, und sticht am Tesafilm die Nadel hinein.)

August: „Ooohh." „Kann ich das auch?"

Dustin: „Ja klar." „Hier hast du auch einen Luftballon." (Dustin geht zum Karton und holt den anderen Luftballon, und gibt August den Luftballon und die Nadel)

August: „Ich kann auch eine Nadel in den Luftballon stecken, und ..." (nach dem Wort sticht August in den Luftballon, der Luftballon platzt.)

Dustin: Lacht, und lacht, und lacht.

August: Weint, zieht ein riesengroßes Taschentuch aus der Hosentasche und schneuzt sich die Nase. Er sieht Dustin an, der von der Bühne rennt, und läuft hinterher.

4. Dompteur – Löwe

Die Zirkusdirektorin kündigt die nächste Nummer an: „Nun werdet ihr Kevin, den berühmten Tierbän-

diger mit seinem gefährlichen Löwen Schirkan sehen."
Gleichzeitig bringen August und Dustin die Matte und den Hocker auf die Bühne. Kevin kommt auf die Bühne, in der Hand seine Peitsche, und schaut sich um. Doch Schirkan der Löwe hat sich außen an der Bühne versteckt. Kevin ruft: „Schirkan, wo bist du?" „Schirkan!!" Er fragt das Publikum: „Habt ihr meinen Löwen Schirkan gesehen?" Die beiden zeigen ihre Kunsttücke. Schirkan dreht sich auf seinen Knien, die Hände angewinkelt auf dem Hocker. Dabei haut er mit einer Hand nach der Peitsche des Dompteurs, und brüllt wie ein Löwe. August bringt den Reifen auf die Bühne. Schirkan springt durch den Reifen. August bringt den Feuerreifen auf die Bühne. Schirkan soll durch einen Feuerreifen springen. Er will nicht, er springt den Dompteur an, reißt ihn zu Boden, geht auf allen vieren auf der Bühne nach vorne und hebt die Arme zur Siegerpose. Er brüllt wie ein Löwe.

5. Spiele – Türkisch, Russisch, Deutsch

Die Zirkusdirektorin kündigt die nächste Nummer an: „Nun kommen zwei Mädchen, sie sind in der ganzen Welt umhergereist (Die Mädchen, Ayse und Alina, kommen auf die Bühne). Sie waren auch in der Türkei und in Russland. Von dort haben sie uns Spiele mitgebracht. Als erstes zeigen Ayse und Alina uns ein Russisches Spiel."

Nach dem Spiel gehen die Mädchen von der Bühne, ändern ihr Kostüm, und kommen nachdem die Zirkusdirektorin das türkische Spiel ankündigt, wieder auf die Bühne. Nach diesem Spiel gehen die beiden Mädchen von der Bühne, ändern ihr Kostüm, und kommen nachdem die Zirkusdirektorin das deutsche Spiel ankündigt, wieder auf die Bühne.

6. Jongleure

Die Zirkusdirektorin kündigt die nächste Nummer an: „Jetzt zeigen zwei Jongleure ihre Kunststücke." Die beiden jonglieren einzeln, und werfen sich die Jonglierbälle dann gegenseitig zu. Jongliersketch – zählen bis 10, doch die sechs vergessen. Den zwei Jongleuren fallen die Jonglierbälle auf den Kopf, und sie fallen zu Boden.

7. Zauberin

Die Zirkusdirektorin stellt einen Tisch in die Mitte der Bühne. In dem Moment kommt August auf die Bühne. Die Zirkusdirektorin sagt zu ihm: „Ich kann zaubern, ich kann Geld durch einen Tisch hauen." Sie zeigt den Trick. August versucht den gleichen Trick, es klappt aber nicht, denn er haut mit seiner Hand auf den Tisch. Weinend geht er von der Bühne. Die Zirkusdirektorin lacht.
Die Zirkusdirektorin kündigt die nächste Nummer an: „Nun zeigt uns eine große Zauberin die geheimnisvolle Welt der Zauberei. Die Zauberin kommt auf die Bühne und zeigt ihre Kunsttücke."

Die Zauberin kommt auf die Bühne. Die Requisiten, die sie benötigt, bringt August auf die Bühne. Ist der erste Zaubertrick fertig, bringt er die Requisiten für den zweiten Trick und nimmt die vom ersten wieder mit.

Erstes Zauberkunststück: Aus einem scheinbar leeren Karton ein Stofftier zaubern. Zweites Zauberkunststück: aus einer scheinbar leeren Pappröhre 5 verschieden große Tücher zaubern. Drittes Zauberkunststück: Trick mit dem Zauberstab. Viertes Zauberkunststück: Aus einem mit einem Tuch und Gummi verschlossenem Glas ein Band hervorziehen.

Sind die Zauberkunststücke beendet, bleibt die Zauberin auf der Bühne stehen.

Die Zirkusdirektorin kommt auf die Bühne und sagt: „Das war die Vorstellung unseres Zirkus Bimbolino: Marion als Zauberin. August, der Clown und Dustin, der Akrobat. Magdalena, Natascha, Petra, Silke und Katja mit Macarena. Kevin der Dompteur und David der Löwe Schirkan. Alina und Ayse mit Spielen aus drei Ländern. Hassan und Lars als Jongleure.

Alle Kinder kommen auf die Bühne und verneigen sich und winken.

Abschlussphase
Handlungsschritte – Begründung

Die Kinder kommen alle auf die Bühne, verneigen sich und winken dem Publikum zu. Die Kinder bekommen vom Publikum die Bestätigung für ihre geprobten Zirkusnummern.

Die Kinder werden von uns gelobt für die Zirkusaufführung. Die Kinder bekommen auch von uns die Bestätigung für ihr proben, den gelungenen Ablauf, und den Mut zur Aufführung der Zirkusnummern.

Die Kinder kommen in den Raum der Nebenbühne und ziehen ihre normale Kleidung wieder an. Die Kinder müssen in den Unterricht, die nächste Schulstunde, zurück.

Reflexion

Die Zirkusvorführung haben die Kinder zweimal gezeigt. Beim ersten Mal war der Ablauf des Programms ruhiger verlaufen, weil das Publikum vorwiegend jünger war (1. und 2. Schuljahr). Das zweite Mal waren mehr ältere Kinder als Publikum da, und die Unruhe im Publikum größer. Die Lehrerinnen forderten die Kinder mehrmals auf, sich doch ruhiger zu verhalten. Vielleicht war die Macarenavorführung zu lang. Die Bewegungen der Kinder wiederholten sich zu oft, und die Aufmerksamkeit des Publikums war nicht mehr da. Es ist schade, dass wir nur von der zweiten Aufführung einen Videofilm haben. So ist es nicht möglich, die genauen Gründe dafür zu analysieren. Ansonsten hat diese Vorführung genauso geklappt wie die erste. Die geplante und zur Verfügung stehende Zeit, die Dauer der Zirkusvorführung wurde eingehalten. Das Publikum war begeistert, hat dies durch viel Beifall kundgetan, und die Kinder, die im Zirkus mitgespielt haben, waren stolz und zufrieden.

Die Reflexion beschreibt die erste Aufführung

Nach der ersten Schulstunde kamen die Kinder schnell in die Aula, um sich hinter der Bühne umzuziehen.

Die große Zirkusvorstellung konnte beginnen. Alle waren sehr aufgeregt, auch ich. Bei der Generalprobe hatten wir ja schon geklärt, von welcher Seite die Kinder auf die Bühne gehen sollten. Sie warteten dort, bis ihre Zirkusnummer an der Reihe war. Da die Kinder nur fünf Minuten Zeit hatten sich umzuziehen, konnten wir die Kinder nicht, wie eigentlich zwei Wochen vorher geplant, aufwendig schminken. Alles musste ja schnell gehen. Ich habe auch nur die Kinder geschminkt, die es wollten. Ich habe nicht versucht die Kinder zu überreden, sich doch schminken zu lassen. Alle waren aufgeregt genug, da hätte dieses Motivieren nur unnötig gestört und evt. die Kinder verunsichert.

Lars und Hassan (4. Schuljahr) wollten z. B. nicht geschminkt werden. Ich denke, es war schon eine große Leistung von ihnen, vor allen Klassen der Schule aufzutreten, besonders natürlich vor ihrer eigenen Klasse. Ich glaube, es wäre ihnen unangenehm gewesen geschminkt zu sein, auch wenn es nur ein Schnäuzer gewesen wäre. Hassan ist eher ruhig, aber Lars doch sehr angespannt. Ich versuche ihm Bestätigung zu geben, indem ich sein Kostüm bewundere, und sage zu ihm: „Gut siehst du aus." „Die schwarze Hose und die schwarze Weste passen ganz toll zu den Jonglierbällen." „Die Kunststücke kann man so bestimmt ganz gut erkennen."

Sven, dem Akrobaten, hatte ich einen langgezogenen dünnen Schnurrbart gemalt. Er sagte ganz erstaunt zu mir: „Birgit, deine Hand zittert ja ein bisschen." Ich zittere am ganzen Körper. Ich antwortete: „Ja, klar. Ich bin doch genauso aufgeregt wie du." Sven lächelte mich an, und ich hatte das Gefühl, er wurde ein bisschen sicherer, wo er doch so aufgeregt war. Ich glaube, es hat ihm gut getan, als er gemerkt hat, dass ich auch aufgeregt war. Ich denke nicht, dass ich ihn durch meine eigene Aufregung verunsichert habe, und ich fand es auch gar nicht schlimm, dass auch ich aufgeregt war.

Timo war die Ruhe selbst. Es hatte den Anschein, als ob er jeden Tag auf der Bühne stehen würde. Auch Sven merkte das, und er wusste (von den Proben), Timo hilft, wenn irgend etwas schief geht.

Kevin, der Dompteur, hatte wieder Fragen und Vorschläge. Ich erklärte ihm, dass jetzt keine Änderung mehr möglich sei, da ja in zwei Minuten die Aufführung beginnen würde. Irgendwie unzufrieden, ich dachte, dass er auch ängstlich war, ob bei der Löwennummer alles klappen würde (obwohl er es vorher nie zum Ausdruck gebracht hatte), zog er sich zurück. Ich hatte das Gefühl, dass ich ihm nicht genug geholfen habe, mit der Aufregung zurecht zu kommen. Auch war es vielleicht nicht günstig, dass David der Löwe, auf der anderen Seite der Bühne war. Aber so, wie die beiden die Nummer geplant und geprobt hatten, war es nicht anders möglich.

Zum Schluss sagte ich zu Ihnen: „Wenn etwas schiefgeht, oder wenn etwas fällt, was nicht fallen soll, macht einfach weiter als wäre nichts gewesen. Die Kinder, das Publikum merken es nicht. Sie wissen ja nicht, wie die Zirkusnummer sein soll. Das wisst nur ihr. Wenn etwas schiefgeht, dann glaubt das Publikum, es müsste so sein. Und nun, Toi, Toi, Toi für euch. Ich halte euch hier die Daumen, und dann klappt alles."

Die Zirkusdirektorin kam auf die Bühne, und die Vorstellung konnte beginnen. Der Ablauf der Vorstellung lief wie bei der Generalprobe geplant. Jedesmal, wenn die Kinder von der Bühne kamen, habe ich ihre Leistung gewürdigt, indem ich z. B. zu ihnen sagte: „Gut hat das geklappt wie du das Gewicht hochgestemmt hast. Hast du gehört wie dem Publikum die Nummer gefallen hat, und wie es geklatscht hat?"

Ich hatte es nicht geschafft, die Kinder vom Vorhang der Nebenbühne weg zu locken, hinter dem sie auf ihren Auftritt warteten. Die Neugier, wie die anderen Kinder ihre Zirkusnummer zeigten, was so groß, dass die Kinder immer wieder den Vorhang hochhoben, um auf die Bühne sehen zu können. Ich hatte ihnen kurz vor der Aufführung gesagt, dass das Publikum sie ja nicht sehen sollte, und sie deshalb den Vorhang geschlossen halten sollten. Als ich gemerkt hatte, dass alles Reden keinen Sinn hatte, ignorierte ich es. Eigentlich konnte ich es ja gut verstehen. Die Kinder, die noch nicht auf der Bühne waren, konnten so vielleicht ihre eigenen Ängste abbauen, indem sie sahen, dass bei den Kindern die Zirkusnummer klappte. Der Wunsch, die Kinder hinter dem Vorhang zu haben, war mein eigener Wunsch und meine Vorstellung von der Aufführung. Die Kinder hatten nicht laut und deutlich gesprochen, wie sie es bei der Generalprobe geübt hatten. Vielleicht lag es an ihrer Aufregung, und an dem noch nicht genügendem Selbstbewusstsein.

Die Kinder hatten vergessen, sich vor dem Publikum zu verbeugen, wie wir es in der Generalprobe geübt hatten. Ich konnte es aber verstehen. Die Kinder waren so froh, dass sie ihre Nummer geschafft hatten, dass sie nur noch von der Bühne wollten. Es war ihnen bestimmt auch peinlich, sich vor dem Publikum zu verbeugen. Mit den Kindern hatte ich darüber aber nicht gesprochen, die Kinder standen ja das erste Mal auf der Bühne.

Die Zugabe hatten wir in der Planung total vergessen. Als die Kinder zum Schluss alle auf der Bühne standen, riefen die Kinder aus dem Publikum: „Zugabe, Zugabe, Zugabe ..."

Die Kinder standen auf der Bühne und wussten nicht, was sie tun sollten. Ich wusste es in dem Moment auch nicht. Timo kam zu mir in den Nebenraum der Bühne, wo ich wartete, und schlug mir vor: „Ich kenne noch einen Witz. Soll ich den machen?" Ich antworte ihm: „Ja, das wäre toll." Er ging nach vorne auf die Bühne, hob ganz selbstverständlich die Arme, um das Publikum zur Ruhe zu bringen und erzählte seinen Witz. Gott sei Dank, dass wir Timo hatten, er hat uns gerettet. Ich hatte ihn dafür auch noch mal besonders gelobt. Dann kam die Schuldirektorin auf die Bühne und rief Simone und mich auch auf die Bühne zu den Kindern. Sie bedankte sich bei den Kindern und bei uns für die schöne Aufführung. Das Publikum klatschte noch einmal, und ich fand es einen schönen Abschluss für die Kinder und für uns.

Viele Kinder aus dem Publikum wussten inzwischen, welche Zirkusnummern es im Zirkus zu sehen gab. Es war gut, dass wir die Zauberkunststücke, auch vor den Kindern, die im Zirkus mitgespielt haben, bis zur Generalprobe geheimgehalten hatten. So war die Überraschung und Spannung während der Vorführung für das Publikum da. Diese Überraschung hat das Publikum auch mit seinen Reaktionen gezeigt: „Oh, Oh, Oh, ..., die kann ja echt zaubern."

Bei der zweiten Vorführung hatten wir dann an eine Zugabe gedacht. Die Mädchen wollten noch einmal Macarena tanzen, doch das Publikum war nicht zu halten. Alles stürmte auf die Bühne und tanzte mit. Es war schade, dass die Musik aus dem Kassettenrecorder nicht mehr lauter zu stellen war. Durch die vielen Kinder auf der Bühne war die Musik fast nicht zu hören (siehe Videofilm).

Zum Abschluss hatten wir für die Kinder, als Anerkennung für ihre Leistung, eine Kleinigkeit vorbereitet. Jedes Kind bekam eine Einladung zum Zirkus, wie sie auch die Lehrerinnen erhalten hatten, und einen Vierfarben-Buntstift mit einem Luftballon. Ich hatte noch einmal allen Kindern, auch die, die nicht auf meiner Seite der Bühne waren, zum Ausdruck gebracht, dass ich mich über ihre Zirkusvorstellung sehr gefreut habe. Ich habe ihren Einsatz bei den Proben, ihren Mut bewundert und bekräftigt. Sie wären ohne weiteres in der Lage, auch andere Aufführungen zu gestalten und durchzuführen.

Die Praxisanleiterin Frau Schmidt war bei der zweiten Aufführung anwesend und hat den Videofilm gedreht. Sie konnte leider nicht die komplette Bühne filmen, da nur auf der ganz rechten Seite der Aula ein Podest war, von wo Frau Schmidt filmen konnte. Eine gemeinsame Reflexion hat aber nicht stattgefunden.

Was diese Kinder geschafft haben, vor der eigenen Klasse und vor vielen anderen Kindern zu spielen, fand ich bewundernswert. Ich war richtig stolz auf „unsere" Kinder.

Gesamtreflexion des Projektes

Das Gesamtziel, den Kindern eine Zirkusaufführung zu ermöglichen, und die von den Kindern geplante und geprobte Vorstellung durchzuführen, ist erreicht worden.

Ohne die Hilfe von Frau Seifert (Direktorin der Schule) und den Praxisanleiterinnen hätten wir nicht so einen Erfolg gehabt. Frau Seifert hat es ermöglicht, dass die Kinder in der Aula während der Schulstunden die Zirkusaufführung vor allen Klassen der Schule spielen konnten.

Die Förderung des Selbstbewusstseins und des Selbstvertrauens ist bei den Kindern erreicht worden. Alle 15 Kinder, die wir gefragt hatten, ob sie Zirkus spielen wollten, haben auch auf der Bühne gestanden. Es war nicht nötig, die Kinder für die Proben zu motivieren oder Kinder zu überreden, am Projekt weiter teilzunehmen, weil sie nicht mehr mit machen wollten. Es war sehr schön für mich, die Fortschritte der Kinder bei den Proben und das Verhalten der Kinder untereinander zu beobachten. Es gab keinen größeren Konflikt, der den Ablauf des Projektes gestört hätte.

Petra hätte sich z.B. nicht alleine auf die Bühne gestellt und getanzt. Die anderen Mädchen haben ihr die Sicherheit gegeben, die nötig war, damit sie sich in der Gruppe akzeptiert fühlte und so Macarena tanzen konnte.

Kevin, denke ich, hat nun das Gefühl, voll in der Gruppe integriert zu sein. David ist in seinen sozialen Verhaltensweisen bestärkt worden, denn er hat sich immer mit Kevin einigen können, ohne der Unterlegene zu sein. Anja, die immer alles weiß und alles kann, hat Bestätigung erhalten durch Lernen ihrer jeweiligen Ansagen der Zirkusnummern, die sie fehlerfrei durchführte. Lars und Hassan haben die Bestätigung ihrer Entscheidung, beim Zirkus mitzuspielen, erfahren.

Sven hat mit Hilfe von Timo mehr Selbstbewusstsein bekommen. Timo, der sein Improvisationstalent zeigen konnte, hat Sven die Sicherheit gegeben, die ihm fehlte.

Bei einem nächsten Zirkusprojekt werde ich die Zugabe für die Kinder mit einplanen. Auch wäre es besser, mit allen Kindern erst einige kleine Spiele, z.B. Pantomime durchzuführen. So hätten die Kinder vielleicht mehr Sicherheit beim Sprechen und der gleichzeitigen Demonstration in der Zirkusnummer. Um die Aufregung etwas zu dämpfen, hätte ich gerne mit den Kindern kurz vor der Aufführung ein paar Atemübungen gemacht, aber die Kinder hatten ja nur 5 Minuten Zeit sich für die Zirkusaufführung fertig zu machen.

Die Kinder hatten wohl meine positive Einstellung zum Thema Zirkus wahrgenommen. Es hat mir Spaß gemacht, mit den Kindern zu proben, ihnen mit Anregungen zu helfen, wenn sie nicht weiter wussten, oder sie bestärkt habe, wenn sie unschlüssig waren. Ich habe versucht, ihre Vorstellungen und Wünsche bzgl. der Zirkusnummern zu realisieren. Die Kinder sollten ja ihre eigenen Vorstellungen verwirklichen. Ich denke, es ist gelungen, da einige Kinder ihre Zirkusnummer immer wieder in Kleinigkeiten veränderten. Alle Kinder waren mit Freude und Engagement bei der Durchführung des Projektes dabei.

Die Zufriedenheit und das Strahlen in den Gesichtern der Kinder haben mir gezeigt, dass ich den richtigen Weg gewählt habe.«

Text 26 – Renate: »Im Vergleich zu den anderen Malen waren die drei nicht sehr motiviert.«

Bearbeitungspunkte

1. Im folgenden ist ein Auszug aus einem Projekt, welches in einem Hort durchgeführt worden ist, wiedergegeben. Arbeiten Sie heraus, durch welche Faktoren die Stimmung in der Gruppe bestimmt ist.
2. Verdeutlichen Sie, welche Strategien die Praktikantin entwickelt, um die Jungen doch noch für ihre Sache zu gewinnen.
3. Diskutieren Sie ausgehend von der kleinen „Bemerkung" der Jungen „Wenn du die Plakate nicht ..." in Ihrer Lerngruppen inwiefern besonders in der Freizeitpädagogik, Heim- oder Hortpädagogik die Praktikanten und Praktikantinnen sehr leicht in eine Rolle der Abhängigen oder Erpressbaren geraten können.

»Die Kinder, vor allen Dingen die Jungen, brachten eine vollkommen aggressive Stimmung aus der Schule mit. Herausragend waren vier Jungen:

Dirk: 8,4 J. – 2. Schuljahr; häufig aggressiv, schreit viel herum, beschimpft Kinder und Erzieherinnen, schwer zu motivieren.

Thorsten: 10,4 J. – 4. Schuljahre; konstruktiv; lebhaft, harmoniebedürftig, leicht zu motivieren.

Georg: 9,5 J. – 3. Schuljahr; lebhaft, häufig aggressiv, leicht zu motivieren.

Rolf: 10,11 J. – 4. Schuljahr; lebhaft, häufig aggressiv, schwer zu motivieren.

Vorgeschichte

Eine Weile hielt ich mich mit den Kindern im Speiseraum auf. Vor allem waren die Jungen beim Mittagessen unruhig und unerträglich laut. Sie ärgerten Steffi (8,0 J.) solange, bis sie weinte. Ich versuchte, wohl mit lauter Stimme, sie zur Ruhe zu bewegen. Sie reagierten abwechselnd auf mein Reden – wohl sehr aggressiv, z.B. Dirk brüllte mich an: „Halt die Klappe!" „Georg: „Lass uns in Ruhe!" usw. Ich hatte das Gefühl, dass ich in dieser Situation im Moment nichts erreichen konnte. Ich setzte mich zu Steffi und sprach mit ihr.

Nach ca. 5 Minuten schaute Tanja, meine Gruppenleiterin, herein und ging sofort wieder heraus. Georg war inzwischen mit dem Essen fertig und wollte Hausaufgaben machen (im Nebenraum). Ich versuchte noch einmal, die Jungen zur Ruhe zu bringen und merkte, dass ich selbst in eine aggressive Stimmung kam. Ich stand auf und sagte, dass ich es in diesem Chaos nicht mehr aushalte und ging raus.

Nach den Hausaufgaben, die ich nicht betreut habe, war eine Probe geplant. Georg, Thorsten und Rolf wollen im Rahmen meines Projektes als „Tote Hosen" mit dem Lied „10 kleine Jägermeister" auftreten. Aufgrund der aggressiven Stimmung der Jungen am Mittagstisch – wie ich von Tanja erfuhr, ging das Chaos bei den Hausaufgaben weiter – hatte ich wenig Hoffnung, dass diese Probe viel bringen würde, aber es war verabredet und die Jungen wollten auch proben.

Wir gingen also nach den Hausaufgaben in die Turnhalle, um zu üben. Schnell bauten wir die Requisiten auf und fingen an. Im Vergleich zu den anderen Malen waren die drei nicht sehr motiviert und ich wollte diese Probe nach dem ersten Durchgang beenden. Thorsten meinte dann, dass wir eigentlich auf die Bühne noch Plakate hängen sollten. Ich sagte: „Das ist eine sehr gute Idee. Dann lasst uns doch für das nächste Mal vornehmen, Plakate zu malen, statt zu proben. Den Text könnt ihr ja schon und der Ablauf hat gerade auch gut geklappt." Alle drei wollten aber sofort die Plakate malen. Da noch Zeit war, war ich einverstanden. Ich holte große Pappen und Farbe aus dem Materialraum und bat die Jungen, sich schon mal zu überlegen, wie sie die Plakate gestalten möchten.

Während des Gesprächs kamen immer wieder Kindern aus anderen Gruppen in die Turnhalle. Regel ist: die Turnhalle ist, solange keine konkreten Angebote laufen, für alle Kinder zugänglich.

Die Jungen reagierten sehr aggressiv, sprangen auf und jagten die Kinder unter wilden Beschimpfungen aus dem Raum. Ich ging dann zur Tür und erklärte den anderen Kindern, dass die Turnhalle im Moment besetzt sei. Unter ihnen war auch Kevin; Kevin und Georg können sich absolut nicht leiden und prügeln sich oft.

Ich schloss die Tür und zog den Vorhang zu. (Die Tür hat eine Scheibe mit Blick zur Eingangshalle). Wir sprachen weiter über die Plakate. Georg hatte die Idee, die Zeichnung auf der CD-Hülle abzumalen. Ich sagte: „Prima, das kannst du ja dann machen!" Er sagte: „Nee, kann ich nicht! Du musst das machen!" Darauf meinte ich: „Nimm dir einen Bleistift und versuche das Bild vorzuzeichnen, wenn es gar nicht klappt, kann ich dir ja helfen." Er weigerte sich und sagte: „Wenn du die Plakate nicht malst, treten wir nicht auf!" Darauf sprangen die anderen beiden ein. „Ja genau, wenn du die Plakate nicht zeichnest, kannste das mit dem Auftritt vergessen." Ich sagte: „Na gut, meinetwegen braucht ihr nicht aufzutreten. Ich dachte, ihr hättet Spaß daran und es war ja auch eure Idee." Zum wiederholten Male ging die Turnhallentür auf und Kevin schaute rein. Ich war gerade dabei, die Malsachen wieder zusammenzuräumen. Georg, Thorsten und Rolf sprangen auf und rannten laut schimpfend zur Tür. Sekunden später hörte ich in der Eingangshalle Geschrei, Kevin schrie vor Schmerzen. Ich ließ alles fallen und rannte raus. Ich sah, wie Georg Kevin am Hals packte und ihn würgte. Kevins Gruppenleiterin Sonja kam im gleichen Moment. Georg ließ von Kevin ab, als er uns kommen sah. Sonja nahm Kevin mit in die Gruppe. Die drei Jungen gingen ohne Aufforderung in die Turnhalle zurück. „Wir wollen, dass die uns in Ruhe lassen. Die sollen uns nicht dauernd stören." Ich sagte ihnen: „Es ist ja in Ordnung, wenn ihr eure Ruhe haben wollt, das ist aber trotzdem kein Grund, so auf andere Kinder loszugehen!" Die Jungen machten sich ohne Aufforderung daran, Plakate zu malen. Ohne weiter darüber zu reden habe ich einen Schlüssel geholt, die Turnhalle von innen abgeschlossen und den Vorhang zugezogen. Georg nahm einen Bleistift und gab sich sehr viel Mühe, das Zeichen von der CD-Hülle abzumalen. Nach ca einer Stunde waren drei Plakate fertig.

Beim Rausgehen – so wurde mir später erzählt – sollen die Jungen sehr stolz auf sich gewesen sein; froh, etwas geschafft zu haben. Vor allen Dingen war Georg entspannt und stolz.«

Text 27 – Miriam: »Die Lehrer hatten uns ja schon im Januar gesagt, dass die Schüler unmotiviert und unkreativ seien.«

Bearbeitungspunkte

1. Im folgenden finden Sie einen Auszug aus einem Praktikum, welches in einer Hauptschule stattgefunden hat. Die Praktikantin schildert ihr Vorgehen und ihre Planungen relativ unsystematisch. Überprüfen Sie, ob Ihnen für die Arbeit mit den Jugendlichen wesentliche Informationen fehlen.
2. Analysieren Sie das Vorgehen der Praktikantin und überprüfen Sie, inwiefern Sie ausgehend von der beschriebenen Zielgruppe ähnlich oder auch anders vorgegangen wären.
3. Die Praktikantin formuliert keine expliziten Lernziele. Überprüfen Sie, inwiefern die Praktikantin durch ihr Handeln bestimmte Ziele verfolgt und auch realisiert.

»Aktionsplanung: Wandgestaltung des Pavillon 5

Wir (Jennifer, Bettina, Sandra, Julia) werden mit der Klasse 7b die Vorderfront des Pavillon 5 gestalten. Durch Absprache mit Herrn Meier, dem Klassenlehrer der 7b stehen uns am Montag und Dienstag jeweils 5 Schüler und am Mittwoch und Donnerstag jeweils 6 Schüler zur Verfügung. Es werden also alle Schüler in die Gestaltung miteinbezogen. Wir hätten auch nur die „begabten" Schüler nehmen können. Es war uns aber wichtig, dass jeder aus der Klasse eine Chance bekommt, sich künstlerisch zu betätigen. Das Gemeinschaftsgefühl im Klassenverband ist uns wichtiger als ein hundertprozent gelungenes Ergebnis. Die Aufteilung in täglich wechselnden Kleingruppen halten wir für notwendig, da man schlecht an einer Wand mit 22 Schülern gleichzeitig arbeiten kann. Zum einem aus Platzmangel und zum anderen aus Sicherheitsgründen, da wir teilweise auch auf Tischen stehen müssen, um an den oberen Teil des Pavillon zu gelangen. Die Motive sind noch nicht alle festgelegt. Die Gestaltung wird sich in Absprache mit den Schülern noch ergeben.

Sollten von den Schülern keinerlei oder nur schwer realisierbare Motive kommen, haben wir selbst auch noch einige Motive vorbereitet, die wir den Schülern anbieten. Die Materialien, die wir dazu benötigen sind: Acrylfarben in Schwarz, Rot, Gelb, Blau und Grün, Pinsel, alte Kleidung, Becher, Lappen, Folie, Folienstifte, Overheadprojektor, Tisch und eventuell Holzeinlassgrund. Der Arbeitsablauf bei schönem Wetter sieht folgendermaßen aus:

Mit Hilfe des Overheadprojektors werden die Motive von der Folie direkt auf die Wand projiziert. Danach werden die Linien mit Bleistift nachgezogen und anschließend mit schwarzer Farbe übermalt. Hinterher werden die Motive farbig gestaltet. Sollte einmal über die schwarze Linie gemalt werden, können wir zum Schluss die Linien noch einmal nachziehen.

Der Arbeitsablauf bei schlechtem Wetter, d. h. bei Regen sieht es so aus:

Mit Hilfe des Overheadprojektors werden wir die Motive nur auf Spanplatten projizieren. So kann man im Raum die Motive fertigstellen. Auch hier geht man genauso vor: mit dem Bleistift vorzeichnen, mit schwarzer Farbe nachzeichnen, Motive farbig gestalten, eventuell mit Schwarz die Konturen erneuern. Zum Schluss die Motive aussägen und an den Pavillon anbringen.

Ziele

- Förderung des Sozialverhaltens
- Förderung des Gemeinschaftsgefühl
- Konzentration
- Mitbestimmung bei der Auswahl der Farben und Motive
- Ausleben der Kreativität

Dieses ist die Planung für alle vier Gruppen.
Wie jeder von uns vorgeht, bedarf einer Einzelplanung.

In der zweiten Praktikawoche, haben Sandra, Jennifer, Bettina und ich mit den Schülern der Klasse 7b zwei Pavillons gestaltet. Am Montag und Dienstag hatten wir jeweils fünf Schüler und am Mittwoch und Donnerstag jeweils sechs Schüler, die wir betreuten. Am Montag in der Besprechung mit der ersten Gruppe stellte sich heraus, dass diese Schüler eine Vorlage brauchten, was die Motive betraf.

Ich fragte: „Habt ihr Euch Gedanken gemacht, welche Motive ihr auf die Wände malen wollt?" Die drei Jungen und die zwei Mädchen schauten sich an und dann sagte Erkan: „Irgendwelche Figuren. Ich weiß nicht welche." Jennifer sagte nun: „Gut. Wenn ihr keine besonderen Wünsche habt, zeigen wir Euch ein paar Vorschläge. Diejenigen, die Euch gefallen, können wir ja dann nehmen."
Die Schüler suchten sich als Motive einen Skateboard-Fahrer, eine Zeichentrickfigur, die Bart Simpson heißt, und einen Punk-Kopf aus. Letzteres wurde von einem Mädchen aus der fünften Klasse eingereicht. Nachdem die Motive geklärt waren, machte Erkan einen Vorschlag: „Wir können die Bilder mit einem Projektor an die Wand bringen." „Ja. Daran hatten wir auch schon gedacht. Da die Sonne aber scheint, vermute ich, dass das nicht funktionieren wird. Da können wir sie lieber gleich so aufmalen. Das dauert auch nicht länger." sagte ich. „Das machst du aber dann. Du hast ja auch auf Folie gemalt." sagte Erkan. „Wenn es von Euch keiner machen möchte, dann mach' ich es gerne." sagte ich.

So zeichnete Jennifer den Skater und ich den Schriftzug und den Punk-Kopf aus der Hand. Was die Farben betraf, konnten sich die Schüler ganz auslassen. Wir sprachen nur zuvor ab, welche Farbe der Hintergrund des Schriftzuges haben soll, damit wir diesen Farbton nicht für die Buchstaben nehmen. Wir entschieden uns für einen dunkelblauen Ton. Erkan sagte: „Aykut und ich malen den Skater. Mit welchen Farben sollen wir ihn ausmalen?" „Wie ihr wollt. Ihr könnt die Farben selbst aussuchen." sagte ich. „Okay. Dann fangen wir an!" sagte er. Die beiden haben sehr sauber gearbeitet und Flächen solange ausgebessert, bis sie vollkommen zufrieden waren. Sie nahmen die gesamte Gestaltung des Motivs selbst in die Hand. Ein Mädchen aus dieser Gruppe kam nicht so gut allein zurecht. Sie fragte mich: „Welche Farbe soll ich denn für diesen Buchstaben nehmen?" „Such dir doch eine aus, die dir gefällt." Da sie mich etwas unschlüssig ansah, sagte ich nun: „Was hältst du denn von rot. Willst du rot nehmen?" Sie nickte und ich gab ihr den roten Farbtopf. Als sie mit dem Buchstaben fertig war, kam sie wieder zu mir und sagte: „Was soll ich jetzt nehmen?" „Welchen Buchstaben willst du denn nehmen?" fragte ich. „Das „R" sagte sie. „Neben dem Blau würde eine helle Farbe gut aussehen." sagte ich. „Welche denn?" fragte sie. „Gelb oder rosa." sagte ich. „Kann ich rosa nehmen?" fragte sie. „Na, klar." antwortete ich.

Nachdem sie mich noch ein paar mal fragte, welche Farbe sie denn nehmen soll, sagte ich zu ihr: „Du brauchst mich doch nicht jedesmal zu fragen, welche Farbe du nehmen sollst. Suche dir einfach irgendeine Farbe aus, die dir gefällt. Die Wand soll bunt werden. Du brauchst also gar keine Angst haben, dass du etwas falsch machst. Da kann man gar nichts falsch machen. Wenn du dir nicht sicher bist, ob irgendeine Farbe passt, kannst du mich ja immer noch fragen. Alles klar?" fragte ich. Sie nickte. Schließlich fragte sie mich nur noch, ob die Farbe, die sie sich nun selbst ausgesucht hat, passt. Nach einiger Zeit war sie sich schon sicherer, sodass sie gar nicht mehr fragte. Zwischendurch bin ich auch zu ihr hingegangen und habe ihr gesagt, dass die Farben, die sie gewählt hat, gut passen. Das habe ich nicht nur so gesagt, sondern auch so gemeint. Man braucht sich nur das gesamte Bild anzusehen, also die ganzen Gestaltungselemente als Einheit zu betrachten, um festzustellen, dass es einfach gut geworden ist.

Reflexion

Die Lehrer hatten uns ja schon im Januar gesagt, dass die Schüler unmotiviert und unkreativ seien und dass man ihnen alles vorgeben müsse. Die fünften Klassen haben uns das Gegenteil bewiesen. Ich denke, die Schüler der Klasse 7b sind einfach nicht gewohnt, selbstständig zu handeln und eigene Entscheidungen zu treffen (zumindest im Bereich der Schule nicht. Wie es im privaten Bereich aussieht, liegt außerhalb meines Urteilvermögens).

Ich nehme an, ein Grund dafür ist, dass die Lehrer ihr Bild über die Schüler aufrechterhalten und ihnen gar keine Gelegenheiten geben, sich anders zu präsentieren. Was ich damit meine, ist, dass sie ihnen keine Möglichkeit zum selbstständigen Handeln geben. Da wir gerade dieses von ihnen verlangten, fühlten sie sich wahrscheinlich überfordert. Ich kann auch verstehen, dass keiner von den Schülern die Motive auf die Wand zeichnen wollte. Es besteht ja auch ein Unterschied, ob man auf einem Blatt malt oder auf eine große senkrechte Fläche. Für mich stellte das kein Problem dar. Wenn die Schüler das hätten versuchen wollen, hätte ich sie selbstverständlich gelassen. Aykut und Erkan kamen mit der farblichen Gestaltung hervorragend zurecht. Sie hatten sich sogar das Motiv mit den meisten und den kleinsten Flächen ausgesucht.

Das Mädchen hatte Probleme, selbst zu entscheiden, welche Farbe sie nehmen möchte. Es genügte bei ihr nicht zu sagen, dass sie sich selbst entscheiden solle. Deshalb machte ich ihr zuerst den Vorschlag, rot zu nehmen. Diesen Vorschlag nahm sie auch an. Später gab ich ihr keine bestimmte Farbe mehr vor, sondern sagte ihr nur, sie solle eine helle Farbe nehmen. Da sie sich nicht entscheiden konnte, hielt ich es für angebracht, ihr zwei Farben zur Auswahl zu geben, weil bei zwei Farben eine Entscheidung leichter fällt als bei zehn oder fünfzehn Farben. Hier gab es nur ein „entweder" oder ein „oder". Ich bin also hier schon einen Schritt weiter gegangen. Zuerst gab ich ihr quasi eine Farbe vor und nun musste sie sich schon zwischen zwei Farben entscheiden. Da sie mich später immer noch nach der Farbe fragte, nahm ich an, dass sie Hemmungen hatte, sich selbst zu entscheiden. Ihre Entscheidung hätte ja von mir abgelehnt werden können. Um ihr Mut zur eigenen Entscheidung zu machen, hielt ich es für angebracht, klarzustellen, dass sie keine Fehlentscheidung treffen kann, da man sich praktisch nicht falsch entscheiden kann. Um ihr dennoch etwas entgegen zu kommen, bot ich ihr an, mich um Rat zu fragen, wenn sie sich nicht sicher ist. Das tat sie dann auch und nach einiger Zeit brauchte sie meinen Rat nicht mehr. Um sie in ihren Entscheidungen noch zu bestärken, sagte ich ihr zwischendurch, dass sie die richtigen Farben ausgesucht hat. Ein Grund, warum das Mädchen solche Probleme anfangs hatte, könnte sein, dass ihr bisher immer alle Entscheidungen abgenommen würden. Ich denke, dass sie deshalb so unsicher war.«

Übergreifende Fragestellungen

1. Diskutieren Sie im Klassenverband und mit den Praxisbetreuern ausgehend von Ihren eigenen Erfahrungen und ausgehend von der Auseinandersetzung mit den dargestellten Planungen den Sinn von Ausarbeitungsschemata.
2. Auch während der Praktika in der Freizeitpädagogik wird in der Ausbildung sehr häufig die Durchführung von Projekten und von größeren Angeboten verlangt. Stellen Sie in Ihrer Lerngruppe die Vorteile und die Nachteile dieser Anforderung innerhalb der Ausbildung zum Erzieher/zur Erzieherin dar.
3. Überprüfen Sie für sich selbst, in welcher Weise die Arbeit in Projekten für Sie hilfreich ist, sich für die Arbeit als Erzieher/Erzieherin zu qualifizieren.
4. In der Ausbildung werden Sie unterschiedliche „Aufgaben“ für die Praxis kennen gelernt haben. Versuchen Sie für sich zu entscheiden, welche Aufgaben für Sie hilfreich waren, um sich für den Beruf des Erziehers/der Erzieherin zu qualifizieren.
5. Stellen Sie für sich persönlich zusammen, welche Schwerpunkte Sie in Ihrer weiteren Ausbildung setzen möchten. Vergleichen Sie ihre Schwerpunktsetzung mit der Ihrer Mitschüler/Mitschülerinnen und versuchen Sie, Ihre eigene Schwerpunktsetzung begründend darzustellen.

Auswertung der Texte und Reflexionen im Hinblick auf die Entwicklungsaufgabe III: Formulierung eines Konzepts für das pädagogisch-praktische Handeln mit Kinder und Jugendlichen

Arbeiten Sie heraus, inwiefern in den einzelnen Geschichten aus der Praxis die übergreifende Lösung dieser Entwicklungsaufgabe deutlich wird: „Mein Handeln mit Kindern und Jugendlichen basiert auf meiner eigenen Idee und einer anerkannten, objektiv sinnvollen Praxis.“

Informieren Sie sich im Anhang dieses Buches über die Aspekte der Entwicklungsaufgabe. Halten Sie für sich selbst fest, an welchen Aspekten der Entwicklungsaufgabe Sie selbst verstärkt arbeiten wollen.

6 Überleben im Beruf

Eigene Vorüberlegungen zum Thema

Die Erfahrungen in der Ausbildung zur Erzieherin/zum Erzieher haben gezeigt, dass ein ganz wesentlicher Prüfstein für die Festigung und die Wahrung der eigenen Berufsidentität das Berufspraktikum ist. Im Berufspraktikum, wenn Sie, als fast schon „ehemalige Schüler und Schülerinnen", einen Arbeitsvertrag mit einem Träger einer sozialpädagogischen Einrichtung haben, ist die relative „Unverbindlichkeit" der kurzen Praxiszeiten völlig aufgehoben. In der Verbindlichkeit des Arbeitsplatzes, der Unausweichlichkeit des Teams wird die gerade zaghaft gewonnene Berufsidentität in allen Facetten auf die Probe gestellt. So werden Sie noch einmal überprüfen, ob Sie wirklich für den Beruf geeignet sind, d. h. Ihre Berufsrolle wird noch einmal in Frage gestellt. Immer wieder werden Sie mit Verhaltensweisen von Kindern konfrontiert werden, welche Ihnen unverständlich sind. Sie werden sich fragen, was nun die ganze Ausbildung – auch die erziehungswissenschaftliche Theorie wirklich nützt, wenn sie oft trotzdem so hilflos sind. Ihre Handlungsweisen, Ihre Angebote werden in der Einrichtung evtl. kritisiert viel schlimmer – vielleicht sogar aus unterschiedlichen Gründen verhindert. Gerade der Wunsch die eigenen pädagogischen Leitgedanken zu verfolgen, wird Sie dazu zwingen sich mit dem Team auseinanderzusetzen. Sie werden feststellen, dass das Berufspraktikum zwar das Endstadium der offiziellen Erzieher/Erzieherinnenausbildung bedeutet, dass es aber letztlich von Ihnen abhängen wird, inwieweit es Ihnen gelingen kann, die eigene Berufsidentität zu wahren und in der Einrichtung auch zu präsentieren.

Die folgenden Texte geben den Auseinandersetzungsprozess von vier Berufspraktikantinnen wieder. Zwei der Schülerinnen sind Ihnen schon durch kurze Texte in dem vorliegenden Band bekannt.

Text 28 – Monique: »Diese absolute Eskalation wäre vermeidbar gewesen…«

Bearbeitungspunkte

1. Bei den folgenden Textauszügen handelt es sich um Tagebuchnotizen der Berufspraktikantin Monique, die ihr Praktikum in einem Heim absolviert. Die Praktikantin ist Ihnen schon durch die Texte Nr. 2 und Nr. 24 bekannt. Versuchen Sie beim Lesen des Textes einen roten Faden zu identifizieren: Lässt sich in der Darstellung der Praktikantin erkennen, welches ihre zentralen Entwicklungsprobleme auf dem Weg zur Erzieher/Erzieherinnenprofessionalität sind? Versuchen Sie diese in kurzen Worten zu beschreiben.
2. Verdeutlichen Sie, welche Lösungsstrategien die Praktikantin in den verschiedenen Szenen verfolgt.
3. Versuchen Sie ausgehend von Ihren Kenntnissen zu Konfliktlösungsstrategien, der Praktikantin alternative Verhaltensmöglichkeiten zu verdeutlichen. Spielen Sie möglicherweise einzelne Szenen in einem Rollenspiel nach.
4. Die Praktikantin stellt ihre Probleme im Team dar. Nehmen Sie diese Szene zum Anlass, um in Ihrer Lerngruppe über Ihre Rolle in den jeweiligen Teams zu sprechen. Versetzen Sie sich in die Situation Moniques und entwickeln Sie in Form eines Rollenspiels eine Teamsitzung, in der Monique versucht, ihre Rolle zu klären.

»***Daten Jugendlicher***

David	17 Jahre	seit 5 Jahren in Gruppe
Jürgen	18 Jahre	seit 3 Jahren in Gruppe
Mike	17 Jahre	seit 3 Jahren in Gruppe
Marco	16 Jahre	seit 3 Jahren in Gruppe
John	16 Jahre	seit 1/2 Jahr in Gruppe
Dirk	15 Jahre	seit 4 Jahren in Gruppe

5. September 96

Lange mit Marco draußen gesessen und erzählt, sein Hobby (Rap – Dance), Eltern – Geschwister (Vater gerade aus Knast, keine Arbeit, Mutter und 1 Bruder zuhause; 2 Brüder im Heim). Marco scheint leicht zurückhaltend, doch freundlich und aufgeschlossen. Danach mit Marco Berichtsheft geführt – starke Schwierigkeiten bei Rechtschreibung und Lesen (in den letzten 2 1/2 Jahren erst gelernt).

David und Jürgen betrunken in Jürgens Zimmer angetroffen. Habe erst mal heftige Reaktion gezeigt („Hier drinnen wird nicht gesoffen" und „Ich finde das total Scheiße!"), Jürgen wollte mich nicht ins Zimmer lassen. Habe nicht darauf gepocht, weil ich denke, es ist noch zu früh, es hart auf hart kommen zu lassen. Nach anfänglichem Arbeiten hat Jürgen die halbe Wahrheit schon mit „Wir waren ja draußen" halb zugegeben. Danach spielten beide beleidigt, weil ich Peter davon erzählte und er noch mal hoch ging, um sie anzusehen (Rote Augen etc.).

Kamen später runter ins TV-Zimmer. Ich setzte mich dazu und sprach sie an, was sie sehen würden, um Situation abzuchecken. Jürgen sprach gar nicht, David das Nötigste mit der kalten Schulter. Blieb noch einige Zeit sitzen, um nicht „wegzulaufen". Später David im Büro.

Er sprach davon, dass ich sein Vertrauen in mich zerstört hätte, da ich es Peter „gepetzt" habe. Habe ihm deutlich gemacht, auf welcher Seite ich stehe (auch wenn es kein Kampf sein sollte) und ehrlich gegenüber meinem Team, wie auch den Jugendlichen gegenüber bin und ihm gesagt, dass ich es nicht o.k. finde, wenn jemand säuft und dass er den „Spieß" – wer ist auf wen sauer – nicht umdrehen soll. Er schien das zu verstehen. Nach dieser Aussprache sagte Peter ihm auch u.a., dass wir im Team darüber sprechen werden und nicht weiter darüber weggehen. Jürgen fuhr währenddessen weg, ich sah ihn nicht mehr.

Mit John, seit 7 Mon. in Deutschland und noch etwas Sprachschwierigkeiten, einige Lernspiele über Uhrzeit und Geld gemacht. Bei beidem waren mir vorher Defizite aufgefallen, die Uhrzeit konnte er jedoch gut. Beim Geld scheinen eher Rechenprobleme zu bestehen – auch muss er sich die Münzen sehr genau ansehen. Werden weiter üben.

6. September 96

Marco, David und Jürgen nach der Arbeit im Esszimmer gesessen, während Anna und ich in der Küche beschäftigt waren. Marco spielte plötzlich mit einem Klappmesser rum und ich bat ihn, damit aufzuhören. Er fragte „Warum?" und ich sagte ihm, ich fände es nicht o.k. und jemand könnte sich verletzen. Er zögerte es heraus und ich sagte ihm, wenn er damit spielen möchte, dann sollte er in sein Zimmer gehen. Darauf fing Jürgen an, mich anzupöbeln, was ich hier zu sagen hätte und ihm hätte ich nichts zu sagen. Ich antwortete ihm, dass ich das sehr wohl hätte, und auch wenn er oben saufen würde, würde ich ihm etwas dazu sagen. Er sprach dann davon, dass ich Peter „hochgeschickt" hätte, und ich erklärte ihm, dass ich ganz normal mit Peter darüber gesprochen habe (was auch normal sei) und er selbst hochgegangen sei. Und dass er damit leben müsse, dass ich Stress machen würde, wenn er saufen würde, wenn ich im Dienst bin. Er antwortete, er wäre dann eben nie da und ich sagte, dann könnte er ja schon anfangen, sich eine Whg. zu suchen.

Marco hatte das Messer inzwischen weggepackt. Danach (nun) herrscht einige Spannung zwischen Jürgen und mir, ich möchte zwar meine Grenzen klar machen, es aber nicht in Kampf ausarten lassen. Er kämpft jedoch eindeutig gegen mich. Ich werde versuchen, trotzdem offen und freundlich zu bleiben, jedoch meinen Stand beizubehalten.

David wirkt opportunistisch-kühl, wenn Jürgen dabei ist, offen wenn nicht.

Mike von seinen Videofilmen (Horror und auch Harmloses) und Hardcore-Musik erzählt. Erstes Gespräch (annähern). Wirkt, als möchte er auf harten Mann machen, scheint leicht aufbrausend und auch „lieb" (versteckt).

Mit Anna über Drogen (auch Alkohol) – Umgang des Teams gesprochen – anscheinend hat jeder seine eigene Art, damit umzugehen (auch durch bzw. ohne Eigenerfahrung), doch was ist Grundkonsens? Gespräche, hartes Durchgreifen oder Konsequenzen? Fühle mich selbst am wohlsten damit, ganz klar und laut ***Nein*** zu sagen und es für die Betreffenden so unangenehm wie möglich zu machen. Ist das die richtige Reaktion? Scheiße, weiß nicht.

(Jürgen vom Wochenende erzählt „Boh, geil, war jeden Tag besoffen!!!) - Bin ich dann der Moralapostel? Hänge auch zu sehr emotional dabei.

15. September 96

Nach gesteigerter Spannung zw. David/Jürgen und mir Situation eskaliert.

Vor allem die Spannung in Form eines „Macht-Kampfes" zwischen David und mir waren heute beim Abendessen auf dem Höchststand. Fühlte mich von dem provokativen Verhalten von ihm in die Ecke gedrängt und war auch emotional so aufgeladen, dass ich mich auf den Kampf einließ, statt emotionale Distanz zu wahren. Grundstimmung der Gruppe war dementsprechend aufgeladen/aggressiv.

Jürgen schien beim Abendessen betrunken zu sein. Verhielt sich locker und extrovertiert.

Nach dem Abendessen bat er mich, ihn am Telefon zu verleugnen, falls jemand anrufe (hat Schulden bei Freunden und Angst vor ihnen). Ich sagte ihm, ich würde nicht lügen, auch nicht für ihn, worauf er sehr aufgebracht wurde. Ich würde ja nichts verstehen, die anderen Erzieher würden das auch tun und wollte mir mit „Die kommen mit Pistole hier rein, bevor du irgend etwas tun kannst" Angst machen bzw. seine Angst ausdrücken. Ich sagte ihm, dass er sich selbst in diese Situation gebracht hätte und jetzt nicht von Anderen erwarten kann, dass sie ihn decken. Auf meine Frage, ob er denn Aussichten habe, die Schulden zu bezahlen, sagte er „ja, ich regle das schon", so sagte ich ihm, er solle aufhören, sich zu verstecken und mit den Leuten reden. Daraufhin zog er sich mit „Du verstehst gar nichts, sag doch was du willst" sehr aufgebracht in sein Zimmer zurück.

Kurze Zeit später kam er herunter und bat mich sein Zimmer aufzuschließen. Da er in sehr freundlichem Ton sprach, ging ich davon aus, dass die erste Wut verraucht wäre. Wollte ihn bitten, mal runterzukommen, wenn er fertig mit duschen wäre. So weit kam es nicht. Er wollte mir die Türe vor der Nase zumachen, bevor ich etwas sagen konnte. Wollte das nicht zulassen, er bedrohte mich und schubste mich schließlich weg. Fühlte mich völlig hilflos, wie ein Schock. Rief Peter an, der auch gleich kam. Er half mir sehr, indem er mich beruhigte und offensichtlich hinter mir stand. Ich war in Tränen aufgelöst, es war gut, dass er da war.

Später, als ich mich beruhigt hatte, rief Peter David herunter (ich hatte ihm von den Spannungen erzählt) und sprach in meinem Beisein mit ihm. Er wollte mir nur helfen, dass diese Spannung sich auflöst und versuchte das auf der Schiene „Hilf ihr, sie ist noch neu". Dabei sagte er aber auch, ich hätte „keine Ahnung" und stände am Anfang meiner Ausbildung usw. Damit machte er mich irgendwie total klein und half mir in Bezug auf Davids Akzeptanz auch nicht weiter. Ich versuchte diesen Aspekt im Gespräch mit David zu relativieren.

18. September 96

Habe das ganze Wochenende über diese Situation nachgedacht und habe mir einige Punkte für Teamgespräch überlegt, die für mich dringend geklärt werden mussten. Dazu gehörte, wie ich nun mit Jürgen verfahren soll (möchte ihm sagen können, dass er, wenn so etwas noch mal passiert, seine Koffer packen und gehen kann. Ich möchte nicht mit Angst hier arbeiten und auch nie wieder in eine solche Situation kommen, mich so hilflos fühlen und rumschubsen lassen!) Auch, wie überhaupt meine Rolle in der Gruppe ist, das ist der Ursprung des Problems. Die Jungs fordern eine klare Stellungnahme von mir, wobei ich mir selbst nicht sicher bin, wo ich stehe (auch im Team). Grundsätzlich muss ich meine eigene Spannung überwinden, lockerer werden, möchte meine Autonomie aber behalten, bzw. nicht verleugnen müssen. Mein dringendstes Anliegen ist: Habe ich den Rückhalt des Teams, auch wenn ich in gewissen Rahmen meine eigenen Entscheidungen treffe? (wie z. B. jetzt mit Jürgen). An diesem Teamgespräch nimmt auch der Gruppenleiter, Herr Laub teil, der heute aus dem Urlaub zurückkommt. Denke, dass mit ihm die Teamstruktur für mich klarer wird.

Team

Habe alle für mich dringenden Fragen eingebracht (dadurch auch von 3 auf 5 Std. überzogen)

Jürgen, der um 11 Uhr im Team sein sollte (worum ich gebeten hatte), nahm auf Veranlassung von Anne und Peter doch nicht teil, weil sie (meiner Meinung nach auch richtig) überlegt hatten, dass wir erst intern überlegen sollten, wie es weitergeht. Dafür Gespräch am Abend mit Jan, Peter, Jürgen und mir.

Jürgen sperrte sich erst dagegen, mit mir zu sprechen, setzte sich auf Zureden von Jan doch hin. Fühlte mich ein wenig unsicher und überspielte das jedoch mit demonstrativen Ausdrücken von „Autorität", d. h. sagte ihm ganz klar, er hätte mich nicht zu beschimpfen, das Zimmer zu verweigern und in keinster Weise anzufassen, sonst könnte er sofort gehen. Wollte erst mit mir diskutieren in aggressiver Form („mein Zimmer"), ich verlangte aber, dass er mir zuhören solle, und sagte ihm, dass es ganz klar mein Recht wäre, in sein Zimmer zu kommen (Hausrecht von Mitarbeitern ...) und blockte jede Diskussion vorerst ab.

Danach Jan (der sich vorher ganz im Hintergrund gehalten hatte, um mich das alleine regeln zu lassen) mit Jürgen über seine absolut heikle Situation gesprochen. Jürgen öffnete sich kaum, schien aber zu verstehen, dass er sich an der Kippe befindet. Ich brachte mich 1 – 2 mit ein, worauf Jürgen weiter seine Aggressionen mir gegenüber deutlich machte. („Wer hat dich denn gefragt"). Ich reagierte darauf mit (absichtlich) starker Entrüstung und machte ihm klar, dass ich nicht seine Erlaubnis bräuchte.

Am Ende des Gesprächs fragte ich Jürgen in ruhigem Ton, wie wir nun weiter hier zusammenleben sollen, wir einigten uns (auf seinen Wunsch) darauf, dass wir uns gegenseitig erst mal in Ruhe lassen, was mir auch möglich ist, solange er sich an die Regeln hält.

Im Team

Habe Peter darauf angesprochen, wie er sich gegenüber David über mich geäußert hat. Habe versucht ihm dabei auch klarzumachen, wie gut er sich vorher mir gegenüber verhalten hat und dass ich wirklich froh war, dass er kam und hinter mir stand, und dass das kein persönlicher Angriff sein soll. Trotzdem reagierte er sehr „verletzt" (Ich helfe dir und du schlägst mir in's Gesicht"). So habe ich es nicht gemeint und auch die Anderen sagten, dass es so nicht gemeint war. Trotzdem war Peter betroffen und sagte, er meine, er habe sich absolut richtig verhalten. Ich sagte ihm, dass er das bis auf diese Sache auch getan hätte und ich ihm sehr dankbar sei, dass er sich so hinter mich gestellt hat. Trotzdem wolle ich ehrlich sein und ihm auch sagen können, wenn ich etwas nicht so gut fand. Er sagte, ich würde nun meine ganzen Probleme auf ihn übertragen und ließ sich nicht weiter auf die Sache ein.

Weiteres Verfahren mit Jürgen: Montag soll ein Gespräch mit Erziehungsleiter, Jan, Werkstatt und Jürgen stattfinden, das ihm seine Situation klarmacht. Trotz Grundstimmung Peter, er finde das Fass sei voll und es müssten bei allen Drohungen auch mal Konsequenzen folgen, wird anscheinend weiter auf dieser Schiene verfahren. Doch möchte sich Jan, in Anbetracht der ausweglosen Situation Jürgens, ihn heranziehen und zur Aufdeckung seiner Probleme (Alkohol – Schulden) bewegen (worauf Jürgen sich an diesem Abend in meinem Beisein und auch danach nicht einließ).

Über Hintergrund Jürgens gesprochen: Mutter ließ ihn und Bruder allein Zuhause zurück. Jürgen kümmerte sich um kleinen Bruder und hielt beide einen geraumen Zeitraum über Wasser, ohne dass jemand etwas davon merkte. Schließlich fiel es auf, beide ins Heim. Mutter, versprach Jürgen, ihn zurückzuholen, sobald sie könne. Das tat sie nicht – Jürgen, der sich in dieser Zeit aufgrund des Versprechens der Mutter schon wenig auf die Gruppe eingelassen hatte, zog sich nun noch weiter zurück. Z. Z. besteht nur Kontakt zu seiner Tante und Familie, Kontakt mit Mutter weist er ab. Peter bezeichnet ihn als beziehungsgestört, d. h. er lässt sich nicht bzw. kaum auf eine emotionale Ebene mit Gruppe, auch nicht mit Freunden ein. Vor einiger Zeit verstärkter Drogenkonsum (Speed, Ectasy, Alkohol), den er nach eigenen Angaben aber nun auf „nur saufen" eingeschränkt hat.

Er hat verstärkte Auflagen bekommen, die Alkoholkonsum, Arbeit und Verhalten in der Gruppe miteinschließen. Diese hat er alle gebrochen, doch die angedrohte Konsequenz, er fliegt raus, erfolgt nicht. Statt dessen wird nach einem Weg gesucht, ihm weiter zu helfen... (da er sonst garantiert scheitert).

Weiter über Umgang mit Alkohol gesprochen. Jeder seine eigene Art geschildert. Wollen bei Supervision noch einmal darüber sprechen, wie auch über meine Rollenfindung und Punkt zwischen Peter und mir.

Grundsätzliches: „Steht das Team hinter mir oder bin ich wirklich die „dumme kleine Praktikantin" ist für mich geklärt. Habe das Gefühl, dass sie mir wirklich Rückhalt bieten. Es ist blöd, dass diese Sache so „falschrum" gelaufen ist. Denke, ich habe sie auch irgendwo „überrumpelt" damit, weil die Situation sich so zugespitzt hat, auch weil durch den Urlaub von Jan und Bodo die Struktur so unklar war. Na ja, mal sehen, wie's weitergeht.

20. September 96

Wg. Unfall nur verkürzte Supervision.

Geklärt ist die Sache mit Peter. Er scheint verstanden zu haben, dass seine Hilfe sehr viel für mich bedeutet hat und dass die Sache mit David ein Appell von mir an ihn ist, mich nicht bei den Jungs so „klein" zu machen.

Kurz noch einmal über meine Rollenfindung gesprochen. Spüre nun den Rückhalt des Teams, kann darauf bauend auch lockerer werden.

Thema Alkohol auf nächstes Mal vertagt, ebenso kamen wir nicht mehr dazu über Jürgens Situation zu sprechen.

Feed-Back-Gespräch:

Nach Jan's Meinung wäre diese absolute Eskalation vermeidbar gewesen, wenn mehr Anleitung seitens Erz. stattgefunden hätte, d. h. wenn mir jemand geraten hätte, mich bzgl. der Zimmer der Jungs zurück zuhalten und zu warten, bis mich die Jungs erstmal von selbst dorthin eingeladen hätten, bzw. mich besser kennen.

Trotzdem wäre es wahrscheinlich zu ähnlichen Konfliktsituationen gekommen (wohl etwas später und nicht so gebündelt).

Jan ist der Meinung, ich sollte zukünftig in Konfliktsituationen etwas zurückhaltender reagieren, da ich noch nicht so eine Beziehung zu den Jungs habe, dass sie es annehmen, wenn ich so vehement reagiere. Es war gut, wie es in der letzten Woche gelaufen ist, erst mal etwas lockerer und ich finde mich hier ein.

Es ist auch wichtig, dass ich keine zu hohen Erwartungen an mich stelle, z. B. dass ich es schaffe, alle Jungs zu ihrem Dienst zu bewegen oder alle motivieren möchte, an einer Aktion teilzunehmen oder immer alles im Griff haben muss. Bei Unsicherheiten oder schwierigen Situationen kann ich jederzeit telefonisch Rücksprache mit meinen Kollegen halten. Ich erwarte auch nicht, zu allen Jungs eine tolle Beziehung herstellen zu müssen. Das ist einigen Jungs in Anbetracht ihrer Vorgeschichte, wie auch meinem begrenzten Hiersein, gar nicht möglich

02. Oktober 96

Konfliktsituation mit Dirk:

Habe etwas in John's Akte nachgesehen und auf dem Tisch liegen lassen. John kurz darauf in seiner Akte geblättert, was ich nicht sah, da ich am Schreibtisch saß. Dirk kam hinzu und sagte, dass die Jugendlichen ihre Akten nicht ansehen dürfen. Bekam dumme Antworten von John, der sie aber dann wegpackte. Ich hielt mich erst mal raus, da die Sache nun geregelt schien und sagte nur, dass ich das nicht gewusst hätte. John verließ das Büro. Dirk holte seine Akte aus dem Schrank und sagte: „Dann lese ich meine Akte eben auch." Ich bat ihn, sie wegzulegen, worauf er nicht hörte. Nach wiederholter Aufforderung, auf die er nicht reagierte, nahm ich sie ihm (halb im Ernst/Spaß mit Kitzeln) weg und stellte sie in den Schrank, den ich auch wieder abschloss.

Daraufhin nahm er einen Nothammer aus dem Schrank darüber, mit dem er auf den Tisch klopfte. Ich bat ihn, den Nothammer wieder zurückzulegen, was er nicht tat. Er provozierte mich weiter und ich versuchte ihn durch verschiedene Ansprachen zu erreichen („Warum willst du mich provozieren?", „Leg jetzt den Hammer hin und geh bitte raus hier" u. ä.), er reagierte aber auf nichts. Marco, der inzwischen dazu gekommen war, sagte: „Das macht ihm doch Spaß, lass ihn doch einfach in Ruhe, dann hört er schon auf". Ich sagte, dass er vielleicht recht hätte und ließ Dirk links liegen. Der setzte sich aber nun an den Schreibtisch und klopfte da weiter. Als ich darauf nicht reagierte, nahm er sich das Telefon und telefonierte, ohne vorher zu fragen. Ich sagte ihm, dass er auch fragen könne, er reagierte nicht.

Nach seinem Gespräch sagte ich ihm, er solle jetzt bitte rausgehen, er weigerte sich. Ich wusste mir nicht mehr zu helfen, also rief ich Herrn Laub an, und schilderte ihm die Situation. Dann gab ich den Hörer an Dirk weiter, der ihm erklärte, dass John in seiner Akte lesen dürfe und er selbst dafür schließlich schon mal einen „Anschiss" bekommen hätte. Danach gab er mir den Hörer und ging beleidigt raus.

Herr Laub erklärte mir, dass die Jugendlichen die Akten nicht einfach lesen dürften (da auch private Dinge über Eltern u. ä. drin steht) und dass es darüber schon mal Stress mit Dirk und Mutter gegeben hätte.

Während des Konfliktverlaufs war mir nicht klar, dass Dirk so empfindlich darauf reagierte, dass John seine Akte gelesen hatte (als Ursprung des Konflikts), da es sonst auch öfter vorkommt, dass er mich „im Spaß" provoziert, um Aufmerksamkeit zu bekommen. In diesem („Spaß"-)Konflikten reagiert er auch darauf, wenn ich ihm ernsthaft Grenzen setze, was er hier nicht tat.

Ich fühlte mich (wieder) hilflos, und wusste nicht, wie ich richtig reagieren sollte, auch weil Dirk verbal nicht klarmachte, dass es ihm um die Akte ging, bzw. vermute ich, dass er von mir erwartet hatte, dass ich John die Akte wegnehmen od. ihn zurechtweisen sollte.

Ich hätte ihn nicht so schnell so konsequent ansprechen sollen (dass er dies Büro verlassen sollte), da ich die Situation so zu schnell zu ernsthaft machte. Hätte ich sofort erfasst, um was es ihm ging, hätte ich ihn speziell darauf ansprechen können und vor allem locker bleiben müssen. Wahrscheinlich fühlte er sich benachteiligt gegenüber John, mit dem so locker umgegangen wird, obwohl er etwas „verbotenes" getan hat, nachdem er vor einiger Zeit diesen Stress hatte.

Nun ist Dirk beleidigt und spricht nicht mehr mit mir. Ich werde abwarten, bis es die Situation zulässt, mit ihm zu reden.

23. Oktober 96

Kurz nach diesem Konflikt mit Dirk gesprochen. Er sagte, er hätte u. A. einen „schlechten Tag" gehabt und das mit der Akte hätte ihn geärgert. Wir kamen zu einem Konsens, der die Spannung erst mal aufhob. Im Nachhinein, wie auch nach unzähligen weiteren Provokationen seinerseits (die ihren letzten Höhepunkt letzten Samstag fanden) ist mir klar geworden, dass es sich dabei um a) „Aufmerksamkeit" und b) „Grenzen sehen" handelt. Diese Grenzen habe ich ihm (auch durch meinen lockeren Umgang mit seinen Provokationen, wohl auch durch mein eigentlich manchmal „hilflos fühlen") nicht klar genug gezeigt.

Ich denke, Dirk sucht diese absoluten Grenzen, wobei er nach einer solchen Aktion, wenn ihm klar wird, dass er etwas falsch gemacht hat, auch wieder versucht, es durch sehr positives Verhalten wieder gutzumachen. Da er auch einen gewissen „Charme" besitzt, fällt es mir manchmal schwer, ihm eine Bitte abzuschlagen (bei der es im Endeffekt immer um „Gib mir Aufmerksamkeit" geht).

Trotzdem werde ich mich nach diesem Chaostag Samstag zukünftig stärker von ihm abgrenzen; dazu später.

Im weiteren gab es in der letzten Woche einen Konflikt mit Marco, der die eigentliche Nähe, die sich vorher zwischen uns gebildet hatte, wieder zu einer gewissen Distanz aufhob.

Es begann damit, dass ich in David's Zimmer David selbst, Jürgen und Marco in einer (für mich eindeutigen) Trinksituation antraf. Marco setzte sich schnell und grinsend von den anderen beiden weg, während Jürgen vor einem Schränkchen neben dem Bett stand und David versuchte, sich immer wieder zwischen mich und das Bett zu drücken. Neben ihren roten Augen erkannte ich auch den Geruch und die „spanische" Musik verstärkte den Eindruck noch.

Ich fühlte mich zwar zu einer Reaktion gezwungen, wusste aber nicht wie – war unsicher. Also sagte ich erst mal nichts und beschloss sie später einzeln darauf anzusprechen. Jetzt im Nachhinein finde ich das total falsch, schon in der eigentlichen Situation fühlte ich, dass das nicht das Richtige war, trotzdem war ich (auch und eben wg. diesem Vorfall mit Jürgen) zu verunsichert (was ich mir aber nicht anmerken ließ). Ich denke jetzt, die richtige Reaktion hätte darin bestanden, mich erstmal hinzusetzen und mit ihnen darüber zu sprechen und ihnen klar zu machen, warum ich das nicht gut finde.

Also sprach ich erst David, dann Marco darauf an. Das Gespräch mit David verlief so, dass er von sich aus vorschlug, dass er sich zukünftig an die „Regel" hält und ebenso mit den den Anderen beiden spricht, dass sie auch gemeinsam nicht mehr saufen. Das konnte er mir zwar nicht für die ganze Zeit versprechen, aber zumindest, wenn ich hier bin. Dieser Vorschlag entstand daraus, dass ich ihm erklärte, dass ich gegen das Saufen bin, weil ich schon Leute dadurch absacken sah und dass ich auch eine gewisse Verantwortung dafür trage, was hier passiert, wenn ich im Dienst bin. Ich war damit einverstanden, dass ich aufgrund dieser Abmachung von Konsequenzen absehe, allerdings mit der Bedingung, dass im „Wiederholungsfall" die Sache wieder mit aufgerollt wird

Als ich Marco kurz darauf ansprach, reagierte er sehr heftig und stritt alles ab. Dieser Konflikt zog sich einige Tage hin, bis er sich wieder beruhigte.

David kam nach 2 Tagen zu mir und berichtete, dass er mit den Anderen vereinbart hat, in meinem Dienst nicht mehr zu saufen.

Zu Samstag

An diesem Tag war ich infolge meiner Geburtstagsfeier am Vortag ohnehin sehr angeschlagen und fühlte mich nicht gut. Dirk empfing mich mit einem Kuchen, den er für mich gemacht hatte. Da es mir nicht gut ging, erfüllte ich wohl auch seinen Anspruch an Aufmerksamkeit nicht. So reagierte er nach ein paar Stunden mit Gepolter auf dem Speicher, wo alles durcheinander war. Er reagierte nicht auf meine Aufforderungen, herunter zu kommen, schließlich kam David zu dem Geschehen und es begann ein Hin- und Her zwischen den beiden (David wollte ihn runterholen, als Dirk dann runterkommen wollte, hinderte David ihn daran ...). Ich verpasste den Punkt, an dem ich schon hätte einschreiten müssen (direkt am Anfang David daran hindern, sich einzumischen) und ließ mich sogar teilweise auf die Spielchen ein. Es entstand eine Riesenunordnung auf dem Speicher, danach ging noch ein Elektrokabel und ein Plastikstuhl zu Bruch und meine Versuche, die kindische Spannung der beiden zu durchbrechen, schlugen fehl.

Im Nachhinein muss ich sagen, dass ich die ganze Entwicklung schon mit Resignation betrachtet hatte – daher, dass ich mich schon von Dirk's Gepolter vorher so entnervt fühlte und auch meine Grundstimmung so schlecht war. Daher konnte ich die Jungs, die das mit Sicherheit empfunden haben, auch nicht mehr stoppen – ich war nicht klar genug vorhanden und nicht vehement genug.

Außerdem war ich schon beim Auftreten David's in dieser Szenerie so sauer auf Dirk, und fühlte mich auch hilflos ihm gegenüber, dass ich David's Eingreifen zum großen Teil auch positiv gegenüberstand. Es war jedoch falsch, seine Hilfe dabei anzunehmen, da die Situation zum einen dadurch eskalierte, es ist zum Anderen auch keine befriedigende Konfliktlösung für Dirk und mich, wenn Dritte eingreifen.

Noch eine Anmerkung zu der Abmachung mit David:

Ich fühle mich nicht ganz wohl mit der Einschränkung, dass die Abmachung auf meinen Dienst beschränkt ist, aber ich weiß auch nicht, wie es anders umzusetzen wäre, da ich es für unrealistisch halte, dass sie von nun an gar nicht mehr hier trinken und die Abmachung so von vornherein wohl schon gebrochen wäre. Trotzdem fühle ich mich auch außerhalb meiner Dienstzeit verantwortlich, aber bin auch froh, wenn sie wenigstens in einem gewissen Zeitraum von dem Alkohol Abstand nehmen.

Holiday-Park in den Niederlanden

In dieser Woche war die Gruppe auf zwei Häuser verteilt, die so weit auseinander lagen, dass sich das Geschehen meist auf die einzelnen Häuser beschränkte. In der einen Gruppe befanden sich David, Marco und Peter mit Peter (Erz.), wobei am Mittwoch noch Bernd (Erz.) dazukam.

In unserem Haus waren Dirk, Mike und John mit Julia (6 Wochen-Praktikum); Anne (Erz.), die bis Mittwoch blieb und ich.

Ich habe diese Trennung anfangs zwar bedauert, später aber als sehr positiv erlebt, da auch die Jungs in diesem kleineren Rahmen aufblühten. Die Atmosphäre war an sich sehr locker und entspannt und die Jungs beteiligten sich von sich aus schon mehr am Geschehen (mit Vorschlägen zur Freizeit, Helfen bei Haushaltsdingen).

Dirk genoss sehr diesen Zeitraum der Nähe und mein Verhältnis zu ihm hat sich merklich entspannt.

Mike lernte ich viel besser kennen und habe auch eine lockere Beziehung zu ihm entwickelt, wobei er ein sehr selbstständiger Junge ist, der wenig Nähe sucht und braucht. Vorher schreckte mich seine etwas „bärbeißige" Art ein wenig ab, nun wurde mir der „weiche Kern" noch deutlicher und diese gewonnene Beziehung hält auch nun noch an. John hielt sich, wie auch in der Gruppe, weitgehend im Hintergrund. Er fühlt sich der Gruppe nicht zugehörig und konnte mit vielem, was wir taten (Abends zusammensitzen und erzählen z.B.) nichts anfangen. Er unternahm auch viel allein, wie in die Stadt fahren oder sein übliches „Spazierengehen" und es gelang uns nur selten, ihn miteinzubeziehen. Er ging jedoch einmal mit ins Schwimmbad, wo er großen Spaß hatte und sich teilweise der Gruppe anschloss. Auch über seine Musik (er hatte sich 2 CD's gekauft) gelang es mir ein paar Mal, ihn miteinzubeziehen.

Zu Anfang war ich mir nicht sicher, ob ich der Anforderung in diesem engen Rahmen allein gewachsen bin, wenn Anne am Mittwoch nach Hause fuhr, vor allem wg. gesundheitlichen Problemen. Wie sich die Sache aber bis dahin entwickelte, wurde mir klar, dass meine Befürchtungen, mich ohne Rückzugsmöglichkeiten mit Dirk auseinandersetzen zu müssen, grundlos waren. Auch als Anne weg war, hielt unsere lockere Atmosphäre und Umgangsart an, vertieften sich sogar noch. Ein Konflikt, der zwischen Dirk und Mike kurz herrschte (bei dem Dirk aus Wut seine Gitarre an die Wand schlug), war schnell von beiden weitgehend selbstständig gelöst.

Ein wichtiger Punkt war Dirks Umgang mit Alkohol. Auch in der anderen Gruppe wurde sehr viel Alkohol getrunken, sodass ich nicht für das absolute Alkoholverbot eintreten wollte. Auch in früheren Urlauben wurde viel Alkohol getrunken, sodass es schwierig wäre, neue Maßstäbe zu setzen (für mich allein, da meine Kollegen nichts gegen den verstärkten Alkoholkonsum haben). Ich habe mich auch schon vor einiger Zeit dazu entschieden, lieber für den Umgang mit Alkohol zu sprechen, statt strikt dagegen. Dabei möchte ich aber „Saufereien" vermeiden und lieber eingeschränkt zustimmen. So achteten wir (Anne und ich) schon zu Anfang auf die Menge, die eingekauft wurde, (2 Dosen Bier pro Abend im Haus o.k.).

Bei Dirk wirkte das Bier sehr stark und an dem 2. Abend (wo er auch Außerhalb getrunken hatte) ging es ihm sehr schlecht. Beim Versuch, Karten mit uns zu spielen, konnte er sich kaum konzentrieren, obwohl er sich sehr bemühte. Ich achtete darauf, ihn immer wieder auf seinen Zustand aufmerksam zu machen (in freundlichem Ton, ohne Vorwurf) und setzte damit einen Denkprozess bei ihm an.

Dieser entwickelte sich über die Tage, und er kam öfter zu mir, um sich Rückmeldungen zu holen („Denkst du, noch ein Bier wäre zuviel?" z.B.), wobei ich ihm von mir aus keine Grenzen setzen wollte, sondern ihn auf die vorherigen Reaktionen aufmerksam machte.

Am vorletzten Abend unterhielten wir uns darüber und er kam zu der Erkenntnis, dass er selbst seine Grenzen finden muss. Er sagte, er hätte vor, am folgenden Abend nur so viel zu trinken, bis er merke, dass es ihm zuviel wird und er sich nicht mehr konzentrieren kann oder es ihm nicht mehr gut geht.

Am folgenden Abend trank er tatsächlich sehr bewusst und holte sich weitere Rückmeldungen von mir (ich denke, es war ihm wichtig, dass ich seine Bemühungen mitbekam) ein. Tatsächlich hörte er auf, bevor er sich nicht mehr unter Kontrolle hatte und schien auch stolz darauf zu sein, wobei er immer wieder darauf einging, um sich meine Anerkennung zu holen (die ich ihm auch gab). Es war sehr interessant, und auch schön, für mich, diese Entwicklung zu verfolgen und zu unterstützen. Ich war überrascht, dass Dirk sich so weit darauf einlassen konnte und diesen Prozess selbst durchlebt hat. Auch wenn er, zurück in der Gruppe, wieder zu seinem alten Trinkverhalten zurückgeht (dort bin ich auch selten dabei, wenn er Alkohol trinkt – der Anreiz der Anerkennung fehlt dann, evtl. könnte auch der Gruppenzwang wieder auf ihn einwirken), ist es doch ein Ansatz, den ich so weit wie möglich weiterverfolgen möchte.«

Text 29 – Tina: »Ich sehne mich wieder nach der Praxis, der Umsetzung des Gelernten aus der Schule.«

Bearbeitungspunkte

1. Stellen Sie die aus Ihrer Sicht zentralen Konfliktbereiche der Praktikantin im Berufspraktikum heraus.
2. Untersuchen Sie genau, welche Lösungsstrategien die Praktikantin entwickelt und welche Erfolge, bzw. Misserfolge sie mit ihren Strategien erlebt.
3. Versuchen Sie, aus Ihrer Sicht, Perspektiven für eine Veränderung der Situation zu entwickeln.
4. Nehmen Sie das beschriebene Team als „Grundszenario", erweitern Sie die Rollenbeschreibungen (Leiterin, Anleiterin) und versuchen Sie im Rollenspiel eine Teamsitzung zu entwickeln, die zu konstruktiven „Lösungen" führt.
5. Überlegen Sie, wie Sie als Leiterin der Einrichtung eine solche Teamsitzung vorbereiten würden: Raumstruktur, Zeitstruktur usw.

»Gerüstet durch meinen unerschütterlichen Optimismus, genügend Lebenserfahrung, sowie das strenge Analysieren und Reflektieren unzähliger Fallbeispiele stürzte ich in mein Anerkennungsjahr. Ich sehnte mich wieder nach der Praxis, der Umsetzung des Gelernten aus der Schule. Der Alltag ließ mich jedoch in ein tiefes Loch fallen, es war der Sprung ins kalte Wasser.

Um die Zusammenhänge besser nachvollziehen zu können, möchte ich etwas zu den strukturellen Bedingungen meines Arbeitsfeldes berichten.

Ich arbeite in einem eingruppigen Hort, der in einer Schule (Grundschule) einen Klassenraum mit kleinem Nebenraum bezogen hat. Die Leiterin (32 Jahre, 11jährige Berufserfahrung), die zweite Erzieherin (24 Jahre, 2 Jahre Berufserfahrung) sind in dieser Einrichtung. Zur Zeit besuchen 19 Kinder den Hort. Zur weiteren „Besatzung" gehören die Vorjahrespraktikantin (18 Jahre), die Anerkennungspraktikantin und die Blockpraktikantin. Falls eine Erzieherin ausfällt, springt eine Vertretung ein. Ich darf nicht mit einer Erzieherin alleine die Gruppe betreuen. An vielen Tagen sind wir mit fünf Betreuerinnen in dieser Gruppe. Zu dieser Überbesetzung kommt die räumliche Enge hinzu. Der Nebenraum des Klassenzimmers hat die Funktion von Büro, Küche und Speiseraum der Kinder. Allerdings können wir zu bestimmten Zeiten einen Teil des Flures und den Schulhof mitbenutzen. Für die Hausaufgabenbetreuung steht uns ein weiteres Klassenzimmer zur Verfügung, regelmäßig von 13.30 – 15.00 Uhr. Größere Angebote müssen angemeldet und rechtzeitig vorgeplant werden, sodass wir einen Klassenraum benutzen können. Spontane Aktionen können somit nicht durchgeführt werden. Auch bieten diese Raumstrukturen den Kindern und Erziehern keine Möglichkeiten des „Zurückziehens". Allerdings hat der Schulhof ein größeres Außengelände, welches nach Schulschluss im gesamten Umfang genutzt werden kann.

Ich hätte mich gerne mit den Kindern im Rahmen meiner Arbeit in das Außengelände „verzogen", aber leider wurde mir dieses untersagt, mit der Begründung, dass von uns gestaltete Bereiche von anderen Kindern mitgenutzt und zerstört werden könnten.

Aber das Bedürfnis sich zurückziehen zu können, ist in dieser Gruppe existent und ich machte mir meine Gedanken. Ich organisierte Tücher und Wäscheklammern, um den Kindern die Möglichkeit zu geben, sich wenigstens der Blicke und der ständigen Beobachtung entziehen zu können, um eine Höhle zu bauen. Diese Aktion löste viel Freude aus. Die Kinder verfielen in ein engagiertes Rollenspiel, das zum Leid der Erzieherin zu laut wurde. Es entstanden Auseinandersetzungen etc., die aber zwangsläufig in dieser neuen Situation entstehen mussten.

Fazit: Die Erzieherin riss am selben Tag die Tücher ab, die Höhle verschwand. Wir hatten fast die Tränen in den Augen, es kam bei allen Wut auf.

Ich war sehr enttäuscht und zornig, und die Kinder spürten meine Unzufriedenheit. Es war das erste Mal, dass ich die Kinder während dieses Spiels um und in der Höhle bei einem so intensiven Spiel beobachten konnte, das sich von den bisherigen Spielen, Gesellschaftsspiele, Legobauen etc.) unterschied.

Nach dem Abbruch dieser Aktion und meinen fehlgeschlagenen Bemühungen doch noch einen Versuch zu starten, wurde über den Kopf der Kinder hinweg entschieden im Flur (kalt) die Ecke einzurichten. Dazu wurden an zwei Stangen Tücher herabgelassen. Die Ecke wurde für kurze Zeit genutzt. Die Stangen fielen öfters von der Decke und somit ist die Ecke nicht angenommen bzw. ungenutzt als Höhlenecke.

In diesem ganzen Geschehen um diese Höhlenecke hatten sich einige (ca. 6 Kinder) zu einem Architektenteam zusammengetan, sie trugen den Wunsch an mich heran die Gruppe umzustellen (Ziel: größere Bauecke). Inzwischen war ich aber sehr demotiviert und mir fehlte der Mut diese Aktion in die Tat umzusetzen. Ständige Anfragen und Bemühungen meinerseits wurden von den Betreuern unterdrückt. Es kam die Weihnachtszeit, die Chance des Umbauens wurde immer geringer.

Die Kinder ließen aber nicht locker. Wir hatten einen maßstabgetreuen Plan aller Möbel gemacht und das „Architektenteam" wollte umstellen. Als ich gerade allen Mut zusammennehmen wollte, um diese Aktion anzukündigen, ich wartete auch auf die Anfrage der Kinder, kam meine Anleiterin mit den Worten zu mir: „Wenn Sie das gute Verhältnis zu den Kindern behalten wollen, dann müssen Sie endlich anfangen!"

Ich war einerseits getroffen, andererseits konnte ich endlich mein Versprechen einlösen. Wir tüftelten einen Plan aus, und nach einem heißen Diskussionskampf unter den Kindern fanden wir eine Lösung, der alle zustimmen konnten.

Akzeptanz – Angenommen sein im Team! –

Meine bisherigen Erfahrungen in anderen Einrichtungen hatten einen anderen Charakter. Ich fühlte mich vom Team angenommen und auch ernstgenommen. Meine Arbeitsweisen fanden Bestätigung. Ich war in der Lage Kritik anzunehmen und auch Kritik anzubringen, ohne dass das Selbstwertgefühl „Schiffbruch" erlitt. Ich wurde nicht in die ständige Position gedrängt mich rechtfertigen zu müssen. In meiner jetzigen Lage verfalle ich ständig in die Rolle der „beschützenden Mutter". Ich muss mich auf die Seite, der in meinen Augen ungerecht behandelten Kinder schlagen. Die in meinen Augen oft unangemessenen Bestrafungen (Fußballspielverbot, Stubenarrest) lassen mir oft keine andere Wahl, die Konfrontation zu suchen.

Die Problematik ist aber, dass die Kinder meine Anteilnahme genau spüren, sie sehen in meinen Augen, was ich denke, meine Mimik verrät mich. Die Kinder suchen meine Nähe und fragen mich, warum schreit die Erzieherin immer? Meine Erklärungen sind unbefriedigend, man spürt deutlich meine Irritation. Durch diese ständigen Erlebnisse entsteht bei mir eine große Frustration, die ich versuchen muss abzubauen. Meine Stimme klingt öfters gegenüber dem Personal aggressiv, ohne dass ich das beabsichtigte.

Ich sitze mit den Kindern im Hausaufgabenraum und sehe den tomatenverschmierten Mund eines Jungen. „Jochen", sage ich leise, „Wasche dir doch bitte deinen Mund am Waschbecken!" Jochen geht zum Waschbecken und hält die Hand unter den Kran. In dem Moment kommt die Erzieherin in den Raum und schimpft in einem unangemessenem lauten Ton: „Jochen, wer hat dir erlaubt Wasser zu trinken?" Dieses ist nur eine kleine Episode von vielen Begebenheiten aus dem Alltag, die mich oft zusammenzucken lassen. Zu Beginn meines Praktikums bin ich noch mutig vorgeprescht und habe mein Unwohlsein zu verstehen gegeben. Momentan gehe ich der direkten Konfrontation mit meiner Anleiterin aus dem Wege. Ich versuche auf diplomatische, vorsichtige Weise meine Kritik anzubringen. Aber sie spürt mein Unbehagen, denn oft bin ich auch verunsichert und nur meine Mimik verrät meine Gedanken. So ist es sehr schwer Offenheit und Nähe herzustellen. Hingegen habe ich in der Auseinandersetzung mit meiner jüngeren Kollegin nicht so eine große Hemmschwelle. Unsere Konflikte waren zu Beginn meines Praktikums so heftig, dass die Fachberaterin zur Supervision hinzugezogen wurde. Durch dieses Gespräch, und auch die zwei Wochen Gesprächsführung in der Schule, kam es zu einer Beruhigung in der Beziehung. Ich habe versucht die Kollegin mit ihren Schwächen anzunehmen, ihr aktiv zuzuhören, wenn sie Kritik anbrachte und meine Kritik in Ich-Botschaften zu vermitteln. Oft verfielen wir aber wieder in ein wildes beschuldigendes Wortgefecht, beide Parteien reagierten ausschließlich auf der Beziehungsebene:

„Du hörst mir nicht zu!"

„Du verstehst mich nicht!"

Aber meine Position als 30-jährige Praktikantin ist auch nicht einfach. Wie soll ich mich fühlen, wenn meine junge Vorgesetzte nach einer Auseinandersetzung ihre rote Kladde herausholt, und sie sich Notizen zu meinem Verhalten macht. Diese Kladde holt sie dann wieder in der Teamsitzung heraus, und trägt ihre Kritik vor. Oder sie macht vor „meiner Nase" die Türe zu, um der Leiterin unter „vier Augen" über mein Verhalten zu berichten.

Alle diese Auseinandersetzungen und Teamgespräche verbrauchen eine ungeheure Energie. Die Stimmung ist außerdem gereizt und die Kinder fühlen die Spannung. Die Unruhe und Unzufriedenheit überträgt sich auf die Gruppe, genauso wie Aggressionen. In solchen Situationen besteht die große Gefahr, dass die Kinder aus dem Blickfeld geraden. Die Gruppenstruktur darf nicht unter dem ständigen Teamstress leiden.

Hilflos – orientierungslos – konzeptlos?

Während meiner Praktika wurde mir bewusst, von welcher großen Bedeutung das Konzept für die pädagogische Arbeit in der Einrichtung ist. Wenn alle Erzieher nach eigenen Vorstellungen arbeiten und bei Überschreitungen der Kollegen die Augen zumachen, entsteht eine große Verunsicherung auf Seiten der Erzieher und der Kinder. Ich kann eine Gruppe nicht nur durch unzählige Regeln (die jeder noch frei umgestalten kann) und Rituale zusammenhalten. Ich habe als Praktikantin große Probleme viele Regeln nachzuvollziehen. Die Regeln sind für die Kinder auch nicht immer klar begründet, und werden deswegen ständig nachgefragt. Es kommt auch häufig zu Missverständnissen, da keine klare Linie im Team besteht.

Jeder Erzieher muss sich im Team mit seinen klaren Vorstellungen einbringen und gemeinsam wird ein Konzept erarbeitet, das aber ständig wieder überdacht, und bearbeitet werden muss. Es darf nicht zu einer Diskussion führen, ob ich als Kind das Brot in die Suppe stippen darf?

Wir sitzen regelmäßig im Team zusammen und öffnen die „Rucksäcke" der Kinder (siehe A. Krenz). Aber das bloße „Hineinschauen" und diskutieren der Probleme bringt uns nicht weiter. Wir müssen die Kinder verstärkt unterstützen ihre Probleme, wie Ängste und Wut usw. gemeinsam zu bearbeiten und zu bewältigen.

Seitenwege finden – Annäherungen

Annäherungen der Erzieher sind durch Offenheit im Team möglich. Der Einblick ins System muss transparent sein. Dieses ist auch nur möglich, wenn die Beziehungen angstfrei sind und unter den Mitarbeitern Akzeptanz und Toleranz besteht. Das ist natürlich eine Traumvorstellung, aber jeder Schritt dahin führt das Team weiter. Es ist sehr schwer die bestehenden, alten Hierarchien transparent zu machen. Es gibt mehrere Ebenen, viele Wahrheiten. Aber gerade diese gespaltenen Situationen im System, bzw. im Team machen die Kinder orientierungslos. Sie gehorchen, sie passen sich an, suchen sich aber genauso wie Erzieherinnen u. Praktikantinnen ihre Schlupflöcher und erleben ein Stück Freiheit. Trotz aller Problematik im BP, gibt mir dieses viele Anregungen und Erfahrungen für meine zukünftige Anstellung. Ich muss meine besondere Position (Alter, etc.) immer wieder reflektieren. Ich bin keine von den jungen angepassten Erzieherinnen, die kritiklos die pädagogischen Handlungsweisen ihrer Vorgesetzten annehmen. Ich ecke durch meine Kritik und mein Verhalten an, erzeuge oft Eifersucht oder Missgunst. Das tut meiner beruflichen Identität auf Dauer nicht gut, und schmälert die Freude an der Arbeit. Es ist natürlich einfach dem Störenfried die Probleme anzulasten. Ich denke, es ist ein Teamproblem und nicht mein Problem. Wir müssen gemeinsam wie z. B. mit Supervision versuchen Hilfe zu bekommen und Ruhe herzustellen. Genauso wenig kann ich allen anderen im Team die Schuld zuweisen.

Für die Zukunft habe ich mir vorgenommen, viel distanzierter mit den anderen Erzieherinnen umzugehen. Ich habe viel zu viel von meinen Gefühlen preisgegeben, die mir öfters als Schwächen ausgelegt werden. Sehr persönliche Gefühle und auch Anschauungen sollte man ausschließlich mit Personen seines Vertrauens besprechen, von denen man gleichermaßen mit seinen Schwächen und Stärken akzeptiert wird. Ich wünsche mir für meine zukünftige Arbeit die nötige Energie, die entsprechende Distanz im Team und die sensible Nähe zu Kindern, um in der Gegenwart überleben zu können.

Außerdem möchte ich den Kindern und mir in meinen Vorstellungen treu bleiben. Vielleicht gelingt es mir im nächsten Team ernstgenommen und akzeptiert zu werden, sodass meine Identität gewahrt bleibt und ich nicht in angepasste Verhaltensmuster verfalle!«

Text 30 – Birgit: »Ich habe Peter gegen seinen Willen und auch gegen meinen aus der Hängematte geholt.«

Bearbeitungspunkte

1. Der folgende Text stellt sowohl konkrete Szenen als auch die Situation in der Gesamtgruppe dar. Es bleibt Ihnen überlassen, ob Sie es für erforderlich halten, sich zuerst über die Gesamtgruppe zu informieren. Die Praktikantin stellt besonderes einen Konflikt als zentral heraus: die Art wie man Regeln, Anweisungen usw. durchsetzt. Stellen Sie das „Verfahren" der Praxisanleiterin und das der Praktikantin gegenüber. Wägen Sie Vor- und Nachteile beider Methoden gegeneinander ab. Versuchen Sie für sich im Gruppengespräche zu klären, welcher Orientierung Sie selbst eher folgen und versuchen Sie Ihre Entscheidung zu begründen.
2. Gehen Sie aus von der beschriebenen Gruppensituation und von dem Arbeitsansatz in der Einrichtung. Reflektieren Sie, inwiefern die Leitlinien der Praktikantin für das beschriebenen Konzept förderlich sind und aus welchen Gründen die Idealvorstellung für die Entwicklung der eigenen Berufsidentität evtl. auf eine harte Probe gestellt wird.

»Der Kindergarten umfasst vier Gruppen von je 24 Kindern. In jeder Gruppe sind 5 Tageskinder. Die Betreuungszeit ist von 7.30 – 12.30 Uhr und von 14.00 – 16.00 Uhr für den normalen Regelkindergarten, für die Tageskinder von 7.30 – 16.00 Uhr.

Der Kindergarten soll ein Entwicklungsrahmen sein, der Kinder zu einem Selbstwerden in vielfältigen Lebensbezügen verhelfen soll. Entwicklung ist das Ergebnis von spontaner Tätigkeit, Neugier, Lernfreude, Selbstorganisation und Selbstgestaltung.

Die Türen der Gruppenräume sind größtenteils geöffnet. Die Kinder kommen morgens, melden sich bei den Erzieherinnen und können dann ihren Spielort selber bestimmen. Sie bleiben entweder in der Gruppe, in der sie auch frühstücken (bis ca. 10.30 Uhr), gehen in eine von den anderen 3 Gruppen, spielen auf dem Flur, in der Turnhalle, oder je nach Wetterlage auch im Aussengelände des Kindergartens. Die Kinder haben also die Möglichkeit ihren Gruppenraum zu verlassen. Für das Verlassen des Gruppenraumes und das Nutzen anderer Räume, Materialien und Spielmöglichkeiten werden Regeln aufgestellt. Jedes Kind entscheidet selbst, ob es etwas tut, was, und mit wem es dies tun will. Um 11.30 Uhr kommen alle Kinder in ihre eigene Gruppe zurück, wo dann der Stuhlkreis stattfindet. Die Kinder besitzen somit einen Freiraum, der Möglichkeiten bietet zum großräumigen Kreativsein, zum Bewegen und Ausruhen. Die Kinder sammeln neue Eindrücke, und erfahren Grenzen im Umgang mit anderen Bezugspersonen. Sie haben die Möglichkeit andere Räumlichkeiten und andere Materialien kennenzulernen. Es besteht jedoch jederzeit die Möglichkeit zur eigenen Gruppe zurückzukehren.

Sei es um Neues zu berichten, Probleme zu bewältigen, Antworten auf Fragen zu suchen, oder auch um zur Ruhe zu kommen.

Die Turnhalle wird als Bewegungsbaustelle genutzt. Die Kinder bekommen Material, oder sie besorgen sich selber Gegenstände die sie zum Klettern, Rutschen, Hopsen, und Springen benötigen. Die Kinder können selber regeln wer mitspielen darf und wie viele Kinder dabeisein dürfen. Selten muss eine Erzieherin die Reihenfolge der Benutzung der Turnhalle, bzw. Konflikte regeln. Es werden keine festen Turntage eingerichtet, sondern wenn Bedarf bei den Kindern besteht, Bewegungsspiele angeboten.

Die Kindergartenarbeit umfasst die Schwerpunkte: Freispiel und Angebot/Projekte.

Im Freispiel folgt die Erzieherin den Kindern, ordnet sich ihnen zu. Die vorbereitete Umgebung sollte herausfordernd genug sein und zugleich Kinder in ihren Interessen und Bedürfnissen wahrnehmen. Ihre sensomotorische, sozial und sprachliche Entwicklung sollte erkannt und gefördert werden.

Im Angebot/Projekt folgen die Kinder den Erzieherinnen, ordnen sich ihnen zu. Grundlagen und Orientierungen werden nach Möglichkeit der Bedürfnisse und Interessen vermittelt, bzw. Kinder mit ihren Schwächen gefördert.

Voraussetzungen für das Freispiel (verschiedene Materialien), und für die Angebote bzw. Projekte sind die Kenntnis der Lebenssituation der Kinder, und intensive Beobachtungen. Die Beobachtungen der einzelnen Kinder werden teilweise durch die offenen Gruppen erschwert, sodass ein laufende Rücksprache – Reflexion, mit den anderen Erzieherinnen nötig ist.

In der Gruppe 4 sind 22 Kinder (5 Tageskinder)

- 5 Kinder, die nach diesem Kindergartenjahr eingeschult werden sollen, ein Kind davon ist seit Febr. 1996 im Kindergarten.
- 1 Kind, dass den Kindergarten das 3. Jahr besucht.
- 3 Kinder, 4,5 – 5,1 Jahre, die den Kindergarten im 2. Jahr besuchen.
- 4 Kinder, 4,2 – 4,10 Jahre, die seit August 1996 im Kindergarten sind.
- 9 Kinder, 3,0 – 3,5 Jahre, die seit August 1996 im Kindergarten sind.
- 7 Kinder leben allein mit der Mutter
- 7 Kinder haben deutsche Eltern – 3 alleinerziehende
- 4 Kinder haben polnische Eltern – 2 alleinerziehende
- 3 Kinder haben Eltern aus Deutsch-Russland 2 alleinerziehende
- 1 Kind hat Eltern aus Kroatien
- 1 Kind kommt aus Sri Lanka
- 1 Kind kommt aus der Türkei
- 2 Kinder haben Eltern aus Rumänien
- 2 Kinder haben Eltern aus Italien
- 1 Kind Eltern aus Deutschland und Kenia – alleinerziehend

Die besondere Schwierigkeit der Kinder ist die Sprache. 2 Kinder können weder deutsch sprechen noch verstehen. 1 Kind (Italien) kann wenig Deutsch sprechen, und ein Kind (Deutsch-Russland) kann fast nur die Babysprache. Der allgemeine Sprachschatz bzw. Ausdruck ist nur bei wenigen Kindern altersgerecht. Viele Kinder werden in ihren Familien wahrscheinlich nicht gefördert, sondern sich selbst überlassen und sogar geschlagen.

Der allgemeine Entwicklungsstand der meisten Kinder liegt unter dem Durchschnitt. Nur bei ca. 8 Kindern kann der Entwicklungsstand als normal bezeichnet werden. Die Arbeit bzw. Förderung der Gesamtgruppe ist somit sehr schwierig. In der Gruppe sind 4 Kinder, die in die Schule kommen, 13 Kinder die neu in der Gruppe sind. Der Stuhlkreis wird vorwiegend von den älteren Kindern gestaltet, weil die kleineren Kinder die Sprache nicht genügend verstehen, einfache Zusammenhänge nicht nachvollziehen können, oder sie trauen sich nicht mitzumachen. Die kleineren Kinder können sich kaum konzentrieren, und wird zu sehr auf diese Kinder eingegangen, langweilen sich die größeren.

Da der Entwicklungsstand der Kinder nicht altersgemäß ist, ist es wichtig, dass die Kinder Vertrauen in sich selbst und ihre Handlungen bekommen, also das Selbstvertrauen des Kindes zu stärken. Dies sollte über die Körperwahrnehmung mit allen Sinnen geschehen. Viele Kinder in der Gruppe brauchen Zuneigung. Einfach mal in den Arm nehmen um ihnen das Gefühl der Anerkennung zu geben. Die Lernfreude des Kindes am Entdecken und Experimentieren besonders im Freispiel zu unterstützen. In Angeboten/Projekten soll das Kind Kenntnisse über seine Umwelt erwerben und lernen diese anzuwenden, um sich mehr und mehr im Leben zurecht zu finden.

Peter, 3 Jahre, ist Tageskind (7.30 – 14.30 Uhr) und seit 01.06.1996 im Kindergarten. Sein Sprachschatz ist sehr gering. Er kann kaum ganze Sätze formulieren und benutzt erst seit kurzem das Wort „ich". Er kann sehr wütend werden, schmollt dann indem er sich in eine Ecke zurück zieht, und weint. Wird er in einem Streit mit anderen Kindern wütend, schlägt er, auch mitten ins Gesicht, zu.

Peter hat Schwierigkeiten sich morgens von der Mutter zu trennen. Er weint und klammert sich an sie. Die Praxisanleiterin nimmt ihn dann von den Beinen der Mutter, an die er sich klammert, oder auch vom Arm der Mutter weg, obwohl er sich wehrt. Er weint dann sehr stark und wehrt sich soweit er kann mit Händen und Füßen. Die Mutter reagiert hilflos, bzw. sie verlässt sich auf die Erzieherin. Nach kurzer Ablenkung, auf dem Arm behalten und trösten, oder ans Fenster gehen, beruhigt er sich dann schnell.

Zum Mittagessen will Peter nicht aus der Hängematte kommen, auch nicht nach zweimaliger Aufforderung. Mit den Worten: „Doch, wir essen jetzt zu Mittag", löst die Praxisanleiterin Peters Hände, nimmt ihn auf den Arm, und trägt ihn zum Tisch, wo die anderen Kinder schon warten. Er weint, er schreit: „Ich will nicht", versucht sich zu wehren, bleibt dann aber doch weinend auf seinem Platz sitzen. Er bekommt sein Essen auf den Teller (er könnte auch selber nehmen, aber er will nicht), beruhigt sich schnell und fängt dann an zu essen.

Das Reflexionsgespräch mit meiner Praxisanleiterin beinhaltete die Konsequenz.

Peter zeige noch Kleinkindverhalten und ihr Verhalten in Bezug auf Peter zeige Konsequenz. Er kann mit diesen Situationen nicht umgehen und braucht Hilfe. Ich bin mit dieser Konsequenz nicht einverstanden, trotzdem habe ich beim nächsten Mittagessen so gehandelt wie meine Praxisanleiterin es gewünscht hat. Ich habe mich total unwohl gefühlt beim Lösen von Peters Fingern an der Hängematte. Ich habe Schwierigkeiten Kindern in Situationen, in denen sie nicht wollen, zu ihrem Glück zu zwingen. Ein Kind mit mehr oder weniger Gewalt der Mutter abzunehmen, finde ich nicht gut. Und auch einem Kind die Finger von einem Gegenstand zu lösen. Ich sehe und fühle darin eine Gewaltanwendung, die ich Kindern nicht antun möchte. Meine Praxisanleiterin sieht das anders. Da hilft nur Konsequenz. Wenn ich nicht konsequent bin, das heißt, wenn ich dem Kind etwas sage und es reagiert nicht, muss ich handeln. Nicht nur reden, sondern auch handeln. Wenn ich nicht konsequent bin, tanzen mir die Kinder auf der Nase herum, sie akzeptieren mich nicht. Das ist auch meine Meinung, aber ich möchte dies nicht mit Gewalt erreichen.

Was bedeutet Konsequenz? Konsequenz ist die Folge einer Handlung, die natürliche Folge auf das Fehlverhalten eines Kindes. Dabei soll das Kind weder psychisch noch emotional verletzt werden. Es sollte die Einsicht gefördert werden, dass seine Taten auch Folgen mit sich bringen. Konsequenzen festlegen – Grenzen setzen. Konsequenzen heißt aber auch, Alternativen anbieten. Bestenfalls die Kinder an Konsequenzentscheidungen beteiligen. Angekündigte Konsequenzen immer ausführen.

Was bedeutet das jetzt auf das Verhalten von Peter? Ich habe Peter nur aufgefordert zum Essen zu kommen. Ich habe keine Konsequenz, Grenze oder Alternative angeboten. Das wäre richtig gewesen. Meine Praxisanleiterin möchte jedoch, dass ich sofort handel. Ich habe beim nächsten Mittagessen (gleiche Situation, Peter in der Hängematte), genauso gehandelt wie es von mir erwartet wurde. Ich habe Peter gegen seinen Willen, und auch gegen meinen aus der Hängematte geholt. Ich habe mich sehr unwohl gefühlt und habe gemerkt: das will ich nicht und das kann ich nicht. Es wäre gut, etwas anderes auszuprobieren, z. B. Peter zu motivieren den Tisch mit zu decken, oder zu helfen das Essen aus der Küche zu holen, oder auch ihm Zeit zu geben weiter in der Hängematte zu bleiben bis die anderen Kinder, die warten, ihn rufen würden. Ich konnte diese Alternativen nicht mehr ausprobieren. Wenn er gerufen wird kommt er fast immer. Das Herausholen aus der Hängematte hat also gewirkt, jedoch nicht als natürliche Folge einer Konsequenz. Er weiß, dass es keinen Sinn hat in der Hängematte zu bleiben. Hat er resigniert, denn die Erzieherin ist ja sowieso stärker als er, oder hat er genau diese Hilfe gebraucht. Ich denke er hat gemerkt, dass die Erzieherin ja doch stärker ist. Dieses Gefühl möchte ich Kindern nicht vermitteln. Ich möchte Kinder nicht erziehen im herkömmlichen Sinn.

Mein Erziehungsauftrag beinhaltet, dass die Kinder nicht nur nach meinen Wünschen handeln, bzw. ich den Kindern etwas aufzwinge. Ich möchte Kinder in ihrer Entwicklung fördern, ihre Persönlichkeit unterstützen, Hilfen geben zur Selbständigkeit, und sie auf einem Stück ihres Lebens, der Kindergartenzeit begleiten. Das heißt, den Kindern Alternativen zu bieten, und hoffe, dass meine Praxisanleiterin meine Erfolge, die sich vielleicht nicht immer sofort einstellen, wahrnimmt und honoriert.

Erlebnisbericht Esam

Esam, Gruppe 2, 6 Jahre alt (Arabisches Land) seine jüngere Schwester, sein Cousin mit Schwester bilden im Kindergarten eine eigene kleine Gruppe. Die beiden Mädchen sprechen wenig deutsch, verstehen es aber gut. Die beiden Jungen sprechen und verstehen gut deutsch und benehmen sich größtenteils als Rowdys. Sie schreien herum, machen die Spiele anderer Kinder kaputt, spucken, schlagen andere Kinder. Genauso gehen sie auch mit ihren Schwestern um. Wenn sie untereinander Streit haben prügeln sie sich richtig. Auch vor den Erzieherinnen halten sie sich nicht zurück. Auch sie werden von ihnen angeschrien.

Esam ist in der Gruppe und schlägt ohne ersichtlichen Grund 3 Mädchen in den Rücken. Ich fordere ihn auf damit aufzuhören, da er sonst die Gruppe verlassen müsse. Er lacht mich aus und schreit: „Nein". Als ich einen Schritt auf ihn zu mache schreit er wieder (in seiner Muttersprache), läuft um den Tisch herum, und schlägt die Mädchen wieder, die völlig hilflos sind. Er versucht dann vor mir davon zu rennen, doch ich packe ihn am Arm und halte ihn fest. Ich will mit ihm aus der Gruppe gehen, doch er wehrt sich. Er schlägt um sich und wirft sich auf den Boden. Ich schaue hilflos zu meiner Praxisanleiterin. Sie sagt nur: „Ab ins Büro". Ich zerre ihn mehr oder weniger den Flur entlang in das Büro der Kindergartenleiterin. Dort muss er sich, nach Absprache mit der Leiterin, an einen Tisch setzen, und warten bis ich ihn wieder hole. Nach ca. 15. Min. gehe ich wieder in das Büro, wo er ganz ruhig sitzt und wartet. Ich sage ihm, dass er jetzt wieder in die Gruppe kommen könne. Er grinst mich an, kommt mit in die Gruppe und verhält sich ruhig bis der Kindergarten schließt.

Reflexion

Ich hatte bei Esam eine Konsequenz ausgesprochen und musste sie nun einhalten. Ich habe mich sehr unwohl gefühlt, als ich ihn mit Gewalt aus der Gruppe den Flur entlang zerrte. Esam wird oft in die eigene Gruppe zurückgebracht, wo er dann alleine am Tisch sitzen muss. Auch hat er teilweise Gruppenverbot. Das heißt, er darf einen oder mehrere Tage in der Gruppe in der er aggressiv und gewalttätig geworden ist, nicht spielen. Trotzdem bin ich mit meinem Verhalten nicht zufrieden. Ich glaube, er wollte mich mit meiner Reaktion testen. Wie weit kann ich gehen, bzw. was lässt sich die Erzieherin alles gefallen? Was hätte ich anders machen können?

Ich hätte gerne gewaltlos reagiert. Hätte ich mich schützend vor die Mädchen gestellt, hätte er wahrscheinlich weiter provoziert. Er hätte die Gruppe nicht von alleine verlassen. Ihn ignorieren, wäre auch falsch gewesen, denn ich hatte ja eine Grenze gesetzt. Wahrscheinlich war es im Moment doch die richtige Reaktion, denn in einer Reflexion mit der Kindergartenleiterin stellte sich heraus, dass Esam, wenn er wütend ist, nur auf solche Eingriffe reagiert. Es ist also solche Behandlungen gewohnt. Auch seine Brüder, die früher im Kindergarten waren, seien genauso gewesen. In der Familie, in der er aufwächst haben Frauen nichts zu sagen. Sie darf man z. B. ruhig anschreien.

In der nächsten Zeit habe ich die Erfahrung gemacht, dass er ganz ruhig ist und nicht ausflippt, wenn man z. B. ein Gesellschaftsspiel mit ihm spielt. Wenn er positive Aufmerksamkeit und Lob bekommt. Sind jedoch andere Kinder dabei, muss er gleich wieder den großen, frechen Jungen spielen. Es ist schwierig für ihn, eine „Normale Position" (wie andere Kinder sie haben), im Kindergarten zu bekommen. Sein Verhalten lässt vom Elternhaus abgesehen, darauf schließen, dass er immer Aufmerksamkeit bekommt wenn er schreit, haut, oder anderen Kindern die Spielsachen wegnimmt. Durch einen liebevollen oder bestätigenden Blick, ihn um Hilfe fragen, ihm also etwas zutrauen, und angemessene Konsequenz konnte ich Esam zeigen, dass es auch ohne Gewalt geht. Nicht immer und nicht sofort, aber er bekommt die Möglichkeit auch andere Verhaltensweisen von Erzieherinnen kennenzulernen.«

Text 31 – Jessica: »Auch Sie werden eines Tages den Weg des leichtesten Widerstandes gehen!«

Bearbeitungspunkte

1. Setzen Sie sich mit der Auffassung der Praktikantin zur Förderung der Selbständigkeit von Kindern auseinander: Welche Strukturen in sozialpädagogischen Einrichtungen verhindern die Entwicklung von Selbständigkeit? Überprüfen Sie ihre eigenen Praxissituationen.
2. Welche Persönlichkeitsmerkmale bei einer Erzieherin können dazu führen, dass die Kinder nicht angemessen in ihrer Entwicklung zur Selbständigkeit gefördert werden?
3. Arbeiten Sie an dem Text heraus, welche Bedeutung die Reflexion für die Praktikantin hat und welche Impulse sie durch die Reflexion erhält. Überprüfen Sie für sich selbst, welche Reflexionsmöglichkeiten Sie selbst für sich schaffen.
4. Die Praktikantin verdeutlich am Ende ihres Berichtes die Angst, in der Alltagsroutine unterzugehen. Halten Sie in Kleingruppen fest, wie es Ihnen gelingen kann, dieser Gefahr zu entgehen.

»„Auch Sie werden eines Tages den Weg des leichtesten Widerstandes gehen!" Dies war ein Satz, den meine erste Praxisanleiterin, Frau Musner, mir in den ersten Tagen meines Vorpraktikums sagte.

In der vorhergegangenen Situation ging es darum, ob es sinnvoll sei einem vierjährigen Kind den Po abzuwischen oder es anzuleiten es selber zu tun. Ich meinte, er solle es selber lernen, Frau Musner tat es für es immer wieder. Daraufhin sagte sie diesen markanten Satz.

Ich war erst seit einigen Tagen in der Einrichtung. Alles war sehr neu. Ich kannte kaum jemanden dort. Ich war noch sehr verwirrt. Aber mein erster Gedanke war – NEIN –. Ich konnte es mir nicht vorstellen. Mir war damals der Gedanke befremdlich die Kinder nicht selbstständig werden zu lassen aus vorgründiger Bequemlichkeit der Erzieherin. Zunächst mag es den Anschein haben, dass es einfacher ist dem Kind den Po abzuwischen. Was aber, wenn mehrere kommen oder zuwenig Personal da ist? Ich sah damals die Problematik durchaus, konnte sie aber nicht so formulieren, dass daraus eine Konsequenz folgte. Allerdings habe ich so gehandelt, gerade in diesem Falle, wie ich es für angemessen hielt.

Im Reflexionsgespräch mit Frau Musner habe ich damals gemerkt, dass sie mich zwar verstanden hatte, aber meinen Vorschlag das Kind selbst handeln zu lassen nicht annehmen konnte. Ein richtiges Reflexionsgespräch ergab sich daraus nicht, nur eine Gegenüberstellung von Meinungen und unterschiedlichen Handlungsweisen.

Allerdings war damals mein Bedürfnis sehr groß darüber zu reden. Ich suchte das Gespräch mit einer Freundin, die 12 Jahre in dem Beruf gearbeitet hatte und diesen Kindergarten und das dort arbeitende Personal nicht kannte. Heute betrachte ich diese Gespräche als eine Art Anleitung, die mir fehlte, wo ich mich auch nicht getraut hatte diese zu suchen. Aber diese Gespräche mit der Freundin haben mir doch geholfen die Situation zu klären, vor allem in Hinsicht auf meine spätere Berufsperspektive.

Eine sehr ähnliche Szene spielte sich in meinem Oberstufenpraktikum ab. Pascal (5 Jahre) hatte zum wiederholten Male eingenässt. Ich kam zu der Szene dazu, als meine Praxisanleiterin Lisa völlig entnervt ihn anschrie, während sie in saubermachte. Ich bot ihr an es zu tun, was sie in dem Moment gerne annahm. Sie ging und Pascal machte sich unter meiner Anleitung selbst sauber.

Später reflektierten Lisa und ich die Szene. Ich hatte gerade über die Waldorf-Erziehung gehört, dass es dort üblich sei Kinder diese „Malheurs" selber bereinigen zu lassen, bzw. sie nach Möglichkeit dabei selbstständig handeln zu lassen. Lisa wusste davon, war aber in der Situation, wohl auch wegen anderer Dinge, zu entnervt um daran zu denken. Pascal hatte einfach den Tropfen ins Fass geschüttet, der es dann zum Überlaufen gebracht hatte. Sie konnte es aber nachher in Ruhe bereden. Wir verständigten uns darauf in Zukunft Pascal sich immer selber saubermachen zu lassen. Er sollte im Falle des Falles lernen Verantwortung für sich selbst zu übernehmen. Soweit ich weiß wurden diese Situationen auch später so gehandhabt.

Zu denken gab mir, dass eine erfahrene Erzieherin durch eine solche Szene so aus der Fassung gebracht wurde. Ich verglich das Verhalten Frau Musners mit dem Lisas und stellte auch ihre persönlichen Berufssituationen einander gegenüber. Erstere arbeitete 30 Stunden in der Woche, jeden Morgen und 1 Nachmittag im Kindergarten in einem ruhigen Vorort. Lisa in einer altersgemischten Gruppe, morgens ruhig mit 10 Kindern im Alter von 4 bis 7 Jahren, ab 12.00 Uhr mit weiteren 10 Grundschulkindern, die zum Teil sehr schwierig zu betreuen waren, in einer Kleinstadt. Sie hatte eine ganze Stelle, arbeitet die volle Stundenzahl. Bei den Reflexionen im Vorpraktikum und in der Unterstufe habe ich mich noch nicht kompetent gefühlt eigene Lösungsansätze zu diskutieren. Ich fühlte mich noch sehr als lernende, habe mehr Fragen gestellt als geantwortet. Ich fühlte mich jedoch immer ernstgenommen und hatte nach den Gesprächen mit den jeweiligen Anleiterinnen mehr das Gefühl weiter an einer Lösung arbeiten zu können, denn mit einer Antwort abgespeist worden zu sein. In den Gesprächen während der Oberstufe fühlte ich mich schon als die überlegenere. Lisa fragte mich eher um Rat als ich sie. Es lag an ihrer eigenen Situation, in der sie vollkommen überfordert war. Sie war in der altersgemischten Gruppe alleine mit fast täglich wechselnden Hilfen und mir, die zumindest 8 Wochen hintereinander mitarbeitete und auch bereit war einzelne Gegebenheiten zu reflektieren. Das war einerseits gut, weil ich wirklich sagen konnte, was ich dachte. Andererseits fehlte mir die Kritik. Jetzt im Berufspraktikum merke ich eine Kontinuität in den Reflexionen und im Handeln. Das heißt nicht, dass immer alles gleich läuft, sondern, dass ich in ähnlichen Situationen verschieden handele und ausprobiere, welche Handlung die angemessene für das Kind, aber auch für mich ist. Danach kann ich reflektieren, aufbauend auf vorhergegangenen Reflexionen. Im Moment kann ich auf professioneller Basis mit meiner Anleiterin diskutieren. Ich habe dabei weder das Gefühl unter- noch überlegen zu sein. Ich sehe mich als lernende, die Rat von kompetenter Seite annehmen kann, aber auch ablehnen.

Seit der Unterstufe habe ich kein Reflexionsgespräch mehr außerhalb der Einrichtung gesucht. Meine Probleme konnten innerhalb der Einrichtung oder in Gesprächen mit Mitschülern und Mitschülerinnen oder Lehrern gelöst werden.

Meine Sicht der Aufgaben der Erzieherin mit dem einzelnen Kind

In diesen Reflexionen ist mir klar geworden, dass ich Kinder nicht erziehen kann. Das sehe ich auch nicht mehr als meine Aufgabe an. Erziehen kann ich meine eigenen Kinder bis zu einem gewissen Maße. Ich kann sie begleiten, betreuen, eine Beziehung zu ihnen schaffen. Erzogen werden sie von ihrer gesamten Umwelt.

Ebenso ist es mit den Kindern in der Einrichtung. Sie werden uns von den Eltern im Alter von 3 – 4 Jahren gebracht. Sie haben eine kurze Lebensgeschichte schon erfahren, die in der Gegenwart ich erkennen und interpretieren muss. Daraus kann ich mit dem Kind zusammen Kompetenzen für die Zukunft schaffen. Ich möchte sie begleiten, betreuen, eine Beziehung zu ihnen schaffen, auf deren Grundlage ich ihr Vertrauen erwerbe. Darauf aufbauend kann ich mit ihnen arbeiten, ihren Wünschen und Bedürfnissen gemäß.

Meine Sicht der Aufgaben einer Erzieherin in der Gruppe

Die Aufgaben einer Erzieherin in der Gruppe leiten sich aus den Aufgaben am einzelnen Kind ab.

Ich möchte jedem einzelnen Kind die Möglichkeit geben sich frei in der Gruppe zu entfalten, ohne dass es die Grenzen des nächsten Kindes überschreitet. Mir ist es wichtig die Bedürfnisse der Kinder zu erkennen und damit umzugehen, ihnen aber auch die Grenzen aufzuzeigen. Meine Erfahrung ist, dass Kinder, die ohne Anleitung sich selbst entfalten, oft die Grenzen der anderen verletzen und als Konsequenz daraus abgelehnt werden. Für den Gruppenprozess halte ich es jedoch für wichtig, dass jedes Kind die Grenze des anderen Kindes wahrnimmt und respektiert. Daraus erhält jedes Kind die Achtung, die es für sein weiteres Leben braucht.

Meine Befürchtungen

Meine größte Angst in beruflicher Hinsicht ist, dass ich in Alltagsroutine völlig aufgehe, nicht mehr in der Lage bin mich selbst, mein Handeln und mein Denken zu reflektieren um Positionen beizubehalten oder notwendige Änderungen vorzunehmen.

Bis jetzt überlege ich noch sehr viel aus Unerfahrenheit heraus. Ich habe sogar schon (wenige) schlaflose Nächte wegen Situationen in der Einrichtung gehabt. Es ging darum, ob ich an einem Kind richtig gehandelt habe oder nicht: es war völlig falsch, was du gemacht hast. Ich war froh, dass ich mit meiner Praxisanleiterin mich austauschen konnte um Klarheit zu gewinnen. Was aber wird sein, wenn ich keine Kollegin habe mit der ich mich in fairer Weise austauschen kann? Der schlimmste Gedanke aber ist, dass ich nicht mehr in der Lage sein sollte zu reflektieren aus Angst oder Überheblichkeit.«

Übergreifende Fragestellungen

Alle Texte setzen sich mit der Identitätsentwicklung – übergreifend mit der Professionalisierung im Berufspraktikum – auseinander.

1. Halten Sie zusammenfassend fest, welches die gemeinsamen Entwicklungsaufgaben der Praktikantinnen zu sein scheinen. Vergleichen Sie diese Gemeinsamkeiten mit Ihren eigenen Erfahrungen.
   Keine der Berufspraktikantinnen stellt dar, dass sie große Probleme und Defizite im methodischen Bereich oder auch im Umgang mit den Kindern/Jugendlichen hat (Ausnahme Monique im Heim). Offensichtlich findet noch einmal eine intensive Auseinandersetzung mit der ersten Entwicklungsaufgabe: Klärung der eigenen Berufsrolle statt.
2. Reflektieren Sie gemeinsam mit Ihren Mitschülern/Mitschülerinnen, ob die dargestellten Probleme im Berufspraktikum auch für Sie die zentralen sind und beraten Sie gemeinsam mit Ihren Praxisbetreuern der Schule, in welcher Weise die Schule besser auf die Lösung dieser Entwicklungsaufgaben vorbereiten kann.

Auswertung der Texte und Reflexionen im Hinblick auf die Entwicklungsaufgabe IV: Formulierung einer Strategie für die Professionalisierung in der Berufspraxis

Arbeiten Sie heraus, inwiefern in den einzelnen Texten/Geschichten die übergreifende Lösung der Entwicklungsaufgabe IV deutlich wird: „Auch wenn ich zu Beginn der Berufspraxis nicht alles kann, was ich können müsste, werde ich im Berufspraktikum nicht untergehen, weil ich weiß, wie ich dort noch lernen kann.“

Informieren Sie sich noch einmal im Anhang dieses Buches über die Aspekte der Entwicklungsaufgabe IV. Halten Sie für sich selbst fest, an welchen Aspekten der Entwicklungsaufgabe Sie selbst verstärkt arbeiten wollen.

Anhang

A.1 Den eigenen Lernprozess strukturieren: Entwicklungsaufgaben innerhalb der Erzieher/innenausbildung

Ausbildung ist allerorts durch einen Rahmen strukturiert. Bei allen Unterschieden erkennt man, dass im wesentlichen vier Entwicklungsaufgaben den allen gemeinsamen Bildungsgang angehender Erzieherinnen und Erzieher prägen. Um es zu betonen: Jede Erzieherin vollzieht einen eigenen Prozess der Entfaltung ihrer Fähigkeiten, aber alle haben es doch mit gemeinsamen übergreifenden Aufgaben zu tun. Jeder schulisch begleitete Lernprozess variiert beträchtlich entsprechend den subjektiven Voraussetzungen der Schüler/Schülerinnen und ihren praktischen Erfahrungen, aber gleichwohl arbeiten doch alle in einer gleichen Reihenfolge an übergreifenden vier Aufgabenstellungen. Wir nennen sie Entwicklungsaufgaben und meinen dabei ein Doppeltes: Dass es überhaupt zu solchen allgemeinen Entwicklungsaufgaben kommt, liegt wesentlich in Aufbau und Inhalt der Anforderungen begründet, die die Erziehertätigkeit mit sich bringt. Keine /keiner kann eine professionelle Erzieherin/ein professioneller Erzieher werden, ohne dass sie/er diese übergreifenden Anforderungen erfüllt. Solange freilich nicht jede einzelne Schülerin/jeder einzelne Schüler diese Aufgaben zu ihrer eigenen Aufgabe gemacht hat, kann es nicht zur Entwicklung von Kompetenzen kommen.

In dem Sinne sind die Entwicklungsaufgaben auch die Aufgaben der Schülerinnen und Schüler. Um es konkret darzustellen:

1. Aufgabe
Entwicklung einer Vorstellung von der eigenen zukünftigen Berufsrolle

Übergreifende Lösung: **„Ich kann Erzieherin werden, weil ich lernen kann, was ich lernen muss und auch lernen will!"**

Erläuterung: Jede von Ihnen kommt mit mehr oder weniger klaren Erwartungen an die erzieherische Tätigkeit in die Ausbildung. Jede von Ihnen hat bei der Wahl des Erzieherberufes bestimmte Berufswahlmotive für sich geltend machen können. Jede weiß also mehr oder weniger gut darüber Bescheid, warum sie mit welcher Zielsetzung Erzieherin werden will.
Dabei berücksichtigen Sie vieles von dem, was Sie bereits über die Praxis in der Sozialpädagogik wissen.
Es macht einen Unterschied,

- ob man sich mit solchen Berufsvorstellungen selbst Mut macht,
- ob man sich mit Hilfe einer solchen auf die Zukunft hin ausgelegten Vorstellung von der eigenen Berufsrolle orientiert
- oder ob man schon weiß, dass und wie man die mit der Berufsrolle verknüpften Fähigkeiten entwickeln kann.

Die Vorstellung von der eigenen Berufsrolle erlaubt, für die eigene Ausbildung eine eigene Perspektive zu entwickeln. Ob diese Perspektive realistisch ist, entscheidet sich erst während der Ausbildung.

Diese Unsicherheit spiegelt sich auf der anderen Seite, nämlich der Ihrer Lehrer/Lehrerinnen und Ausbilder/Ausbilderinnen. Diese überlegen schon früh, ob diese neue Generation von Erzieherinnen und Erziehern wohl halten wird, was sie sich selbst verspricht. Der Eintritt in die Erzieher/Erzieherinnenausbildung ist verknüpft mit dem, was man so gerne und missverständlich „den Ernst des Lebens" nennt. Die Schulzeit ist eine ernste Zeit der Vorbereitung auf berufliche Anforderungen. Da Sie Ihren Ausbildern/Ausbilderinnen und Ihren Lehrern/Lehrerinnen noch nicht beweisen können, wie gut Sie als Erzieher/Erzieherin sein werden, lesen diese gerne an Ihren „Arbeitstugenden" ab, ob Sie sich ernsthaft auf die Entwicklung sozialpädagogischer Kompetenzen einlassen werden. Wesentlich davon leiten Ihre Ausbilder/Ausbilderinnen und Lehrer/Lehrerinnen ab, ob Sie eine tragfähige Vorstellung der eigenen Berufsrolle entwickelt haben.

2. Aufgabe
Entwicklung eines Konzepts für die pädagogisch ausgerichtete Fremdwahrnehmung

Übergreifende Lösung: **„Ich finde pädagogischen Kontakt zu Kindern und Jugendlichen, weil ich sie gut verstehen kann!"**

In einer zweiten Phase der Ausbildung, im Umfeld des ersten längeren Praktikums, wird eine zweite Entwicklungsaufgabe akut. So umfänglich auch die kommunikativen Kompetenzen sein mögen, die Sie in die Ausbildung einbringen, so viele Praxiserfahrungen Sie auch bereits gemacht haben mögen, nun, im ersten Praktikum, wird die Probe auf Ihre zukünftige Eignung als Erzieherin gemacht. Denn nun haben Sie in der Rolle der Praktikantin/des Praktikanten zu beweisen, dass Sie einen pädagogisch gerichteten Umgang mit Kindern herstellen können. Dass Sie vor der Ausbildung als Spielkamerad von Kindern dazu in der Lage waren, zählt nicht mehr. Denn nun wird geprüft, ob Sie auch Zugang zu solchen Kindern herstellen können, die bei Ihnen z. B. nicht sofort Sympathien erwecken. Zu beweisen ist, ob Sie Ihre kommunikative Kompetenz übertragen können in die pädagogisch gerichtete kommunikative Kompetenz einer Erzieherin, und das bevorzugt in Problemsituationen.

Für Ihre Ausbilder / Ausbilderinnen ist der Nachweis einer solchen pädagogischen Befähigung außerordentlich aussagekräftig.

Die Leistung, die Sie im ersten Praktikum erbringen müssen, besteht weniger darin, dass Sie bereits große pädagogische Aktionen durchführen, als vielmehr darin, in Ihrem kommunikativen Umgang mit Kindern zu beweisen, dass Sie sie richtig wahrnehmen, ihr Verhalten adäquat einzuschätzen vermögen und entsprechend darauf zu reagieren in der Lage sind. Das bedeutet nicht, dass von Ihnen verlangt wird, dass Sie sich jedes Verhalten von Kindern schon zureichend erklären können. Es geht vielmehr darum, dass Sie sich selbst und Ihren Ausbildern/Ausbilderinnen beweisen: Sie verfügen bereits über eine Methode, wie Sie das Verhalten von Kinder angemessen interpretieren können.

3. Aufgabe

Formulierung eines Konzepts für das pädagogisch-praktische Handeln mit Kindern und Jugendlichen

Übergreifende Lösung: **„Mein Handeln mit Kindern und Jugendlichen basiert auf meiner eigenen Idee und einer anerkannten, objektiv sinnvollen Praxis!“**

In der dritten Phase, der eigentlichen Hauptphase der Ausbildung, geht es darum, die pädagogischen Zielsetzungen, die Sie mit Ihrem Berufsrollenverständnis verknüpft haben, und Ihre Fähigkeit, Kinder und Jugendliche wahrzunehmen, miteinander zu verkoppeln. Das Ziel besteht darin, so etwas wie ein Konzept für das eigene pädagogische Handeln zu entwickeln. Konzept, das meint hier, dass Sie für sich selbst die Chance entdecken, wie Sie verschiedene kleine Aktivitäten sinnvoll miteinander verbinden können. Dabei geht es auch darum, dass Sie sich und Ihren Ausbilder/Ihre Ausbilderin durch Ihre Praxis glaubwürdig vermitteln: Mein Handeln gegenüber Kindern ist nicht zufällig, chaotisch und diffus, sondern es erfolgt zielgerichtet, von pädagogisch gerechtfertigten Überlegungen aus! Sie betreiben keinen blinden Aktionismus, sondern Sie sind in der Lage, die verschiedenen Aktionsformen sinnvoll dazu einzusetzen, bestimmte pädagogische Probleme zu lösen!

Auch hier gilt gegen Ende dieser Phase nicht die Verpflichtung, dass Sie ein perfekt und allseitig entwickeltes Repertoire an pädagogischen Arbeitsformen vorweisen können. Statt dessen geht es darum, dass Sie eine Ihr weiteres Lernen befördernde Vorstellung besitzen, in welcher Richtung Sie Ihre pädagogische Handlungskompetenz ausbauen wollen.

4. Aufgabe

Formulierung einer Strategie für die Professionalisierung in der Berufspraxis (Berufspraktikum und die ersten Jahre danach)

Übergreifende Lösung: **„Auch wenn ich zu Beginn der Berufspraxis nicht alles kann, was ich können müsste, werde ich im Berufspraktikum nicht untergehen, weil ich weiß, wie ich dort noch lernen kann!“**

Die vierte Entwicklungsaufgabe steht am Ende Ihrer Ausbildung, sie leitet über in das Berufspraktikum und wohl auch noch in die ersten Phasen Ihrer beruflichen Tätigkeit. Die Lösung der Entwicklungsaufgabe besteht wesentlich darin, den Übergang von der Schule in die Praxis produktiv zu meistern. Am Ende der Schulzeit wissen Sie genausogut wie Ihre Ausbilder / Ausbilderinnen, dass Sie noch nicht perfekt sind. Während Sie in den ersten Jahren der Ausbildung wesentlich im Schonraum der Schule lernten, mit einigen mehr oder weniger langen „Ausflügen“ in die pädagogische Praxis, dreht sich dieses Verhältnis nun um: Sie sind hauptamtlich in der pädagogischen Praxis tätig und werden nur noch selten die Möglichkeit haben, durch Diskussionen und den Gedankenaustausch in der Schule eine gewisse Distanz zu dieser Praxis zu schaffen. Während Sie in der Phase der Ausbildung noch gut darüber klagen konnten, Sie hätten in der Praxis gar nicht richtig ausprobieren können, was Sie gerne getan hätten, zählt diese „Entschuldigung“ nun nicht mehr. Nach der Ausbildung haben Sie genügend Zeit, um die Probleme zu bearbeiten, die Sie in der Kürze der Zeit Ihrer Praktika tatsächlich nicht lösen konnten. Somit stellt sich erst am Ende der Ausbildung die Frage: Kann ich überhaupt genug, um eigenständig und erfolgreich zu arbeiten?

Die Entwicklung der Professionalität einer Erzieherin/eines Erziehers geschieht nicht allein in der schulischen Vorbereitung, dort nicht gleichsam auf Vorrat, sie vollzieht sich (wenn sie sich vollzieht) im Umgang mit Kindern, mit der Praxis. Was aber am Ende der Ausbildung in der Ausbildung noch geleistet werden sollte, das ist die Eröffnung einer Perspektive, wie die eigene Professionalisierung in der Praxis vorangetrieben werden kann. Die Schule ist also am Ende der Ort, an dem Sie strategisch darüber nachdenken: Wie kann ich unter den Ernstbedingungen der Praxis lernen, was mir noch zur Entwicklung professioneller Fähigkeiten fehlt? Wie kann ich dabei insbesondere mit den Widerständen umgehen, die zum Alltag der pädagogischen Praxis gehören?

Ihr eigenes Problem spiegelt sich in der zuweilen bangen Erwartung Ihrer Ausbilder / Ausbilderinnen. Sie mögen sich am Ende fragen, ob Sie durch sie genügend vorbereitet worden sind: Werden die Berufspraktikanten und Praktikantinnen in ihrer Praxis Erfolg haben? Daraus erwächst auch für die Lehrer / Lehrerinnen das Motiv, mit Ihnen über die Bedingungen des Übergangs in die Berufspraxis im Sinne der Entwicklung von Strategien der Professionalisierung zu sprechen.

A.2 Geschichten aus der Praxis lesen lernen: Analyseschritte zum Umgang mit den Geschichten

Vorbemerkung
Auf Seite 11 des vorliegenden Buches haben wir vorgeschlagen die Analyse der hier abgedruckten Geschichten systematisch und nach einer konkret entwickelten Schrittfolge vorzunehmen. Wir drucken diese Schrittfolge auf den Seiten 84 und 85 ab.

Für die praktische Handhabung regen wir an, dass Sie sich nach Durcharbeiten der beiden Seiten zum Beispiel ein Blatt (oder noch besser eine Pappkarte) anlegen, auf der Sie sich eine Übersicht zu den sechs Schritten notieren. Sie können sich dieses Blatt bzw. diese Karte dann immer parallel zum Arbeitsbuch legen und bei Bedarf heranziehen.

Damit das Arbeiten nach diesen Schritten aber keinesfalls mechanisch erfolgt oder gar als mechanisches Vorgehen missverstanden wird, zuvor noch einige didaktisch-methodische Hinweise. (Sowohl diese Hinweise als auch die Schrittfolge sind, leicht gekürzt, dem Band „Gruschka/Hesse/ Michely/ Schomacher: Aus der Praxis lernen“ entnommen.)

Didaktische Hinweise
Sie haben zu allen hier abgedruckten Geschichten aus der Praxis von uns Bearbeitungshinweise bekommen. Diese Bearbeitungshinweise folgen einem bestimmten Muster. Sie dienen dazu, dass Sie in relativ kurzer Zeit allein oder in kleinen Gruppen, mündlich, gegebenenfalls auch schriftlich, das Material analysieren können.

In gewisser Weise stellen unsere Arbeitshinweise selbst einen kleinen didaktischen Sündenfall dar.

Denn wir unterstellen mit ihnen, es sei in abgekürzter Form möglich, die möglichen Schlussfolgerungen aus den Geschichten zu ziehen. Abgekürzt sind die Bearbeitungshinweise gegenüber einem unverkürzten Verfahren, als wir in den Jahren, in denen dieses Lehrwerk (bzw. der erste Band mit Geschichten) entstand, eine besondere, anspruchsvollere Form der Analyse von Geschichten erarbeitet hatten.

Wir haben bei der Erprobung dieser ausführlichen Analyseschritte lernen können, wie wichtig es ist, möglichst genau und geduldig das Material zu analysieren. Erst wenn man über genügend umfangreiche Erfahrung mit dem im folgenden dargestellten Analyseverfahren verfügt, kann man es sich leisten, die Geschichten gleichsam schneller zu lesen und zu analysieren.

Warum ist das so?

Das, was in den Geschichten, noch in den trivialsten Episoden aus der Praxis, steckt, wird erst deutlich, wenn man es gegen das eigene Vorverständnis, das eingebrachte Vorwissen, den ersten Eindruck analysiert. Oft teilt ein flüchtiger Blick auf die Episode dem Leser mit, es handele sich um nichts Besonderes, nichts Spektakuläres. Insofern sei aus der Geschichte wohl nichts zu lernen! Mobilisiert wird durch das Erzählte eher Sympathie oder Antipathie (gegenüber der handelnden Erzieherin oder den Kindern), als dass man gezielt suchte, welche Einsichten in die Bedingungen pädagogischen Umgangs durch eine geduldige Lektüre der Geschichte gewonnen werden können. Will man wirklich genau herausfinden, was Erzieherinnen und Erzieher in die Lage versetzt, pädagogische Probleme zu bearbeiten, muss man so mikroskopisch wie möglich ihr Handeln betrachten. Mikroskopisch, das bedeutet im wesentlichen, dass man Handlungsschritt für Handlungsschritt, d.h. bezogen auf die protokollierte Szene, Satz für Satz den Verlauf der Geschichte anschaut. Erst im Durchgang durch eine genaue Analyse des Verhaltens hat man die Chance herauszufinden, welche Strategie der Praktikant verfolgte, welches seine Absichten waren, welchen Regeln sein Handeln folgte. Oft ist es so, dass die Handelnden sich gar nicht darüber im klaren sind, welchen Regeln, Strategien, Absichten sie folgen. Wenn man dies akzeptiert, dann wird klar: Es hat keinen Sinn, einer Schülerin Hinweise zur besseren Bewältigung von pädagogischen Problemen zu geben, wenn deren Sinn dem Sinn widerspricht, dem die bisherige Problemlösung der Schülerin/des Schülers folgte.

Wir gehen davon aus, dass das folgende, in seinen Schritten dokumentierte Verfahren „Aus Geschichten lernen“ zum Kernbestandteil erzieherischer Kompetenz gehören sollte. Es ist nicht nur ein Verfahren, wie man in der Ausbildung produktiv mit Geschichten umgehen kann, es eignet sich auch als Verfahren später in der sozialpädagogischen Praxis, wenn es darum geht, im Team von Erziehern produktiv mit Problemen der Praxis umzugehen. Denn im Team besteht die Gefahr, dass die jeweils berichtete Praxiserfahrung in das Anekdotenerzählen umschlägt oder dass es statt der Erklärung von Praxisproblemen dazu kommt, allgemeine Ursachen für misslingende Praxis zu benennen. Deshalb plädieren wir dafür, nicht nur im Anschluss an Praktika, sondern kontinuierlich während der Ausbildung „Pädagogische Kasuistik“ (Fallstudien, abgeleitet von casus – lat.: Fall –) zu betreiben. Wir haben gute Erfahrungen damit gemacht, im Stundenplan einer Woche eine bis zwei Stunden für die kontinuierliche Analyse von Praxisgeschichten nach dem folgenden Schema zu reservieren.

Nach unserer Erfahrung sind eine bis eineinhalb Stunden notwendig (zumindest in der Startphase), um die folgenden Schritte umzusetzen (bei sehr langen Geschichten entsprechend etwas mehr Zeit).

Schritt 1:

Verständigung über das Motiv der Schülerin, des Schülers, über die dokumentierte Erprobung ihrer Handlungsweise zu berichten

Berichtet eine Praktikantin über eine Szene aus ihrem Praktikum, so entsteht erfahrungsgemäß das Bedürfnis, sich als Zuhörer zur erzählten Geschichte zu verhalten, als wäre sie die eigene. Auch zeigt sich schnell das Bedürfnis, die Geschichte insgesamt zu bewerten. Das gängigste Bewertungskriterium ist der Erfolg oder der Misserfolg des Handelns. Damit die sachliche Analyse der folgenden Schritte nicht immer wieder durch persönliche Bewertungen unterbrochen wird, ist es sinnvoll, in einem ersten Schritt zu fragen, welches Motiv die Mitschülerin wohl hatte, genau diese Geschichte zu erzählen. Sie kann dies gegebenenfalls selbst in einer Einleitung deutlich machen: Die Szene kann so aufgeschrieben worden sein, weil sie beispielhaft eine gelungene Handlung (beispielhaft für die Handlungsweise) demonstriert. Sie kann aber auch exemplarisch von einer misslungenen (nicht zureichend gelungenen), unbefriedigenden Praxis berichten. Schließlich kann sie ein Handeln demonstrieren, das als wichtig bewertet wird, weil in ihm „irgend etwas" Ungeklärtes und Bedrängendes steckt.

Das berichtete Motiv und die damit vorab gesetzte Deutung der Geschichte muss nicht auf die Zustimmung der Leser/Interpreten stoßen. In zwangloser Weise äußern diese nun ihre Deutung und versuchen das Handeln zu bewerten. Dabei ist zu erkennen, in welcher Vielfalt Überzeugungen über richtiges pädagogisches Handeln herangezogen werden. Für die die Auswertung koordinierende Lehrerin/Schülerin ist das die Gelegenheit, stichwortartig Material für die späteren Analyseschritte zu sammeln (ggf. Tafelanschrieb).

Schritt 2:

Untersuchung des Textes unter dem Aspekt der von der Schülerin/dem Schüler gezeigten Kompetenz

Von der übergreifenden Deutung und Bewertung wird übergegangen zu einer möglichst detaillierten Analyse der von der Schülerin in ihrer Episode gezeigten Kompetenz. Dabei wird streng mit der Unterstellung gearbeitet, zunächst einmal das Positive im Sinne der Handlungsfähigkeit herauszuarbeiten und nicht unmittelbar vermeintliche oder tatsächliche Inkompetenzen herauszupräparieren. Die Verpflichtung auf eine bewusst positive Lektüre fördert zunächst überraschend für alle Beteiligten zutage, was alles schon gekonnt sein will, damit die Praktikantin überhaupt einen sinnvollen pädagogischen Umgang initiieren und durchhalten konnte. Noch die insgesamt vielleicht als wenig gelungen geltende Handlung enthält häufig im Detail eine Fülle von Hinweisen auf die entwickelte kommunikative Kompetenz.

Entscheidend ist, dass eine Episode wirklich Satz für Satz daraufhin „abgeklopft" wird, was die Schülerin im Umgang mit Kindern getan hat, bewusst oder auch in der spontanen Reaktion, und wie das als Kompetenz beschrieben werden kann. Zur besseren Kennzeichnung des pädagogisch-kommunikativen Sinns eines Handlungsmoments kann es sich als hilfreich herausstellen, rhetorisch zu fragen, welche alternativen Handlungsmöglichkeiten in der jeweiligen Redesituation bestanden hätten. Dort, wo man nicht direkt auf Teilkompetenzen stößt, verweist die gedankenexperimentelle Frage, was die Praktikantin hätte anders tun können, häufig auf vorhandende kommunikative Kompetenz.

Die Verpflichtung darauf, zunächst das Handeln positiv zu kennzeichnen, ist nicht als strenges Gebot zu verstehen, an keiner der analysierten Stellen der Episode dürfte nicht auch deutlich gemacht werden, wo ggf. Fehler im Handeln vorgelegen haben können, bzw. ein Mangel an kommunikativer Kompetenz. Würde man kritische Einschätzungen völlig ausschließen, ließe sich oft nicht sagen, warum das Geschehen einen pädagogisch unerfreulichen Verlauf genommen hat. Aber von solchen Bemerkungen aus sollte dann doch wieder schnell zum Positiven gewechselt werden.

Entscheidend für den Erkenntniszuwachs ist das bewusste Bemühen um die Analyse des Sinns der einzelnen Handlungsschritte. Dieser verweist angesichts der Tatsache, dass in der Regel ein von der Praktikantin gesteuerter Handlungszusammenhang vorliegt, zunächst auf realisierte Kompetenz.

Schritt 3:

Die Deutung der in den Kompetenzen untersuchten Handlungsweise unter dem Gesichtspunkt des pädagogischen Ziels der Praktikantin

Eine ausführlich vorgenommene Untersuchung der positiv realisierten Kompetenz führt zwangsläufig zur Rückfrage, ob das, was die Schülerin konnte (aber auch das, was sie evtl. unbeholfen realisierte) mit dem übereinstimmt, was sie erreichen wollte. Mit anderen Worten: ob die gewählten Methoden zu dem passen, was sie pädagogisch bezweckte. Die Interpreten versuchen deshalb, den im einzelnen ausgedeuteten und damit nachvollzogenen Text zusammenfassend zu deuten. Es ist eine Antwort auf die Frage zu finden, welches das übergreifende pädagogische Handlungsziel der Berichtenden gewesen ist und mit welcher Handlungsstrategie diese pädagogische Absicht verfolgt wurde. Dabei ist es zweitrangig, ob Ziel und Methode dem Berichtenden bewusst gewesen sind oder ob erst mit der Analyse des Textes ein Interpretationsangebot vorliegt, mit dem die berichtende Schülerin sich über die Regelhaftigkeit ihres Vorgehens aufklären konnte. Die Aufdeckung von solchen Regelhaftigkeiten bedeutet nicht:

– nicht, dass jedes Handeln in sich geschlossen und stimmig sein muss, denn es wird auch Episoden geben, in denen Praktikantinnen konfus reagierten und agierten oder in denen sie sich zwischen zwei Handlungszielen nicht entscheiden konnten,

– und auch nicht, dass die entdeckte Regelhaftigkeit des Verhaltens in der protokollierten Szene die Schülerin für Vergangenheit, Gegenwart und Zukunft festlegen würde.

Von Interesse ist vielmehr allein, für die jeweilige Szene den roten Faden zu finden, das also, was die verschiedenen Handlungsschritte, über die die Episode berichtet, zu einem in sich stimmigen Handeln zusammenzubinden erlaubt. Am Ende dieses Analyseschritts steht eine Vorstellung vom Konzept, mit dem die Erzählerin gespielt, verboten, ermutigt etc. hat. Der Schülerin bleibt es dann frei, für sich zu entscheiden, ob der rote Faden nur für die untersuchte Szene oder (was häufig der Fall sein wird) auch für viele andere vergleichbare Szenen gelten wird.

Alle Interpretationsangebote an dieser Stelle sind Angebote zur Selbstaufklärung. Das bedeutet, dass kein dogmatischer Gebrauch von den Interpretationsergebnissen gemacht werden darf, vor allem kein solcher, der die interpretierte Schülerin in die Enge treibt, sodass sie sich falsch „etikettiert" fühlt und sie deswegen Widerstand gegen die ihr zugemutete Interpretation äußern muss.

Schritt 4:
Hinweise, wie man in analogen Situationen gegebenenfalls (noch) erfolgreicher das eigene pädagogische Ziel verfolgen könnte

Nachdem die Gruppe eine Hypothese formuliert hat, welches das übergreifende Ziel für die protokollierte Situation war, bzw. in welcher Mehr-, Zwie- oder Zweideutigkeit sich die Schülerin verhalten hat (sodass mehrere Wahlmöglichkeiten deutlich werden, aber kein stimmiges Handeln), ergibt sich die Frage, wie auf der Basis des Ziels der Schülerin, die über ihre Geschichte berichtet hat, ein gegebenenfalls zielgerichteteres Handeln aussehen könnte.

Schülerinnen, die in ihrem Bericht die eigene Unsicherheit deutlich machen, werden die qualitativen, also die grundsätzlichen, aber auch die ganz praktisch konkreten Alternativen für ihr Reagieren und Agieren deutlich gemacht.

Schülerinnen, die erfolgreich ein bestimmtes Ziel verfolgten, erhalten Hinweise, wie in komplexeren und zugleich schwierigeren Situationen ihr Repertoire erweitert, modifiziert, und das heißt auch anspruchsvoller realisiert werden könnte. Schülerinnen, die in ihrem Protokoll deutlich machen, warum sie ihr eigenes Ziel nicht erreichten, erhalten Hinweise, wie die Geschichte anders hätte verlaufen müssen.

Schritt 5:
Die Variation der protokollierten Episode unter dem Gesichtspunkt alternativer pädagogischer Ziele des Handelns

Die interpretierenden Mitschüler sind nur dann über einen längeren Zeitraum der Diskussion auf die immanente (aus der Sicht der berichtenden Schülerin) Würdigung des protokollierten Schülerinnenverhaltens zu verpflichten, wenn die vorhandenen pädagogische Alternativen nicht ganz ausblendet werden. Schülerinnen, die nicht die gleichen pädagogischen Ziele wie die protokollierenden Mitschülerin verfolgen, bekommen in diesem fünften Schritt die Gelegenheit, in der Form einer Simulation deutlich zu machen, wie sie auf der Basis ihres pädagogischen Selbstverständnisses gespielt, motiviert, gebastelt etc. hätten. Die Szene wird in unterschiedlichen Verläufen ausgesponnen, ggf. wird in der Form von Rollenspielen das andere Verhalten getestet.

Schritt 6:
Die theoretisierende Generalisierung des Handelns durch die Analyse pädagogischer Handlungskonzepte

Hat die Lerngruppe eine Reihe von Geschichten zu bestimmten Handlungsweisen untersucht, ergibt sich die Möglichkeit, gemeinsam zu erarbeiten, welche pädagogischen Handlungskonzepte denn überhaupt vorliegen, um die Handlungsaufforderung, die Ausgangspunkt des Protokolls war, angemessen zu beantworten. Die Arbeit in dieser Phase besteht darin, das Erlebte und Interpretierte jeweils auf einen möglichst guten plastischen Begriff zu bringen. Die Schülerinnen suchen nach prägnanten Bildern, Metaphern, technischen Bezeichnungen etc., die verdeutlichen, welche Konzepte des Vormachens, Helfens, Bastelns etc. grundsätzlich realisiert worden sind.

Die Analyse von verschiedenen Fällen zu einer Handlungsweise kann damit abgeschlossen werden, dass theoretisch geklärt wird, welche Verlaufsgesetzmäßigkeiten, Wirkungsgesetze etc. mit den Geschichten deutlich geworden sind. Nun ist auch der Zeitpunkt gekommen, systematisch zu fragen, welche Hilfe die wissenschaftlichen Theorien und Begriffe für die Erklärung der Praxis bieten.

Die Kasuistik einer Handlungsweise mündet für jede Schülerin in eine Bilanz ihrer bis dahin stattgefundenen Kompetenzentwicklung.

– Sie kann unterscheiden, ob sie nach Auswertung ihrer Geschichte zu dem Schluss kommt, diesen Ausschnitt ihrer pädagogischen Praxis zureichend bewältigen zu können, sodass sie sich anderen Handlungsweisen widmen kann.

– Sie kann entscheiden, an welcher Stelle analysierte Defizite dazu zwingen, für das nächste Praktikum alternative Reaktionsmöglichkeiten und Aktionsformen zu erproben.

– Schließlich kann sie überlegen, wie sie unter zukünftigen, ggf. schwierigeren Bedingungen versuchen wird, die positiv festgestellte und eingebrachte Kompetenz zu erweitern, sodass mit ihr auch problematischere Situationen des Tröstens, des Mutmachens etc. bewältigt werden.